MÉMOIRES

DE NAPOLÉON.

DE L'IMPRIMERIE DE FIRMIN DIDOT,
RUE JACOB, N° 24.

MÉMOIRES

POUR SERVIR

A L'HISTOIRE DE FRANCE,

SOUS NAPOLÉON,

ÉCRITS A SAINTE-HÉLÈNE,

Par les généraux qui ont partagé sa captivité,

ET PUBLIÉS SUR LES MANUSCRITS ENTIÈREMENT CORRIGÉS DE LA MAIN DE NAPOLÉON.

TOME PREMIER,

ÉCRIT PAR LE GÉNÉRAL GOURGAUD,

SON AIDE-DE-CAMP.

PARIS,

FIRMIN DIDOT, PÈRE ET FILS, LIBRAIRES,
RUE JACOB, N° 24.

BOSSANGE FRÈRES, LIBRAIRES,
RUE DE SEINE, N° 12.

1823.

MÉMOIRES DE NAPOLÉON.

SIÈGE DE TOULON.

Premières opérations de l'armée d'Italie, en 1792. — Expédition de Sardaigne. — Toulon livré aux Anglais. — Plan d'attaque adopté contre Toulon. — Siège et prise de la place. — Principes sur l'armement des côtes. — Armement des côtes de la Méditerranée. — Prise de Saorgio. — Positions de l'armée française. — Napoléon accusé. — Combat du Cair. — Montenotte. — Napoléon se rend à Paris. — Kellermann, général en chef de l'armée d'Italie. — Schérer. — Loano.

§ Ier.

Le général Anselme, à la tête de 12 à 15,000 hommes, passa le Var, le 28 septembre 1792; il s'empara de Nice, du fort de Montalban, dit château de Villefranche, sans presque éprouver de résistance. L'attaque faite sur Chambéry par le général Montesquiou, paraissant plus pressante, avait attiré l'attention de la cour de Sardaigne, qui avait renoncé à défendre la ligne du Var; elle avait placé sa ligne de défense dans le comté de Nice, occupant les camps d'Hutel sur la droite, de Lantosque sur le centre, et ceux de Rans et des Fourches à Saorgio sur la gauche.

L'armée française trouva les forts de Montalban et de Villefranche garnis de leur artillerie, soit que la résolution d'abandonner ces places n'ait été prise qu'au dernier moment, soit que l'on craignît de répandre l'alarme dans tout le pays.

A la fin de l'année, on prit Sospello, l'ennemi le reprit de nouveau; mais, en novembre, il resta définitivement aux Français.

Le quartier-général de l'avant-garde fut porté à l'Escarène : l'on se trouva maître de Breglio, et l'on eut ainsi un pont sur la Roya.

La ligne des camps sardes, ou la position de Saorgio, était par elle-même inexpugnable : les ennemis s'y fortifièrent, et y amenèrent un grand nombre de bouches à feu, en profitant de la chaussée du col de Tende; ils étaient dégoûtés des attaques malheureuses qu'ils avaient tentées contre nos positions de Sospello; ils nous y laissèrent tranquilles. Les deux armées restèrent long-temps en présence, en gardant leurs mêmes positions. Le génie construisit un pont sur pilotis sur le Var, la limite de l'ancienne France. La source, le centre et l'embouchure de cette rivière, sont défendus par les places de Colmars, Entrevaux et Antibes, construites par Vauban. C'est un torrent guéable; mais lors de la saison des pluies et de la fonte des neiges, il devient très-large, rapide et profond. La force des eaux occasionne des affouillements considérables près des piles des ponts; les pilotis ont besoin de fréquentes réparations.

L'artillerie fut chargée d'établir la défense des hauteurs de Nice; elle les arma d'une trentaine de bouches à feu, en appuyant ces batteries au Poglion, petit torrent qui prend sa source dans les monticules du troisième ordre; il baigne les murs de la ville. Ces dispositions permettaient de disputer Nice quelque temps.

Les militaires attachaient peu d'importance à ces travaux, parce qu'ils pensaient que, si on était dans le cas d'être menacé dans Nice, l'ennemi se porterait sur le Var, et qu'aussitôt qu'on se verrait au moment d'être tourné, on serait contraint d'évacuer la ville et de repasser le Var.

Le général Biron succéda au général Anselme dans le commandement de l'armée d'Italie ; il y resta peu, et fut remplacé par le général Brunet. Ce dernier était actif et entreprenant. Le 8 juin 1793, ce général, fier d'avoir sous ses ordres 20 à 25,000 hommes d'élite, et qui brûlaient d'impatience et de patriotisme, prend la résolution d'attaquer l'ennemi. Son but était de le jeter dans la plaine, de s'emparer du comté de Nice, et de prendre position sur la grande chaîne de montagnes des Alpes. En conséquence, il exécuta diverses attaques contre les camps ennemis. Tout ce qu'il était possible de faire, les troupes françaises le firent dans cette attaque. L'ennemi fut chassé de toutes ses positions isolées ; mais il se réfugia dans toutes les positions centrales : là, il était inexpugnable. Le général s'obstina, mal à propos, à tenter de nouvelles attaques sur ce point. Le résultat fut d'y perdre l'élite de nos troupes, sans causer à l'ennemi une perte proportionnée à la nôtre. Nous fûmes, et nous devions l'être, repoussés partout.

§ II.

Au commencement de l'hiver de 1793, l'armée d'Italie avait éprouvé un autre échec : la première expédition maritime que tenta la république, l'expédition de Sardaigne tourna à notre confusion. Jamais expédition ne fut conduite avec plus d'imprévoyance et moins de talent.

L'amiral Truguet, qui commandait l'escadre, était maître de la mer : il avait attaqué et brûlé la petite ville d'Oneille, qui appartient au roi de Sardaigne; ses équipages y avaient commis des excès qui avaient révolté toute l'Italie.

Les uns croient que l'expédition de Sardaigne fut proposée par cet amiral; d'autres, qu'elle le fut par le conseil exécutif : mais, dans tous les cas, il fut chargé en chef de la concerter et de la diriger.

Le général de l'armée d'Italie devait lui fournir des troupes; il ne voulut point lui donner celles qui avaient passé le Var : il mit à la disposition de l'amiral 4 à 5,000 hommes de la phalange marseillaise, qui étaient encore à Marseille. Le général Paoli, qui commandait en Corse, mit aussi à sa disposition trois bataillons de troupes de ligne, qui étaient dans cette île. La phalange marseillaise était aussi indisciplinée que lâche; la composition des officiers aussi mauvaise que celle des soldats; ils traînaient avec eux tous les désordres et les excès révolutionnaires. Il n'y avait rien à attendre de pareilles gens : mais les trois bataillons, tirés de la vingt-troisième division, étaient des troupes d'élite.

Dans le courant de décembre, l'amiral mena sa flotte en Corse, manœuvra malheureusement, et perdit plusieurs frégates et vaisseaux de haut-bord, entre autres le *Vengeur*, vaisseau tout neuf de quatre-vingts canons, qui toucha en entrant à Ajaccio. Cependant cet amiral, croyant pouvoir suffire à tout, ne s'était point occupé du soin de désigner le général qui devait commander les troupes à terre; ce qui était pourtant l'opération la plus importante et la plus décisive pour l'expédition. Il trouva en Corse le général de brigade Casa-Bianca, depuis sénateur, brave homme, mais sans expérience, et qui n'avait jamais servi dans les troupes de ligne : l'amiral, sans le connaître, le prit avec lui, et lui donna le commandement des troupes. C'est avec de telles troupes et de tels généraux que l'expédition se dirigea sur Cagliari.

Cependant, comme cette escadre avait séjourné plus de deux mois en Corse, et que d'ailleurs le plan de l'expédition était public dans le port de Marseille, toute la Sardaigne fut en alarme, toutes ses troupes furent mises sur pied, et toutes les dispositions prises pour repousser cette attaque.

Dans le courant de février 1793, les troupes de l'expédition française furent mises à terre malgré le feu des batteries, qui défendaient les plages de Cagliari. Le lendemain, à la pointe du jour, un régiment de dragons sardes chargea les avant-postes marseillais, qui, au lieu de tenir, prirent la fuite en criant à la trahison : ils massacrèrent un bon officier de la ligne, qui leur avait été donné pour les conduire. Ce régiment de dragons aurait enlevé toute la phalange marseillaise; mais les trois bataillons de la ligne, venant de la Corse, arrêtèrent cette charge, et donnèrent le temps à l'amiral de venir rembarquer ses troupes sans aucune perte. L'amiral regagna Toulon, après avoir perdu plusieurs vaisseaux, qu'il brûla lui-même sur les plages de Cagliari.

Cette expédition ne pouvait avoir aucun but; elle eut lieu sous prétexte de faciliter l'arrivée des blés de l'Afrique en Provence, où l'on en manquait, et même de s'en procurer dans cette île abondante en grains. Mais alors le conseil exécutif aurait dû faire choix d'un officier-général propre à ce commandement, lui donner les officiers d'artillerie et de génie nécessaires : il aurait fallu quelques escadrons de cavalerie et quelques chevaux d'artillerie; et ce n'était point des levées révolutionnaires qu'il fallait y envoyer, mais bien 15,000 hommes de bonnes troupes.

On rejeta depuis la faute sur le général commandant l'armée d'Italie, et ce fut à tort : ce général avait désapprouvé l'expédition ; et il avait agi conformément aux intérêts de la république, en conservant les troupes de ligne pour défendre la frontière et le comté de Nice. Il fut jugé, et il périt sur l'échafaud sous le prétexte de trahison, tant en Sardaigne qu'à Toulon ; il était aussi innocent d'un côté que de l'autre.

L'escadre était composée de bons vaisseaux, les équipages complets, les matelots habiles, mais indisciplinés et anarchistes, à la manière de la phalange marseillaise, se réunissant en clubs et sociétés populaires : ils délibéraient et pesaient les intérêts de la patrie ; dans tous les ports, ils signalaient leur arrivée en voulant pendre quelques citoyens, sous prétexte qu'ils étaient nobles ou prêtres : ils portaient partout la terreur.

§ III.

A la suite des évènements qui eurent lieu à Paris, le 31 mai, Marseille s'insurgea, leva plusieurs bataillons, et les fit partir pour aller au secours de Lyon. Le général Cartaux qui avait été détaché de l'armée des Alpes avec 2,000 hommes, battit les Marseillais, à Orange, les chassa d'Avignon et entra dans Marseille le 24 août 1793. Toulon avait pris part à l'insurrection de Marseille : elle reçut dans ses murs les principaux sectionnaires marseillais ; et, de concert avec eux, les Toulonnais appelèrent les Anglais, et leur livrèrent cette place, l'une de nos plus importantes : nous y avions vingt à vingt-cinq vaisseaux de ligne, des établissements superbes, un matériel immense. A cette nouvelle, le général Lapoype partit de Nice avec 4,000 hommes, accompagné des représentants du peuple, Fréron et Barras ; il se porta sur Saulnier, observant les redoutes du cap Brun, que les ennemis occupaient avec une partie de la garnison du fort la Malgue, le rideau des forts de Pharaon, et la ligne comprise entre le cap Brun et le fort Pharaon.

D'un autre côté, le général Cartaux, avec les représentants du peuple, Albitte, Gasparin et Salicetty, se porta sur le Beausset, et observa les gorges d'Ollioules, dont l'ennemi était maître. Les coalisés Anglais, Espagnols, Napolitains, Sardes, etc., accourus de partout, étaient non-seulement en possession de la place, mais encore des défilés et avenues, à deux lieues de la ville.

Le 10 septembre, le général Cartaux attaqua

les gorges d'Ollioules, et s'en empara: ses avant-postes arrivèrent à la vue de Toulon et de la mer ; on s'empara de Sixfours; on réarma le petit port de Nazer. La division du général Cartaux n'était que de 7 à 8,000 hommes, et elle ne pouvait avoir de communications directes avec celle de l'armée d'Italie, commandée par le général Lapoype : s'en trouvant séparée par les montagnes du Pharaon, elle ne pouvait communiquer que très en arrière.

L'armée de Cartaux, à droite, et celle de Lapoype, à gauche, n'avaient donc rien de commun : les postes mêmes ne pouvaient pas s'apercevoir.

§ IV.

De grandes discussions eurent lieu sur la conduite du siège. La principale attaque devait-elle se faire par la gauche ou bien par la droite? La gauche était arrêtée par les forts Pharaon et la Malgue : ce dernier est un des forts construits avec le plus de soin que nous ayons dans aucune de nos places fortes. La droite n'avait à prendre que le fort Malbosquet qui est plutôt un ouvrage de campagne qu'un ouvrage permanent, mais qui tire une certaine force de sa situation. Maître de ce fort, on arrivait jusqu'aux remparts de la ville ; ainsi il n'était pas douteux que la véritable attaque ne dût avoir lieu par la droite. C'est aussi sur ce point que furent dirigés tous les renforts envoyés de l'intérieur.

Douze à quinze jours après la prise des gorges d'Ollioules, Napoléon, alors chef de bataillon d'artillerie, vint de Paris, envoyé par le comité de salut public, pour commander l'artillerie du siège. La révolution avait porté au grade supérieur de l'artillerie les sous-officiers et les lieutenants en troisième. Un grand nombre d'entre eux étaient susceptibles de faire de bons généraux dans cette arme; mais beaucoup n'avaient ni la capacité, ni les connaissances nécessaires pour remplir les grades élevés où l'ancienneté et l'esprit du temps, seulement, les avaient placés.

A son arrivée, Napoléon trouva le quartier général au Beausset; on s'occupait des préparatifs à faire pour brûler l'escadre coalisée dans la rade de Toulon. Le lendemain, le commandant de l'artillerie alla, avec le général en chef, visiter les batteries. Quel fut son étonnement de trouver une batterie de six pièces de vingt-quatre, placée à un quart de lieue des gorges d'Ollioules, à trois portées de distance des bâtiments anglais, et à deux du rivage; et tous les volontaires de la Côte-d'Or et les soldats du régiment de Bourgogne occupés à faire rougir les boulets dans toutes les bastides (1) ! Il témoigna son mécontentement au commandant de la batterie, qui s'excusa sur ce qu'il n'avait fait qu'obéir aux ordres de l'état-major.

Le premier soin du commandant de l'artillerie fut d'appeler près de lui un grand nombre d'officiers de cette arme, que les circonstances de la révolution avaient éloignés. Au bout de six semaines, il était parvenu à réunir, à former et à approvisionner un parc de deux cents bouches à feu. Le colonel Gassendi fut mis à la tête de l'arsenal de construction de Marseille.

Les batteries furent avancées et placées sur les points les plus avantageux du rivage : leur effet fut tel que de gros bâtiments ennemis furent démâtés, des bâtiments légers coulés, et les Anglais contraints de s'éloigner de cette partie de la rade.

Pendant que l'équipage de siège se complettait, l'armée se grossissait. Le comité de salut public envoya des plans et des instructions relatifs à la conduite du siège. Ils avaient été rédigés au comité des fortifications par le général du génie d'Arçon, officier d'un grand mérite. Le chef de bataillon, Marescot, et plusieurs brigades d'officiers du génie arrivèrent.

Tout paraissait prêt pour commencer. Un

---

(1) Nom qu'on donne, dans le midi, aux maisons de campagne.

conseil fut réuni sous la présidence de Gasparin, représentant, homme sage, éclairé, et qui avait servi. On y lut les instructions envoyées de Paris ; elles indiquaient, en grand détail, toutes les opérations à faire pour se rendre maître de Toulon, par un siège en règle.

Le commandant d'artillerie qui, depuis un mois, avait reconnu exactement le terrain, qui en connaissait parfaitement tous les détails, proposa le plan d'attaque auquel on dut Toulon. Il regardait toutes les propositions du comité des fortifications, comme inutiles d'après les circonstances où l'on se trouvait : il pensait qu'un siège en règle n'était pas nécessaire. En effet, en supposant qu'il y eût un emplacement tel, qu'en y plaçant quinze à vingt mortiers, trente à quarante pièces de canon, et des grils à boulets rouges, l'on pût battre tous les points de la petite et de la grande rade, il était évident que l'escadre combinée abandonnerait ces rades; et dès-lors la garnison serait bloquée, ne pouvant communiquer avec l'escadre qui serait dans la haute mer. Dans cette hypothèse, le commandant d'artillerie mettait en principe que les coalisés préféreraient retirer la garnison, brûler les vaisseaux français, les établissements, plutôt que de laisser dans la place 15 à 20,000 hommes qui, tôt ou tard, seraient pris sans pouvoir alors rien détruire, afin de se ménager une capitulation.

Enfin, il déclara que ce n'était pas contre la place qu'il fallait marcher, mais bien qu'il fallait marcher à la position supposée ; que cette position existait à l'extrémité du promontoire de Balagnier et de l'Éguillette ; que, depuis un mois qu'il avait reconnu ce point, il l'avait indiqué au général en chef, en lui disant qu'en l'occupant avec trois bataillons, il aurait Toulon en quatre jours ; que, depuis ce temps, les Anglais en avaient si bien senti l'importance, qu'ils y avaient débarqué 4,000 hommes, avaient coupé tous les bois qui couronnaient le promontoire du Cair qui domine toute la position, et avaient employé toutes les ressources de Toulon, les forçats même, pour s'y retrancher ; ils en avaient fait, ainsi qu'ils l'appelaient, un petit Gibraltar ; que ce qui pouvait être occupé sans combat, il y a un mois, exigeait actuellement une attaque sérieuse ; qu'il ne fallait point en risquer une, de vive force, mais établir en batterie des pièces de vingt-quatre, et des mortiers, afin de briser les épaulements qui étaient en bois, rompre les palissades, et couvrir de bombes l'intérieur du fort ; qu'alors, après un feu très-vif, pendant quarante-huit heures, des troupes d'élite s'empareraient de l'ouvrage ; que deux jours après la prise de ce fort, Toulon serait à la république. Ce plan d'attaque fut longuement discuté, mais les officiers du génie, présents au conseil, ayant émis l'avis que le projet du commandant d'artillerie était un préliminaire nécessaire aux sièges en règle, le premier principe de tout siège étant de bloquer étroitement la place, les opinions devinrent unanimes.

§ V.

Les ennemis construisirent deux redoutes sur les deux mamelons qui dominent immédiatement, l'un l'Éguillette, l'autre Balaguier. Ces deux redoutes flanquaient le petit Gibraltar, et battaient les deux revers du promontoire.

En conséquence du plan adopté, les Français élevèrent cinq ou six batteries contre le petit Gibraltar, et construisirent des plates-formes pour une quinzaine de mortiers. On avait élevé une batterie de huit pièces de vingt-quatre, et de quatre mortiers contre le fort Malbosquet : ce travail avait été fait dans un grand secret; les ouvriers avaient été couverts par des oliviers qui en dérobaient la connaissance aux ennemis. On ne devait démasquer cette batterie qu'au moment de marcher contre le petit Gibraltar ; mais, le 20 novembre, des représentants du peuple allèrent la visiter. Les canonniers leur dirent qu'elle était terminée depuis huit jours, et qu'on ne s'en servait pas, quoiqu'elle dût faire un bon effet. Sans autre explication, les représentants ordonnent de commencer le feu, et aussitôt les canonniers pleins de joie font un feu roulant.

Le général O'Hara, qui commandait l'armée combinée dans Toulon, fut étrangement surpris de l'établissement d'une batterie si considérable, près d'un fort de l'importance de Malbosquet, et il donna des ordres pour faire une sortie à la pointe du jour. La batterie était placée au centre de la gauche de l'armée; les troupes, dans cette partie, montaient à environ 6,000 hommes : elles occupaient la ligne du fort Rouge au Malbosquet, et étaient disposées de manière à empêcher toute communication individuelle ; mais trop disséminées partout, elles ne pouvaient faire de résistance nulle part.

Une heure avant le jour, le général O'Hara sort de la place avec 6,000 hommes ; il ne rencontre pas d'obstacle, ses tirailleurs seulement sont engagés, et les pièces de la batterie sont enclouées.

La générale bat au quartier-général ; Dugommier s'empresse de rallier ses troupes : en même temps, le commandant de l'artillerie se rend sur un mamelon, en arrière de la batterie, et sur lequel il avait établi un dépôt de munitions. La communication de ce mamelon avec la batterie était assurée au moyen d'un boyau qui suppléait à la tranchée. De là voyant que les ennemis s'étaient formés à la droite et à la gauche de la batterie, il conçut l'idée de conduire, par le boyau, un bataillon qui était près de lui. En effet, il débouche, par ce moyen, sans être vu, au milieu des broussailles, près de la batterie, et fait aussitôt feu sur les Anglais. Ceux-ci sont tellement surpris qu'ils croient que ce sont les troupes de leur droite qui se trompent et qui tirent sur celles de leur gauche. Le général O'hara lui-même s'avance vers les Français, pour faire cesser cette erreur : aussitôt il est blessé d'un coup de fusil à la main. Un sergent le saisit et l'entraîne prisonnier dans ce boyau ; de sorte que le général en chef anglais disparaît, sans que les troupes anglaises sachent ce qu'il est devenu.

Pendant ce temps, Dugommier, avec les troupes qu'il avait ralliées, s'était placé entre la ville et la batterie : ce mouvement acheva de déconcerter les ennemis qui firent à l'instant leur retraite. Ils furent poussés vivement jusqu'aux portes de la place où ils rentrèrent dans la plus grande confusion, et sans savoir encore le sort de leur général en chef. Dugommier fut légèrement blessé dans cette affaire. Un bataillon de volontaires de l'Isère s'y distingua.

Le général Cartaux avait commencé le siège ; mais le comité de salut public s'était vu obligé de lui ôter ce commandement. Cet homme qui, de peintre, était devenu adjudant dans les troupes parisiennes, avait ensuite été employé à l'armée ; ayant été heureux contre les Marseillais, les députés de la montagne l'avaient fait nommer dans le même jour général de brigade et général de division. Il était très-ignorant, nullement militaire ; du reste il n'était pas méchant et n'avait point fait de mal à Marseille, lors de la prise de cette ville.

Le général Doppet avait succédé à Cartaux : il était savoyard, médecin et méchant ; son esprit ne se fondait que sur des considérations. Il était ennemi déclaré de tout ce qui avait des talents. Il n'avait aucune idée de la guerre, et n'était rien moins que brave. Cependant ce Doppet, par un singulier hasard, faillit prendre Toulon, 48 heures après son arrivée. Un bataillon de la Côte-d'Or et un bataillon du régiment de Bourgogne étant de tranchée contre le petit Gibraltar, eurent un homme pris par une compagnie espagnole de garde à la redoute; ils le virent maltraiter, bâtonner, et en même temps les Espagnols les insultèrent par des cris et par des gestes indécents. Furieux, les Français courent aux armes; ils engagent une vive fusillade et marchent contre la redoute.

Le commandant d'artillerie se rend aussitôt chez le général en chef qui ignorait lui-même ce que c'était; ils vont au galop sur le terrain, et là, voyant ce qui se passait, Napoléon engagea le général à appuyer cette attaque, attendu qu'ils n'en coûterait pas plus de marcher en avant que de se retirer. Le général ordonna donc que toutes les réserves se missent en mouvement : tout s'ébranla, Napoléon marcha à la tête; malheureusement un aide-de-camp est tué aux côtés du général en chef. La peur s'empare du général, il fait battre la retraite sur tous les points, et rappelle ses troupes au moment où les grenadiers, après avoir repoussé les tirailleurs ennemis, parvenaient à la gorge de la redoute et allaient s'en rendre maîtres. Les soldats furent indignés; ils se plaignirent qu'on leur envoyait des........ et des médecins pour les commander. Le comité de salut public rappela Doppet et sentit enfin la nécessité d'y envoyer un militaire ; il envoya Dugommier, officier de 50 ans de service, couvert de blessures et brave comme son épée.

L'ennemi recevait tous les jours des renforts dans la place : le public voyait avec peine la direction des travaux du siège. On ne concevait pas pourquoi tous les efforts se portaient contre le petit Gibraltar, tout l'opposé de la place. On n'en est encore qu'à assiéger un fort qui n'entre pas dans le système permanent de la défense de la place, disait-on dans tout le pays, ensuite il faudra prendre Malbosquet et ouvrir la tranchée contre la ville. Toutes les sociétés populaires faisaient dénonciations sur dénonciations à ce sujet. La Provence se plaignit de la longueur du siège. La disette s'y faisait vivement sentir ; elle devint même telle qu'ayant perdu l'espoir de la prompte reddition de Toulon, Fréron et Barras, saisis de terreur, écrivirent de Marseille, à la convention, pour l'engager à délibérer, s'il ne vaudrait pas mieux que l'armée levât le siège et repassât la Durance, manœuvre qui avait été faite par François Ier, lors de l'invasion de Charles-Quint. Il se retira derrière la Durance ; l'ennemi ravagea la Provence; et, quand la famine força ce dernier à la retraite, il le fit attaquer vigoureusement.

Les représentants disaient qu'en évacuant la Provence, les Anglais seraient obligés de la nourrir, et qu'après la récolte on reprendrait avantageusement l'offensive avec une armée bien entière et bien reposée. « C'était même indispen-
« sable, disaient-ils : car enfin, après quatre
« mois, Toulon n'est pas encore attaqué; et
« l'ennemi recevant toujours des renforts, il
« est à craindre que nous ne soyons obligés de
« faire précipitamment, et en déroute, ce que
« nous pouvons en ce moment opérer en règle
« et avec ordre. »

Mais peu de jours après que la lettre fut parvenue à la convention, Toulon fut pris. Elle fut alors désavouée par ces représentants comme apocryphe. Ce fut à tort; car cette lettre était vraie et donnait une juste idée de l'opinion que l'on avait de la mauvaise issue du siège, et des embarras qui existaient en Provence. Dugommier s'était décidé à faire une attaque décisive sur le petit Gibraltar. Le commandant de l'artillerie y fit jeter 7 à 8,000 bombes, pendant qu'une trentaine de pièces de 24 en rasaient la défense.

Le 18 décembre, à quatre heures du soir, les troupes s'ébranlent de leurs camps et se dirigent sur le village de la Seine; le projet était d'attaquer à minuit, afin d'éviter le feu du fort et des redoutes intermédiaires. Au moment où tout est prêt, les représentants du peuple convoquent un conseil pour délibérer s'il faut attaquer ou non : soit qu'ils craignissent l'issue de cette attaque, et voulussent en rejeter toute la responsabilité sur le général Dugommier; soit qu'ils se fussent laissés gagner par les raisons de beaucoup d'officiers qui jugeaient cette entreprise impossible, surtout par le temps affreux qu'il faisait, la pluie tombait par torrents.

Dugommier et le commandant d'artillerie se rient de ces craintes : deux colonnes sont formées, et l'on marche à l'ennemi.

Les coalisés, pour éviter l'effet des bombes et des boulets qui foudroyaient le fort, avaient l'habitude de se tenir à une certaine distance en arrière. Les Français espéraient arriver aux ouvrages avant eux; mais les ennemis avaient établi en avant du fort une nombreuse ligne de tirailleurs, et la fusillade s'étant engagée au pied même de la montagne, les troupes accoururent à la défense du fort, dont le feu devint des plus vifs. La mitraille pleuvait partout. Enfin, après une attaque extrêmement chaude, Dugommier qui, selon sa coutume, marchait à la tête de la 1re colonne, fut obligé de céder. Désolé, il s'écrie, *Je suis perdu.*

En effet, dans ces temps, il fallait des succès : l'échafaud attendait le général malheureux.

Cependant la canonnade et la fusillade duraient toujours. Muiron, capitaine d'artillerie, jeune homme plein de bravoure et de moyens, et qui était l'adjoint du commandant d'artillerie, est détaché avec un bataillon de chasseurs et soutenu par la 2ᵉ colonne qui le suit à portée de fusil. Il connaissait parfaitement la position, et il profita si bien des sinuosités du terrain, qu'il gravit la montagne avec sa troupe, sans presque éprouver de perte : il débouche au pied du fort, s'élance par une embrasure; son bataillon le suit, et le fort est pris !

Tous les canonniers anglais ou espagnols sont tués sur leurs pièces, et Muiron est blessé grièvement d'un coup de pique par un Anglais.

Maîtres du fort, les Français tournent aussitôt les pièces contre l'ennemi.

Dugommier était déja depuis trois heures dans la redoute, lorsque les représentants du peuple vinrent, le sabre à la main, combler d'éloges les troupes qui l'occupaient. (Ceci dément positivement les relations du temps, qui, à tort, disent que les représentants marchaient à la tête des colonnes.)

A la pointe du jour, on marcha sur Balagnier et l'Éguillette. Les ennemis avaient déja évacué ces deux positions. Les pièces de 24 et les mortiers furent mis en mouvement, pour armer ces batteries d'où l'on espérait canonner la flotte combinée avant midi ; mais le commandant d'artillerie jugea impossible de s'y établir. Elles étaient en pierre, et les ingénieurs qui les avaient construites avaient commis la faute de placer à leur gorge une grosse tour en maçonnerie, si près des plates-formes que tous les boulets qui l'auraient frappée seraient retombés sur les canonniers ainsi que les éclats et les débris. On plaça des bouches à feu sur les hauteurs, derrière les batteries. Elles ne purent commencer leur feu que le lendemain ; mais l'amiral Anglais Hood n'eut pas plutôt vu les Français maîtres de ces positions, qu'il fit le signal de lever l'ancre et de quitter les rades.

Cet amiral se rendit à Toulon, pour faire connaître qu'il ne fallait pas perdre un moment et gagner au plutôt la haute mer. Le temps était sombre, couvert de nuages, et tout annonçait l'arrivée prochaine du vent d'Olliibech, terrible dans cette saison. Le conseil des coalisés se réunit aussitôt, et, après une mûre délibération, les membres tombèrent d'accord que Toulon n'était plus tenable. On se hâta de prendre toutes les mesures, tant pour l'embarquement que pour brûler ou couler les vaisseaux français qu'on ne pouvait pas emmener, et incendier les établissements de la marine. Enfin, on prévint les habitants que tous ceux qui voudraient quitter la ville pourraient s'embarquer à bord des flottes anglaise et espagnole.

A l'annonce de ce désastre, on se peindrait difficilement l'étonnement, la confusion, le désordre de la garnison et de cette malheureuse population, qui, peu d'heures auparavant, en considérant la grande distance où les assiégeants étaient de la place, le peu de progrès du siège depuis quatre mois, et l'arrivée prochaine des renforts, s'attendaient à faire lever le siège et même à envahir la Provence.

Dans la nuit les Anglais firent sauter le fort Poné; une heure après, on vit en feu une partie de l'escadre française; neuf vaisseaux de 74 et quatre frégates ou corvettes devinrent la proie des flammes.

Le tourbillon de flammes et de fumée qui sortait de l'arsenal, ressemblait à l'éruption d'un volcan, et les treize vaisseaux qui brûlaient dans la rade, à treize magnifiques feux d'artifice. Le feu dessinait les mâts et la forme des vaisseaux; il dura plusieurs heures et présentait un spectacle unique. Les Français avaient l'ame déchirée en voyant se consumer, en si peu de temps, d'aussi grandes ressources et tant de richesses. On craignit un instant que les Anglais ne fissent sauter le fort la Malgue. Il paraît qu'ils n'en ont point eu le temps.

Le commandant de l'artillerie se rendit à Malbosquet. Ce fort était déja évacué. Il fit venir l'artillerie de campagne, pour balayer sur-le-champ les remparts de la place, et accroître le désordre en jetant des obus sur le port, jusqu'à ce que les mortiers qui arrivaient sur leurs caissons, fussent mis en batterie et pussent envoyer des bombes dans la même direction.

Le général Lapoype, de son côté, se porta contre le fort Pharaon que l'ennemi évacuait, et s'en empara. Pendant tout ce temps les batteries de l'Éguillette et de Balaguier ne cessaient de faire un feu des plus vifs sur la rade. Plusieurs vaisseaux anglais éprouvèrent de notables avaries, et un assez grand nombre d'embarcations chargées de troupes furent coulées. Les batteries tirèrent toute la nuit, et à la pointe du jour on distingua la flotte anglaise hors la rade. Sur les neuf heures du matin, il s'éleva un très-grand vent d'Olliibech; les vaisseaux anglais furent obligés de chercher un refuge aux îles d'Hyères.

Plusieurs milliers de familles toulonnaises avaient suivi les Anglais, de sorte que les tribunaux révolutionnaires ne trouvèrent que peu de coupables dans la ville : tous les principaux en étaient partis. Néanmoins, dans la première quinzaine, plus de cent malheureux furent fusillés.

Depuis, des ordres de la convention arrivèrent pour démolir les maisons de Toulon; l'absurdité de cette mesure n'en arrêta pas l'exécution : on en démolit plusieurs qu'on fut obligé de rebâtir après.

Pendant le siège de Toulon, l'armée d'Italie avait été attaquée sur le Var. Les Piémontais avaient voulu essayer d'entrer en Provence: ils s'étaient approchés d'Entrevaux; mais, ayant été battus à Gillette, ils se mirent en retraite et rentrèrent dans leurs lignes.

La nouvelle de la prise de Toulon fit d'autant plus d'effet en Provence et dans toute la France, qu'elle était inattendue et presque inespérée.

Ce fut là que commença la réputation de Napoléon. Il fut alors fait général de brigade d'artillerie, et nommé au commandement de cette arme à l'armée d'Italie. Le général Dugommier venait d'être nommé commandant en chef de l'armée des Pyrénées-Orientales.

§ VI.

Avant de se rendre à l'armée d'Italie, Napoléon arma les côtes de la Provence et les îles d'Hyères, aussitôt après leur évacuation par les Anglais.

On n'a en France aucun principe fixe sur l'armement des côtes. Ce qui donne lieu à des discussions perpétuelles, entre les officiers d'artillerie et les autorités locales ; celles-ci en voudraient partout, les officiers d'artillerie en voudraient trop peu.

Il n'y a pas de règles certaines sur le tracé des batteries de côtes. On établit des magasins à poudre et des corps-de-garde dans de mauvaises positions ; ils sont souvent mal construits, quoique coûtant beaucoup, exigent de fréquentes réparations, sont inutiles à la défense, et ne durent qu'une ou deux campagnes. On construit des fourneaux à reverbère, on établit des grils à rougir les boulets, sans discernement ; on les place dans des positions où, pendant le feu, il est impossible aux canonniers de les approcher sans danger, etc., etc.

On doit distinguer trois espèces de batteries de côtes, savoir : 1° celles destinées à défendre l'entrée d'un grand port et à protéger des escadres de guerre ;

2° Celles destinées à protéger l'entrée d'un port marchand, des rades, des mouillages et l'arrivage des convois marchands;

3° Celles établies sur les extrémités des promontoires pour favoriser le cabotage et défendre un débarquement sur une plage.

Les batteries de la première classe doivent être armées d'un grand nombre de bouches à feu. Elles doivent avoir leur gorge fermée par une tour (1er modèle), capable de contenir sur sa plate-forme quatre pièces de campagne, ou caronades de vingt-quatre; et dans son intérieur, un logement pour 60 hommes, et les vivres nécessaires pour douze à quinze jours, ainsi que l'approvisionnement en poudre pour les bouches à feu. De semblables tours ont été construites pour soixante mille francs; et, comme on le voit, elles remplacent le magasin à poudre, le corps-de-garde, et le magasin des vivres. Il y a donc économie. Les batteries défendues par de pareilles tours se trouvent à l'abri d'un coup de main, et ne craignent point un débarquement de plusieurs milliers d'hommes qui les auraient tournées. Ces batteries doivent avoir un fourneau ou un gril à rougir les boulets : mais ce fourneau ou ce gril ne doivent point être placés au centre de la batterie et en arrière des plates-formes; car c'est là que frappent tous les projectiles ennemis. Il faut placer les fourneaux à reverbère ou les grils contre l'épaulement, en augmentant à cet effet la ligne de la batterie : dans cette position on est à l'abri des boulets ennemis, et l'on peut faire le service avec sûreté. Le service du tir à boulets rouges est par lui-même dangereux, pénible et difficile; les canonniers y répugnent tant, que pour peu qu'il y ait encore d'autres dangers, ils y renoncent et ne tirent qu'à boulets froids. La tour à la gorge doit être éloignée de trente à quarante toises au moins des plates-formes, afin que les éclats et les boulets qui la frappent, ne retombent pas sur la plate-forme.

Les batteries de la deuxième espèce doivent, comme celles de la première, avoir à leur gorge une tour en maçonnerie (2e modèle), ne contenant sur la plate-forme que deux pièces de campagne ou caronades de dix-huit, et ayant dans son intérieur des magasins et des logements pour 25 à 30 hommes. On en a construit pour 40,000 francs. Les batteries de la seconde espèce n'ont pas besoin d'être armées de beaucoup de bouches à feu. Elles sont rarement susceptibles d'être attaquées. Quelque intérêt que l'ennemi ait à les prendre, il n'emploiera jamais autant de moyens ni autant d'opiniâtreté que pour prendre des bâtiments de guerre.

Enfin, les batteries de la troisième classe doivent être armées de peu de pièces. Dans de semblables batteries, un gril est inutile; car aucun bâtiment ne viendra s'exposer assez long-temps à son feu, pour que l'on puisse en faire usage: une tour à la gorge est nécessaire comme aux deux premières classes; mais moins grande, et de troisième modèle, n'ayant qu'un canon ou caronade de douze sur la plate-forme. Une pareille tour peut résister à toute attaque de vive force; on en a fait pour 6,000 francs; elles remplacent, comme les autres, le magasin à poudre, le corps-de-garde, et ces tours de troisième espèce n'ont ni contre-coupe ni chemin couvert.

Lorsque ce système sera établi sur toutes les côtes de l'empire, il n'y aura plus de discussions à chaque guerre sur la nature de l'armement.

En temps de paix, on opérera un prompt désarmement en entrant les affûts dans les tours; ce qui évitera des frais considérables de transport. On a l'habitude aujourd'hui de ramener les affûts dans les arsenaux. D'après la nouvelle méthode, le réarmement peut être aussi rapide que les besoins peuvent l'exiger.

C'est faute de classer ainsi les batteries de côtes d'après leur but, que l'on voit des batteries de cinq à six pièces pour protéger le cabotage; on en voit d'autres destinées à protéger le mouillage accidentel de bâtiments marchands, armées comme s'il était question de protéger une escadre de guerre.

La première dépense de l'armement des côtes, d'après ces principes, serait compensée bien au-delà par l'économie qui en résulterait, tant par la durée des affûts qui en serait beaucoup augmentée, que par la non-construction et l'entretien des magasins à poudre et des corps-de-garde.

L'artillerie a construit les affûts de côtes de manière à ne pouvoir tirer que sous l'angle de 17°; elle a eu raison. Il ne fallait pas mettre les canonniers à même de tirer trop loin, ce qui abîme l'affût sans produire un grand effet. Cela a constamment donné lieu à des réclamations qui ont jeté l'alarme; c'est à cela qu'on doit la plupart des plaintes contre la poudre, la portée de nos pièces, etc. Les boulets des vaisseaux arrivaient, et les nôtres n'arrivaient pas aux vaisseaux. Mais cela vient de ce que les canons des vaisseaux peuvent tirer sur les affûts marins à 25°. Cet angle, combiné avec celui que donne souvent la bande des bâtiments, en produit quelquefois un de 30 à 40°. Le général d'artillerie, chargé de réarmer les côtes de la Méditerranée, voyant que les officiers d'artillerie étaient dénoncés partout, parce que les boulets français n'allaient pas si loin que ceux des Anglais, prit le parti de faire disposer quelques affûts de côte pour tirer à 43°; de sorte que s'il arrivait une dénonciation, on prouvait, à l'instant, que la poudre et la portée des boulets étaient aussi bonnes que celles des Anglais. Mais ces affûts, ainsi disposés, sont bien plutôt hors de service que ceux qui tirent à 17°. Il n'en faut faire usage que dans les batteries qui défendent des mouillages éloignés de plus de 1,500 toises. Un vaisseau ne mouille jamais là où il peut tomber des boulets à son bord. Les mortiers que M. de Gribeauval a fait couler, n'ont qu'une faible portée, parce qu'on la trouvait suffisante pour bombarder les places, et qu'avec une plus grande portée le tir devient trop incertain. Il se présente pourtant des circonstances où les mortiers à grande portée sont utiles. La rade d'Hyères, par exemple, a un mouillage éloigné de 1,800 toises de la côte, et est par conséquent hors de portée des pièces sur affûts de côte ordinaire, des mortiers à la Gomer, et de ceux de dix pouces. L'ennemi a donc pu impunément mouiller dans cette rade sans y être inquiété; mais, aussitôt qu'on eut placé aux batteries quelques pièces de 24 ou de 36 sur affût, à 43°, et des mortiers à la Villantroys, ou de ceux de Séville qui envoient des bombes à deux mille cinq cents et trois mille toises, les ennemis cessèrent de mouiller dans cette rade. Il en est de même du golfe de la Spezzia ; les ennemis pourraient, sans rien craindre, mouiller au milieu de ce golfe, si les batteries des côtes n'étaient pas armées ainsi qu'on vient de l'indiquer.

Ces principes ont reçu, depuis, les plus grands développements, et ont été appliqués en grand, principalement pour défendre de grandes rivières, comme l'Escaut, la Gironde, les rades foraines de Brest, de l'île d'Aix, etc. Ces principes ne sont point contraires à ceux de l'artillerie de M. de Gribeauval ; car il sera toujours vrai que l'artillerie est de mauvais service, quand elle tire trop loin ; elle fait peu d'effet, et a l'inconvénient de briser les affûts, les plates-formes, et les pièces même. Notre métal n'a pas assez de tenacité pour résister long-temps à une explosion de vingt à trente livres de poudre.

§ VII.

Napoléon se rendit aux Bouches-du-Rhône, d'où il commença sa tournée pour l'armement des côtes de la Méditerranée. Il eut dans toutes les villes de vives discussions avec les autorités et les sociétés populaires; elles auraient voulu voir des batteries établies à chaque village, à chaque hameau situé sur le bord de la mer.

Le fond du golfe de Lyon était considéré par les navigateurs de la Méditerranée comme une mer impraticable; mais les Anglais ont changé ces idées. On les a vus mouiller à l'embouchure du Rhône, et s'y tenir par les plus gros temps. Ce mouillage les mettait à même de profiter du fleuve pour faire de l'eau. Le mouillage du Buc est bon, il est défendu par un petit château. La passe est très-étroite; mais les vaisseaux de guerre peuvent y entrer.

Lorsque le canal d'Arles sera terminé, le Buc sera le port du Rhône, et fera éviter la barre qui est difficile, n'ayant que sept pieds d'eau; ce qui fait qu'il n'y passe que des allèges qui naviguent mal et ne vont que vent arrière. Le canal d'Arles mettra Marseille, Toulon, l'armée d'Italie, en communication régulière avec Lyon, Paris, Strasbourg. Le Buc est destiné à être dans la Méditerranée le port de construction des vaisseaux de guerre, comme Toulon et la Spezzia sont des ports d'armement et de désarmement.

Depuis le Buc jusqu'à Marseille, il n'y a que

de petites batteries pour protéger le cabotage, et de petites anses où des chaloupes seulement peuvent mouiller.

A Marseille, le vrai mouillage est à l'Istac. Le général d'artillerie y fit construire deux fortes batteries, armées chacune de huit pièces. Elles furent placées de manière à pouvoir appuyer fortement les deux ailes d'une ligne d'embossage : elles n'ont jamais servi ; mais dans l'infériorité où se trouvaient nos forces de mer, il était utile d'assurer la protection de ce mouillage. Le port de Marseille ne peut recevoir que des frégates, et les forts Saint-Jean et Saint-Nicolas l'assurent suffisamment. De Marseille à Toulon, il n'y a que des batteries de la troisième espèce, hormis celles qui protègent les petits ports et mouillages de Cain, la Ciotat, Bandolle, qui sont de la deuxième. Une tour est nécessaire sur la petite île en avant de la Ciotat.

La défense de Toulon est de la plus haute importance : c'est là où il ne fut rien épargné. La rade est défendue par les batteries du cap Cepé et du cap Brun. Il était d'usage d'avoir beaucoup de batteries à la presqu'île de Cepé ; ce qui avait le grand inconvénient, dans le cas où, à la suite d'un débarquement, l'ennemi s'emparerait brusquement de cette presqu'île, de lui permettre d'en employer les batteries

SIÈGE DE TOULON.

contre notre escadre mouillée dans la rade. Cette considération a fait prendre la résolution de n'avoir au cap Cepé qu'une seule batterie, protégée par un fort appuyé à la croix des signaux : en sorte que l'ennemi, maître de la presqu'île, n'aurait pas en son pouvoir la batterie qui défend l'entrée de la rade : cette batterie fut armée de trente bouches à feu. De tout temps il a fallu, pour rassurer les officiers de marine, avoir un camp dans la presqu'île, au lieu que désormais avec la seule garnison de la batterie on est à l'abri de toute crainte.

La batterie du cap Brun est dominée par la hauteur qui se trouve à six cents toises du fort la Malgue. Ce qui fait que l'ennemi, qui aurait débarqué aux îles d'Hyères, pourrait s'emparer de la batterie malgré le fort la Malgue, et fermer ainsi les rades.

Le fort la Malgue aurait dû être placé sur la hauteur dite du cap Brun. Il serait, il est vrai, plus éloigné de la place de six cents toises ; mais il protégerait le cap qui ferme la rade : d'ailleurs, il aurait une force double, placé sur ce point culminant. Une redoute de cent cinquante mille francs aurait été suffisante sur l'emplacement actuel du fort la Malgue.

Les batteries de l'Éguillette et de Balagnier défendent la petite rade, et sont défendues par les hauteurs du Cair où était situé le petit Gibraltar. L'ennemi, en s'emparant de ces hauteurs, aurait pu brûler l'escadre française en rade, même en ménageant la presqu'île de Cepé; aussi était-il d'usage de placer là un deuxième camp. On a établi sur ce promontoire une redoute (modèle n° 1) d'un million, qui, avec deux ou trois cents hommes de garnison, en assure la possession.

Les batteries de la grande tour, opposées à Balagnier et l'Éguillette, se trouvent dominées par le fort la Malgue.

Pour empêcher l'ennemi de mouiller dans la rade d'Hyères, il faut des mortiers dits à la Villantroys qui lancent leurs projectiles à deux mille cinq cents toises au moins, ainsi que des pièces sur affût de 43°. Le mouillage est éloigné de deux mille trois cents toises de toutes côtes; avant que les batteries de ces rades ne fussent ainsi armées, les Anglais y mouillaient constamment. Des îles d'Hyères à Saint-Tropez, toutes les batteries sont de la troisième espèce ou seulement destinées à protéger les caboteurs. Saint-Tropez doit être considéré comme batterie de la deuxième espèce. Fréjus et Juan offrent des mouillages à des escadres de guerre; il était nécessaire d'y établir des batteries de la première espèce.

Le golfe Juan qui touche à Antibes, est la meilleure rade des côtes de Provence depuis Toulon. On y a vu des escadres de douze vaisseaux, bloquées par des escadres anglaises supérieures, y rester en sûreté sous la protection des batteries que le général d'artillerie avait fait construire. Le mouillage d'Antibes et de Nice ne doit être défendu que par des batteries de la deuxième espèce. Villefranche a une excellente rade, capable de recevoir de grandes escadres. Elle fut armée avec des batteries de la première espèce. Aucune escadre n'a jamais été dans le cas de s'y refugier; mais tout avait été disposé pour y assurer une bonne protection. De Nice à Vado, ce qui fait la distance d'une trentaine de lieues, il n'y a que des batteries de la troisième espèce. Vado est une rade qui, quoique médiocre, est regardée comme la quatrième dans cette partie de la Méditerranée : on y avait élevé de fortes batteries.

De là à Gênes, il n'y a que des batteries pour la protection du cabotage.

Gênes est un port médiocre; il peut cependant servir de refuge à quelques vaisseaux. On avait projeté de faire une nouvelle levée pour rendre le mouillage plus sûr.

§ VIII.

Napoléon joignit à Nice le quartier-général de l'armée d'Italie, en mars 1794. Elle était alors commandée par le général Dumerbion, vieil et brave officier, qui avait été dix ans capitaine de grenadiers, dans les troupes de ligne. Il avait des connaissances ; mais la goutte le retenait au lit, la moitié du temps : il avait fait la guerre entre le Var et la Roya, et connaissait parfaitement toutes les positions des montagnes qui couvraient Nice.

Le nouveau général d'artillerie alla visiter tous les avant-postes, et reconnaître la ligne occupée par l'armée. Il est du devoir d'un général d'artillerie de connaître l'ensemble des opérations de l'armée, étant obligé de fournir les divisions d'armes et de munitions. Ses relations avec les commandants d'artillerie, dans chacune d'elles, le mettent au courant de tous les mouvements, et la conduite de son grand parc dépend de ces renseignements.

Au retour de cette tournée, il remit au général Dumerbion un mémoire sur l'attaque malheureuse du général Brunet, sur les moyens de prendre Saorgio, et de rejeter l'ennemi au delà des grandes Alpes, en s'emparant du col de Tende. Si l'on réussissait à se porter ainsi sur la chaîne supérieure des Alpes, on aurait des positions inexpugnables, qui, n'exigeant que peu de monde pour leur défense, rendraient disponibles beaucoup de troupes.

Ces idées, développées devant un conseil où siégeaient Robespierre jeune et Ricord, représentants du peuple, furent adoptées sans aucune opposition. Depuis la prise de Toulon, la réputation du général d'artillerie accréditait suffisamment ses projets.

Le territoire de Nice est compris entre le Var et la Roya. La chaussée de Nice à Turin qui passe à Saorgio ne suit aucune vallée; elle passe à travers les collines et les montagnes. La vallée du col de Tende est la Roya. Cette rivière prend sa source dans le col même, et descend à la mer près de Vintimille ; elle offre des débouchés.

La Nervia prenant sa source près de Montjove, plus bas que Saorgio et que le col Ardente, ne descend pas de la haute chaîne des Alpes, non plus que le Taggio, dont la source est entre Triola et le col Ardente.

§. IX.

Le 8 avril, en conséquence des plans du

général d'artillerie, une partie de l'armée, sous les ordres du général Masséna (le général Dumerbion étant retenu au lit par un accès de goutte), filant le long de la corniche, par Menton, passa la Roya. Elle se divisa en quatre colonnes : la première remonta la Roya ; la deuxième, la Nervia ; la troisième, le Taggio ; la quatrième se dirigea sur Oneille.

La colonne d'Oneille rencontra un corps autrichien et piémontais, sur les hauteurs de Sainte-Agathe, le battit et le repoussa : dans ce combat, le général de brigade Brûlé fut tué. Le quartier-général fut porté à Oneille, et on mit sur-le-champ des troupes en marche, pour s'emparer de Loano.

D'Oneille, les troupes françaises marchèrent aux sources du Tanaro, battirent les ennemis sur les hauteurs de Ponte-Dinave, s'emparèrent du château d'Orméa, où elles firent 400 prisonniers ; elles entrèrent à Garezzio, et se trouvèrent maîtresses de la chaussée qui conduit de Garezzio à Turin. On communiqua avec Loano par Bardinetto et le petit Saint-Bernard.

Cependant le mouvement des trois colonnes qui avaient suivi les vallées de la Roya, du Taggio, et de la Nervia, et celui des troupes qui avaient débouché en Piémont par les sources du Tanaro, répandirent de justes alarmes à la cour de Sardaigne. L'armée piémontaise, occupant les camps appuyés à Saorgio, allait être coupée : elle pouvait être prise, et la perte d'une armée piémontaise de 20,000 hommes eût entraîné celle de la monarchie. L'armée piémontaise se hâta donc d'abandonner ces fameuses positions qui avaient été arrosées de tant de sang, et où les troupes piémontaises avaient acquis quelque gloire. Saorgio fut aussitôt investie, et cette place capitula. Le 20 avril, les troupes piémontaises vinrent occuper le col de Tende ; mais elles n'y restèrent pas long-temps : le 7 mai, après une attaque très-vive, elles en furent chassées. Ainsi tomba au pouvoir des Français toute la crête supérieure des Alpes.

§ X.

La ligne de l'armée française fut établie ainsi : la droite était appuyée à Loano ; ensuite la ligne passait à San-Bardinetto, et le petit Saint-Bernard, dominait le Tanaro, traversait la vallée, arrivait au col de Terme qui domine les sources du Tanaro, sur la gauche, au-delà d'Orméa ; de là elle arrivait, par la crête supérieure des Alpes, au col de Tende. La ligne continuait sur le col supérieur qui domine la vallée de Lastrera, et venait appuyer la gauche à la droite de l'armée des Alpes, au camp de Tormes.

Le résultat de ces manœuvres avait mis au pouvoir de l'armée d'Italie, plus de soixante bouches à feu. Saorgio avait été trouvée bien approvisionnée en vivres et munitions de toute espèce : c'était le dépôt principal de toute l'armée piémontaise.

Le roi de Sardaigne fit juger et passer par les armes le commandant de Saorgio : il fit bien. Ce commandant pouvait se défendre encore douze ou quinze jours. Il est vrai que le résultat eût été le même ; car les Piémontais ne pouvaient le secourir. Mais, à la guerre, un commandant de place n'est pas juge des évènements ; il doit défendre la place jusqu'à la dernière heure ; il mérite la mort quand il la rend un moment plus tôt qu'il n'y est obligé. L'armée française resta dans ces positions jusqu'en septembre, que l'on apprit à Nice qu'un corps considérable d'Autrichiens se portait sur la Bormida : alors le général Dumerbion mit en mouvement l'armée, pour aller reconnaître l'armée autrichienne, et s'emparer de ses magasins que l'on disait avoir été avancés jusqu'à Cairo. Les représentants Albitte et Salicetti accompagnaient l'armée française : le général, commandant de l'artillerie, dirigeait les opérations ; ce qui le sauva de comparaître à la barre de la convention.

§ XI.

Napoléon, faisant son inspection à Marseille, fut interpelé par le représentant............, qui lui fit connaître que les sociétés populaires voulaient piller les magasins à poudre. Le général d'artillerie lui remit un plan pour construire une petite muraille crénelée sur les ruines des forts Saint-Jacques et Saint-Nicolas : ces deux forts avaient été démolis par les Marseillais, au commencement de la révolution. C'était un objet de peu de dépense ; quelques mois après, il y eut un décret qui appela à la barre de la convention le commandant d'artillerie de Marseille, comme ayant présenté un projet de rétablir les forts Saint-Jacques et Saint-Nicolas, contre les patriotes.

Le décret désignait le commandant d'artillerie de Marseille, et Napoléon était général d'artillerie de l'armée d'Italie. Le colonel Sugny, que cela regardait textuellement, se rendit, suivant la lettre du décret, à Paris.

Arrivé à la barre, il prouva que le plan et les mémoires n'étaient pas de sa main, et que cette affaire lui était étrangère : le tout s'éclaircit, et l'on revint à Napoléon; mais les représentants près de l'armée d'Italie, qui avaient besoin de lui pour la direction des affaires de cette armée, écrivirent à Paris, et donnèrent des explications à la convention, qui s'en contenta.

§ XII.

Les Français se rendirent de Loano à Bardinetto, où l'on passa les gorges de la Bormida; et, le 26 septembre, ils vinrent sur Balestrino, d'où ils descendirent sur Cairo ou le Cair. On rencontra alors un corps de 12 à 15,000 Autrichiens manœuvrant dans la plaine, et qui, à la vue de l'armée française, se mit aussitôt en retraite et se porta sur Dego. Les Français l'y attaquèrent bientôt; et après un combat d'arrière-garde, où les Autrichiens perdirent quelques prisonniers, ceux-ci se retirèrent sur Acqui. Maîtres de Dego, les Français s'arrêtèrent; leur but était atteint : ils avaient pris plusieurs magasins et reconnu que l'on n'avait rien à craindre de l'expédition des Autrichiens. La marche des Français jeta l'alarme dans toute l'Italie. L'armée revint sur

Savone, en traversant Montenotte supérieure et Montenotte inférieure.

La droite de l'armée fut portée de Loano sur les hauteurs de Vado, afin de rester maîtresse de cette rade qui est la meilleure et la plus importante qui soit dans ces mers, et d'empêcher les corsaires anglais d'y venir mouiller. La ligne de l'armée française passait alors par Settipani, Melaguo, Saint-Jacques, et gagnait Bardinetto et le col de Tende.

Le reste de l'année 1794 se passa à mettre en état de défense les positions occupées par l'armée, principalement Vado. La connaissance que Napoléon acquit, dans ces circonstances, de toutes les positions de Montenotte, lui fut bientôt utile, lorsqu'il vint commander en chef la même armée, et lui permit de faire la manœuvre hardie qui lui valut les succès de la bataille de Montenotte, à l'ouverture de la campagne d'Italie, en 1796. Au mois de mai 1795, Napoléon quitta le commandement de l'armée d'Italie, et se rendit à Paris : il avait été placé sur la liste des généraux destinés à servir dans l'armée de la Vendée. On lui avait donné le commandement d'une brigade d'infanterie : il refusa cette destination, et réclama.

§ XIII.

Cependant le commandement de l'armée d'Italie avait été confié à Kellermann : ce général était brave de sa personne : mais, n'ayant pas l'habitude des grands commandements, il ne fit que de mauvaises dispositions, et, à la fin de juin, l'armée perdit les positions de Vado' de Saint-Jacques et de Bardinetto. Le général Kellermann menaça même d'évacuer la rivière de Gênes, et jeta l'alarme dans le comité de salut public, où on avait réuni tous les représentants qui avaient été aux armées d'Italie, pour les consulter. Ils désignèrent Napoléon, comme connaissant parfaitement les localités : le comité le fit appeler, et le mit en réquisition. Il se trouva attaché au comité topographique; il prescrivit à l'armée d'Italie la ligne de Borghetto, ligne tellement forte, qu'il ne fallait, pour la garder, qu'une armée moitié moins considérable que la nôtre : elle sauva l'armée française, et lui conserva la rivière de Gênes. Les ennemis l'attaquèrent plusieurs fois avec de grandes forces; ils furent toujours repoussés, et y perdirent un monde considérable.

A la fin de l'année, le gouvernement, convaincu de l'incapacité du général Kellermann, le remplaça, dans son commandement, par le général Schérer.

Le 22 novembre, ce général, ayant reçu quelques renforts de l'armée des Pyrénées, attaqua le général ennemi Devins, à Loano, s'empara de ses lignes, fit beaucoup de prisonniers, prit un nombre considérable de canons; et, s'il eût été entreprenant, il aurait fait la conquête de l'Italie. Il ne pouvait y avoir un meilleur moment: mais Schérer était incapable d'une opération aussi importante; et, loin de chercher à profiter de ces avantages, il retourna à Nice, et fit entrer ses troupes dans les quartiers d'hiver.

Les généraux ennemis, après avoir rallié les leurs, prirent également des quartiers d'hiver.

MÉMOIRES DE NAPOLÉON.

DIX-HUIT BRUMAIRE.

Arrivée de Napoléon en France. — Sensation qu'elle produit. — Napoléon à Paris. — Les directeurs Roger-Ducos, Moulins, Gohier, Siéyes. — Conduite de Napoléon. Rœdérer, Lucien et Joseph, Talleyrand, Fouché, Réal. — État des partis. Ils s'adressent tous à Napoléon. — Barras. — Napoléon d'accord avec Siéyes. — Esprit des troupes de la capitale. — Dispositions adoptées pour le 18. — Journée du 18 brumaire. Décret du conseil des anciens, qui transfère à Saint-Cloud le siège du corps-législatif. — Napoléon aux anciens. — Séance orageuse à Saint-Cloud. — Ajournement des conseils, à trois mois.

Lorsqu'une déplorable faiblesse et une versatilité sans fin se manifestent dans les conseils du pouvoir; lorsque cédant tour à tour à l'influence de partis contraires, et vivant au jour le jour, sans plan fixe, sans marche assurée, il a donné la mesure de son insuffisance, et que les citoyens les plus modérés sont forcés de convenir que l'état n'est plus gouverné; lorsqu'enfin, à sa nullité au dedans, l'administration joint le tort le plus grave qu'elle puisse avoir aux yeux d'un peuple fier, je veux dire l'avilissement au dehors, alors une inquiétude vague se répand dans la société, le besoin de sa conservation l'agite, et promenant sur elle-même ses regards, elle semble chercher un homme qui puisse la sauver.

Ce génie tutélaire, une nation nombreuse le renferme toujours dans son sein; mais quelquefois il tarde à paraître. En effet, il ne suffit pas qu'il existe, il faut qu'il soit connu; il faut qu'il se connaisse lui-même. Jusque-là toutes les tentatives sont vaines, toutes les menées impuissantes; l'inertie du grand nombre protège le gouvernement nominal, et, malgré son impéritie et sa faiblesse, les efforts de ses ennemis ne prévalent point contre lui. Mais que ce sauveur, impatiemment attendu, donne tout à coup un signe d'existence, l'instinct national le devine et l'appelle, les obstacles s'applanissent devant lui, et tout un grand peuple volant sur son passage semble dire: Le voilà!

§ Ier.

Telle était la situation des esprits en France, en l'année 1799, lorsque le 9 octobre (16 vendémiaire an VIII), les frégates *la Muiron*, *la Carrére*, les chebecks *la Revanche* et *la Fortune*, vinrent à la pointe du jour mouiller dans le golfe de Fréjus.

Dès qu'on eut reconnu des frégates françaises, on soupçonna qu'elles venaient d'Égypte. Le desir d'avoir des nouvelles de l'armée fit accourir en foule les citoyens sur le rivage. Bientôt la nouvelle se répandit que Napoléon était à bord. L'enthousiasme fut tel que même les soldats blessés sortirent des hôpitaux malgré les gardes, pour se rendre au rivage. Tout le monde pleurait de joie. En un moment la mer fut couverte de canots. Les officiers des batteries, les douaniers, les équipages des bâtiments mouillés dans la rade, enfin tout le peuple, assaillirent les frégates. Le général Pereymont qui commandait sur la côte, aborda le premier. C'est ainsi qu'elles eurent l'entrée ; avant l'arrivée des préposés de la santé, la communication avait eu lieu avec toute la côte.

L'Italie venait d'être perdue, la guerre allait être reportée sur le Var, et dès-lors Fréjus craignait une invasion. Le besoin d'avoir un chef à la tête des affaires était trop impérieux ; l'impression de l'apparition soudaine de Napoléon agitait trop vivement tous les esprits pour laisser place à aucune des considérations ordinaires ; les préposés de la santé déclarèrent qu'il n'y avait pas lieu à la quarantaine, motivant leur procès-verbal *sur ce que la pratique avait eu lieu à Ajaccio.* Cependant cette raison n'était pas valable, c'était seulement un motif pour mettre la Corse en quarantaine. L'administration de Marseille en fit quinze jours après l'observation avec raison. Il est vrai que depuis cinquante jours que les bâtiments avaient quitté l'Égypte, aucune maladie ne s'était déclarée à bord, et qu'avant leur départ la peste avait cessé depuis trois mois.

Sur les six heures du soir, Napoléon, accompagné de Berthier, monta en voiture pour se rendre à Paris.

§ II.

Les fatigues de la traversée et les effets de la transition d'un climat sec à une température humide, décidérent Napoléon à s'arrêter six heures à Aix. Tous les habitants de la ville et des villages voisins accouraient en foule et témoignaient le bonheur qu'ils éprouvaient de le revoir. Partout la joie était extrême : ceux qui des campagnes n'avaient pas le temps d'arriver sur la route sonnaient les cloches, et plaçaient des drapeaux sur les clochers. La nuit, ils les couvraient de feux. Ce n'était pas un citoyen qui rentrait dans sa patrie, ce n'était pas un général qui revenait d'une armée victorieuse ; c'était déja un souverain qui retournait dans ses états. L'enthousiasme d'Avignon, Montélimart, Valence, Vienne, ne fut surpassé que par les élans de Lyon.

Cette ville, où Napoléon séjourna douze heures, fut dans un délire universel. De tout temps les Lyonnais ont montré une grande affection à Napoléon, soit que cela tienne à cette générosité de caractère, qui est propre aux Lyonnais ; soit que Lyon se considérant comme la métropole du Midi, tout ce qui était relatif à la sûreté des frontières du côté de l'Italie, touchât vivement ses habitants ; soit enfin que cette ville, composée en grande partie de Bourguignons et de Dauphinois, partageât les sentiments plus fortement existants dans ces deux provinces. Toutes les imaginations étaient encore exaltées par la nouvelle qui circulait depuis huit jours de la bataille d'Aboukir et des brillants succès des Français en Égypte, qui contrastaient tant avec les défaites de nos armées d'Allemagne et d'Italie. De toute part le peuple semblait dire : » Nous sommes nombreux, nous « sommes braves, et cependant nous sommes « vaincus : il nous manque un chef pour nous « diriger; il arrive, nos jours de gloire vont re- « venir » !

Cependant la nouvelle du retour de Napoléon était parvenue à Paris : on l'annonça sur tous les théâtres; elle produisit une sensation extrême, une ivresse générale. Les membres du directoire la durent partager. Quelques membres de la société du manège en pâlirent; mais, ainsi que les partisans de l'étranger, ils dissimulèrent et se livrèrent au torrent de la joie générale. Baudin, député des Ardennes, homme de bien, vivement tourmenté de la fâcheuse direction qu'avaient prise les affaires de la république, mourut de joie en apprenant le retour de Napoléon.

Napoléon avait déja passé Lyon, lorsque son débarquement fut annoncé à Paris. Par une précaution bien convenable à sa situation, il avait indiqué à ses courriers une route différente de celle qu'il prit; de sorte que sa femme, sa famille, ses amis, se trompèrent en voulant aller à sa rencontre : ce qui retarda de plusieurs jours le moment où il put les revoir. Arrivé ainsi à Paris, tout-à-fait inattendu, il était dans sa maison, rue Chantereine, qu'on ignorait encore son arrivée dans la capitale. Deux heures après il se présenta au directoire : reconnu par des soldats de garde, des cris d'allégresse l'annoncèrent. Chacun des membres du directoire semblait partager la joie publique; il n'eut qu'à se louer de l'accueil qu'il reçut.

La nature des évènements passés l'instruisait de la situation de la France, et les renseignements qu'il s'était procurés sur la route, l'avaient mis au fait de tout. Sa résolution était prise. Ce qu'il n'avait pas voulu tenter à son retour d'Italie, il était déterminé à le faire aujourd'hui. Son mépris pour le gouvernement du directoire et pour les meneurs des conseils était extrême.

Résolu de s'emparer de l'autorité, de rendre à la France ses jours de gloire, en donnant une direction forte aux affaires publiques : c'était pour l'exécution de ce projet qu'il était parti d'Égypte; et tout ce qu'il venait de voir dans l'intérieur de la France avait accru ce sentiment et fortifié sa résolution.

§ III.

De l'ancien directoire, il ne restait que Barras : les autres membres étaient Roger-Ducos, Moulins, Gohier, et Siéyes.

— Ducos était un homme d'un caractère borné et facile.

— Moulins, général de division, n'avait pas fait la guerre, il sortait des gardes-françaises, et avait reçu son avancement dans l'armée de l'intérieur. C'était un honnête homme, patriote chaud et droit.

— Gohier était un avocat de réputation, d'un patriotisme exalté, jurisconsulte distingué; homme intègre et franc.

— Siéyes était depuis long-temps connu de Napoléon. Né à Fréjus, en Provence, il avait commencé sa réputation avec la révolution; il avait été nommé à l'assemblée constituante par les électeurs du tiers-état de Paris, après avoir été repoussé par l'assemblée du clergé, qui se tint à Chartres. C'est lui qui fit la brochure, *Qu'est-ce que le tiers?* qui eut une si grande vogue. Il n'est pas homme d'exéoution : connaissant peu les hommes, il ne sait pas les faire agir. Ses études ayant toutes été dirigées vers la métaphysique, il a les défauts des métaphysiciens, et dédaigne trop souvent les notions positives; mais il est capable de donner des avis utiles et lumineux dans les circonstances et dans les crises les plus sérieuses. C'est à lui que l'on doit la division de la France en départements, qui a détruit l'esprit de province. Quoiqu'il n'ait jamais occupé la tribune avec éclat, il a été utile au succès de la révolution par ses conseils dans les comités.

Il avait été nommé directeur, lors de la création du directoire; mais, ayant refusé alors, Lareveillère le remplaça. Envoyé depuis en ambassade à Berlin, il puisa dans cette mission une grande défiance de la politique de la Prusse.

Il siégeait depuis peu au directoire, mais il avait déja rendu de grands services, en s'opposant aux succès de la société du manège, qu'il voyait prête à saisir le timon de l'état. Il était en horreur à cette faction; et, sans craindre de s'attirer l'inimitié de ce puissant parti, il combattait avec courage les menées de ces hommes de sang, pour sauver la république du désastre dont elle était menacée.

A l'époque du 13 vendémiaire, le trait suivant avait mis Napoléon à même de le bien juger. Dans le moment le plus critique de cette journée, lorsque le comité des quarante avait perdu la tête, Siéyes s'approcha de Napoléon, l'emmena dans une embrâsure de croisée, pendant que le comité délibérait sur la réponse à faire à la sommation des sections. « Vous les

« entendez, général ; ils parlent quand il fau-
« drait agir : les corps ne valent rien pour di-
« riger les armées, car ils ne connaissent pas
« le prix du temps et de l'occasion. Vous n'a-
« vez rien à faire ici : allez, général, prenez
« conseil de votre génie et de la position de
« la patrie : l'espérance de la république n'est
« qu'en vous. »

§. IV.

Napoléon accepta un dîner chez chaque directeur, sous la condition que ce serait en
famille, et sans aucun étranger. Un repas d'ap-
parât lui fut donné par le directoire. Le corps-
législatif voulut suivre cet exemple : lorsque
la proposition en fut faite au comité-général,
il s'éleva une vive opposition ; la minorité ne
voulant rendre aucun hommage au général Moreau, que l'on proposait d'y associer ; elle l'ac-
cusait de s'être mal conduit au 18 fructidor.
La majorité eut recours, pour lever toute difficulté, à l'expédient d'ouvrir une souscrip-
tion. Le festin fut donné dans l'église Saint-
Sulpice ; la table était de sept cents couverts.
Napoléon y resta peu, y parut inquiet et fort
préoccupé. Chaque ministre voulait lui donner une fête ; il n'accepta qu'un dîner chez

celui de la justice, qu'il estimait beaucoup : il desira que les principaux jurisconsultes de la république s'y trouvassent; il y fut fort gai, disserta longuement sur le code civil et criminel, au grand étonnement de Tronchet, de Treilhard, de Merlin, de Target, et exprima le desir qu'un code simple, et approprié aux lumières du siècle, régît les personnes et les propriétés de la république.

Constant dans son système, il goûta peu ces fêtes publiques, et adopta le même plan de conduite qu'il avait suivi à son premier retour d'Italie. Toujours vêtu de l'uniforme de membre de l'Institut, il ne se montrait en public qu'avec cette société : il n'admettait dans sa maison que les savants, les généraux de sa suite, et quelques amis; Regnault-de-Saint-Jean-d'Angély, qu'il avait employé en Italie, en 1797, et que depuis il avait placé à Malte; Volney, auteur d'un très-bon *Voyage en Égypte*; Rœderer, dont il estimait les nobles sentiments et la probité; Lucien Bonaparte, un des orateurs les plus influents du conseil des cinq-cents : il avait soustrait la république au régime révolutionnaire, en s'opposant à la déclaration de la patrie en danger; Joseph Bonaparte, qui tenait une grande maison, et était fort accrédité.

Il fréquentait l'Institut; mais il ne se rendait aux théâtres qu'aux moments où il n'y était pas attendu, et toujours dans des loges grillées.

Cependant toute l'Europe retentissait de l'arrivée de Napoléon; toutes les troupes, les amis de la république, l'Italie même, se livraient aux plus hautes espérances : l'Angleterre et l'Autriche frémirent. La rage des Anglais se tourna contre Sidney-Smith et Nelson, qui commandaient les forces navales anglaises dans la Méditerranée. Un grand nombre de caricatures sur ce sujet tapissèrent les rues de Londres (1).

— Talleyrand craignait d'être mal reçu de Napoléon. Il avait été convenu avec le directoire et avec Talleyrand qu'aussitôt après le départ de l'expédition d'Egypte, des négociations seraient ouvertes sur son objet, avec la Porte. Talleyrand devait même être le négociateur, et partir pour Constantinople vingt-quatre heures après que l'expédition d'Égypte aurait quitté le port de Toulon.

---

(1) Dans l'une, on représentait Nelson s'amusant à draper lady Hamilton, pendant que la frégate *la Muiron* passait entre les jambes de l'amiral.

Cet engagement, formellement exigé, et positivement consenti, avait été mis en oubli; non-seulement Talleyrand était resté à Paris, mais aucune négociation n'avait eu lieu. Talleyrand ne supposait pas que Napoléon en eût perdu le souvenir; mais l'influence de la société du manège avait fait renvoyer ce ministre : sa position était une garantie; Napoléon ne le repoussa point. Talleyrand d'ailleurs employa toutes les ressources d'un esprit souple et insinuant, pour se concilier un suffrage qu'il lui importait de captiver.

— Fouché était ministre de la police depuis plusieurs mois; il avait eu, après le 13 vendémiaire, quelques relations avec Napoléon, qui connaissait son immoralité et la versatilité de son esprit. Siéyes avait fait fermer le manège, sans sa participation. Napoléon fit le 18 brumaire, sans mettre Fouché dans le secret.

— Réal, commissaire du directoire près le département de Paris, inspirait plus de confiance à Napoléon. Zélé pour la révolution, il avait été, dans un temps d'orages et de troubles, substitut du procureur de la commune de Paris. Son cœur était ardent, mais pénétré de sentiments nobles et généreux.

§ V.

Toutes les classes de citoyens, toutes les contrées de la France, attendaient avec une grande impatience ce que ferait Napoléon. De toutes parts on lui offrait des bras et une soumission entière à ses volontés.

Napoléon passait son temps à écouter les propositions qui lui étaient faites, à observer tous les partis; et enfin à se bien pénétrer de la vraie situation des affaires. Tous les partis voulaient un changement, et tous le voulaient faire avec lui, même les coryphées du manège.

Bernadotte, Augereau, Jourdan, Marbot, etc., qui étaient à la tête des meneurs de cette société, offrirent à Napoléon une dictature militaire, lui proposèrent de le reconnaître pour chef, et de lui confier les destinées de la république, pourvu qu'il secondât les principes de la société du manège.

Siéyes, qui disposait au directoire de la voix de Roger-Ducos et de la majorité du conseil des anciens, et seulement d'une petite minorité dans celui des cinq-cents, lui proposait de le placer à la tête du gouvernement, en changeant la constitution de l'an III, qu'il jugeait mauvaise, et d'adopter les institutions et la constitution qu'il avait méditées, et qui étaient encore dans son porte-feuille.

Régnier, Boulay, un parti nombreux du conseil des anciens, et beaucoup de membres de celui des cinq-cents, voulaient aussi remettre entre ses mains le sort de la république.

Ce parti était celui des modérés et des hommes les plus sages de la législature; c'est celui qui s'était opposé avec Lucien Bonaparte à la déclaration de la patrie en danger.

Les directeurs Barras, Moulins, Gohier, lui insinuaient de reprendre le commandement de l'armée d'Italie, de rétablir la république cisalpine et la gloire des armes françaises. Moulins et Gohier n'avaient point d'arrière-pensée : ils étaient de bonne foi dans le système du moment; ils croyaient que tout irait bien, dès l'instant que Napoléon aurait donné de nouveaux succès à nos armées.

Barras était loin de partager cette sécurité: il savait que tout allait mal, que la république périssait; mais, soit qu'il eût contracté des engagements avec le prétendant, comme on l'a dit dans le temps (1), soit que s'abusant sur sa situation personnelle, car de quelle erreur ne sont pas capables la vanité et l'amour-propre d'un homme ignorant, il crut pouvoir se maintenir à la tête des affaires. Barras fit les mêmes propositions que Moulins et Gohier.

---

(1) On sait aujourd'hui que Barras avait alors des entrevues avec des agents de la maison de Bourbon. Ce fut David Monnier qui servit d'intermédiaire à Barras, dans la négociation qui fut entamée à cette époque. Barras l'avait envoyé en Allemagne; mais, comme il n'osait espérer que le roi lui pardonnerait sa conduite révolutionnaire, il n'avait pu donner à cet émissaire aucune espèce d'instruction positive. Monnier négocia donc en faveur de Barras, sans que celui-ci eût connaissance d'aucune des clauses de la négociation; et ce fut ainsi que Monnier stipula que Barras consentait à rétablir la monarchie en France, à condition que le roi Louis XVIII lui accorderait sûreté et indemnité : « sûreté, c'est-à-dire l'entier oubli de sa conduite révolu-
« tionnaire, l'engagement sacré du roi d'annuler, par son
« pouvoir souverain, toutes recherches à cet égard; indem-
« nité, c'est-à-dire une somme au moins équivalente à
« celle que pourraient lui valoir deux années qu'il devait
« passer au directoire, somme qu'il évaluait à douze mil-
« lions de livres tournois, y compris les deux millions
« qu'il devait distribuer entre ses coopérateurs. » Sa majesté voulut bien, en cette occasion, accorder des lettres-patentes, qui furent transmises à Barras par le chevalier Tropès-de-Guerin, et échangées contre l'engagement sous-

Cependant toutes les factions étaient en mouvement. Celle des fructidorisés paraissait persuadée de son influence; mais elle n'avait aucun partisan dans les autorités existantes. Napoléon pouvait choisir entre plusieurs partis à prendre.

Consolider la constitution existante, et donner de l'appui au directoire en se faisant nommer directeur : mais cette constitution était tombée dans le mépris, et une magistrature partagée ne pouvait conduire à aucun résultat satisfaisant; c'eût été s'associer aux préjugés révolutionnaires, aux passions de Barras et de Siéyes, et par contre-coup se mettre en butte à la haine de leurs ennemis.

Changer la constitution et parvenir au pouvoir par le moyen de la société du manège; elle

---

crit par ce directeur, pour le rétablissement de la monarchie. Barras prit alors des mesures pour rappeler en France les Bourbons. Le 29 vendémiaire, dix-neuf jours avant le 18 brumaire, il se croyait assuré du succès; mais ce grand dessein échoua, et par le trop de confiance de Barras, et par les lenteurs qu'occasionna, dans l'exécution, un des agents du roi, qui, afin de se rendre nécessaire, éleva des contestations sur les pouvoirs que sa majesté avait donnés au duc de Fleury, pour négocier cette affaire, etc.

Biographie des hommes vivants. Michaud, 1816, tom. I, page 214.

renfermait un grand nombre des plus chauds jacobins; ils avaient la majorité dans le conseil des cinq-cents, et une minorité énergique dans celui des anciens. En se servant de ces hommes, la victoire était assurée, on n'éprouverait aucune résistance. C'était la voie la plus sûre pour culbuter ce qui existait : mais les jacobins ne s'affectionnent à aucun chef; ils sont exclusifs, extrêmes dans leurs passions. Il faudrait donc après être arrivé par eux, s'en défaire et les persécuter. Cette trahison était indigne d'un homme généreux.

— Barras offrait l'appui de ses amis; mais c'étaient des hommes de mœurs suspectes et publiquement accusés de dilapider la fortune publique : comment gouverner avec de pareilles gens? car sans une rigide probité il était impossible de rétablir les finances et de faire rien de bien.

A Siéyes s'attachaient un grand nombre d'hommes instruits, probes et républicains par principes, ayant en général peu d'énergie, et fort intimidés de la faction du manège et des mouvements populaires, mais qui pouvaient être conservés après la victoire et être employés avec succès dans un gouvernement régulier. Le caractère de Siéyes ne donnait aucun ombrage, dans aucun cas, ce ne pouvait être un rival dangereux. Mais, en prenant ce parti, c'était se déclarer contre Barras et contre le manège qui avaient Siéyes en horreur.

— Le 8 brumaire (30 octobre), Napoléon dîna chez Barras : il y avait peu de monde. Une conversation eut lieu après le dîner : « La république périt, dit le directeur : rien « ne peut plus aller; le gouvernement est sans « force; il faut faire un changement, et nom- « mer Hédouville, président de la république. » Quant à vous, général, votre intention est « de vous rendre à l'armée; et moi, malade, « dépopularisé, usé, je ne suis bon qu'à ren- « trer dans une classe privée. »

Napoléon le regarda fixement sans lui rien répondre. Barras baissa les yeux et demeura interdit. La conversation finit là. Le général Hédouville était un homme d'une excessive médiocrité. Barras ne disait pas sa pensée ; sa contenance trahissait son secret.

§ VI.

Cette conversation fut décisive. Peu d'instants après, Napoléon descendit chez Siéyes : il lui fit connaître que depuis dix jours tous les partis s'adressaient à lui ; qu'il était résolu de marcher avec lui Siéyes et la majorité du conseil des anciens, et qu'il venait lui en donner l'assurance positive. On convint que, du 15 au 20 brumaire, le changement pourrait se faire.

Rentré chez lui, Napoléon y trouva Talleyrand, Fouché, Rœdérer et Réal. Il leur raconta naïvement, avec simplicité, et sans aucun mouvement de physionomie qui pût faire préjuger son opinion, ce que Barras venait de lui dire. Réal et Fouché qui étaient attachés à ce directeur, sentirent tout ce qu'avait d'intempestif sa dissimulation. Ils se rendirent chez lui pour lui en faire des reproches. Le lendemain Barras vint à huit heures chez Napoléon, qui était encore au lit : il voulut absolument le voir, entra et lui dit qu'il craignait de s'être mal expliqué la veille; que Napoléon seul pouvait sauver la république; qu'il venait se mettre à sa disposition; faire tout ce qu'il voudrait, et prendre tel rôle qu'il lui donnerait. Il le pria de lui donner l'assurance que s'il méditait quelque projet, il compterait sur Barras.

Mais Napoléon avait déja pris son parti : il répondit qu'il ne voulait rien; qu'il était fatigué, indisposé; qu'il ne pouvait s'accoutumer à l'humidité de l'atmosphère de la capitale, sortant du climat sec des sables de l'Arabie; et il termina l'entretien par de semblables lieux communs.

Cependant Moulins se rendait tous les matins, entre huit et neuf heures, chez Napoléon, pour lui demander conseil sur les affaires du jour. C'étaient des nouvelles militaires ou des affaires civiles sur lesquelles il desirait avoir une direction. Sur ce qui avait rapport au militaire, Napoléon répondait d'après son opinion; mais sur les affaires civiles, ne croyant pas devoir lui faire connaître toute sa pensée, il ne lui répondait que des choses vagues.

Gohier venait aussi de temps à autre faire visite à Napoléon, lui faire des propositions et demander des conseils.

§ VII.

Le corps des officiers de la garnison, ayant à sa tête le général Morand, commandant la place de Paris, demanda à être présenté à Napoléon; il ne put l'être : remis de jour en jour, les officiers commençaient à se plaindre du peu d'empressement qu'il montrait à revoir ses anciens camarades.

Les quarante adjudants de la garde nationale de Paris, qui avaient été nommés par Napoléon lorsqu'il commandait l'armée de l'intérieur, avaient sollicité la faveur de le voir. Il les connaissait presque tous ; mais, pour cacher ses desseins, il différa l'instant de les recevoir.

Les huitième et neuvième régiments de dragons qui étaient en garnison dans Paris, étaient de vieux régiments de l'armée d'Italie; ils ambitionnaient de défiler devant leur ancien général. Napoléon accepta cette offre, et leur fit dire qu'il leur indiquerait le jour.

Le vingt-unième des chasseurs à cheval, qui avait contribué au succès de la journée du 13 vendémiaire, était aussi à Paris. Murat sortait de ce corps, et tous les officiers allaient sans cesse chez lui pour lui demander quel jour Napoléon verrait le régiment. Ils n'obtenaient pas davantage que les autres.

Les citoyens de Paris se plaignaient de l'incognito du général ; ils allaient aux théâtres, aux revues, où il était annoncé, et il n'y venait pas. Personne ne pouvait concevoir cette conduite ; l'impatience gagnait tout le monde. On murmurait contre Napoléon : « Voilà quinze « jours qu'il est arrivé, disait-on, et il n'a en- « core rien fait. Prétend-il agir comme à son « retour d'Italie, et laisser périr la république « dans l'agonie des factions qui la déchirent? »

Le moment décisif approchait.

§ VIII.

Le 15 brumaire, Siéyes et Napoléon eurent une entrevue, dans laquelle ils arrêtèrent toutes les dispositions pour la journée du 18. Il fut convenu que le conseil des anciens profitant de l'article 102 de la constitution, décréterait la translation du corps-législatif à Saint-Cloud, et nommerait Napoléon commandant en chef de la garde du corps-législatif, des troupes de la division militaire de Paris et de la garde nationale.

Ce décret devant passer le 18, à sept heures du matin; à huit heures, Napoléon devait se rendre aux Tuileries où les troupes seraient réunies, et prendre là le commandement de la capitale.

Le 17, Napoléon fit prévenir les officiers qu'il les recevrait le lendemain à six heures du matin. Comme cette heure pouvait paraître indue, il prétexta un voyage; il fit donner la même invitation aux quarante adjudants de la garde nationale; et il fit dire aux trois régiments de cavalerie qu'il les passerait en revue aux champs-Élysées le même jour 18, à sept heures du matin. Il prévint en même temps les généraux qui étaient revenus d'Égypte avec lui, et tous ceux dont il connaissait les sentiments, qu'il serait bien aise de les voir à cette heure-là. Chacun d'eux crut que l'invitation était pour lui seul, et supposait que Napoléon avait des ordres à lui donner; car on savait que le ministre de la guerre Dubois-Crancé avait porté chez lui les états de l'armée, et prenait ses conseils sur tout ce qu'il fallait faire, tant sur les frontières du Rhin qu'en Italie.

— Moreau, qui avait été du dîner du conseil législatif, et que Napoléon avait vu là pour la première fois, ayant appris par le bruit public qu'il se préparait un changement, déclara à Napoléon qu'il se mettait à sa disposition, qu'il n'avait pas besoin d'être mis dans aucun secret, et qu'il ne fallait que le prévenir une heure d'avance.

— Macdonald, qui se trouvait aussi à Paris, avait fait les mêmes offres de service.

A deux heures du matin, Napoléon leur fit dire qu'il desirait les voir à sept heures chez lui et à cheval. Il ne prévint ni Augereau, ni Bernadotte; cependant Joseph amena ce dernier (1).

---

(1) Lorsque Napoléon se rendait au conseil des anciens, Bernadotte, au lieu de suivre le cortège, s'esquiva et fut se joindre à la faction du manège.

— Le général Lefèvre commandait la division militaire; il était tout dévoué au directoire. Napoléon lui envoya, à minuit, un aide-de-camp, pour lui dire de venir chez lui, à six heures.

§ IX.

Tout se passa comme il avait été convenu. Sur les sept heures du matin, le conseil des anciens s'assembla sous la présidence de Lemercier. Cornudet, Lebrun, Fargues, peignirent vivement les malheurs de la république, les dangers dont elle était environnée, et la conspiration permanente des coryphées du manège pour rétablir le règne de la terreur. Régnier, député de la Meurthe, demanda, par motion d'ordre, qu'en conséquence de l'article 102 de la constitution, le siège des séances du corps-législatif fût transféré à Saint-Cloud, et que Napoléon fût investi du commandement en chef des troupes de la 17e division militaire, et chargé de faire exécuter cette translation. Il développa alors sa motion : « La république est menacée, dit-il, par les anarchistes et le « parti de l'étranger : il faut prendre des mesures « de salut public; on est assuré de l'appui du « général Bonaparte; ce sera à l'ombre de son « bras protecteur, que les conseils pourront dé-

« libérer sur les changements que nécessite l'in-
« térêt public.» Aussitôt que la majorité du conseil se fut assurée que cela était d'accord avec Napoléon, le décret passa, mais non sans une forte opposition. Il était conçu en ces termes :

Décret du conseil des anciens.

Le conseil des anciens, en vertu des articles 102, 103 et 104, de la constitution, décrète ce qui suit :

Art. 1er Le corps législatif est transféré à Saint-Cloud ; les deux conseils y siégeront dans les deux ailes du palais.

2. Ils y seront rendus demain, 19 brumaire, à midi ; toute continuation de fonctions, de délibérations, est interdite ailleurs et avant ce terme.

3. Le général Bonaparte est chargé de l'exécution du présent décret. Il prendra toutes les mesures nécessaires pour la sûreté de la représentation nationale. Le général commandant la 17e division militaire, les gardes du corps-législatif, les gardes nationales sédentaires, les troupes de ligne qui se trouvent dans la commune de Paris, et dans toute l'étendue de la 17e division militaire, sont mis immédiatement sous ses ordres, et tenus de le recon-

naître en cette qualité; tous les citoyens lui prêteront main-forte à sa première requisition.

4. Le général Bonaparte est appelé dans le sein du conseil pour y recevoir une expédition du présent décret, et prêter serment; il se concertera avec les commissions des inspecteurs des deux conseils.

5. Le présent décret sera de suite transmis par un messager au conseil des cinq-cents, et au directoire exécutif; il sera imprimé, affiché, promulgué, et envoyé dans toutes les communes de la république par des courriers extraordinaires.

Ce décret fut rendu à huit heures; et à huit heures et demie, le messager d'état qui en était porteur arriva au logement de Napoléon. Il trouva les avenues remplies d'officiers de la garnison; d'adjudants de la garde nationale, de généraux, et des trois régiments de cavalerie. Napoléon fit ouvrir les battants des portes; et sa maison étant trop petite pour contenir tant de personnes, il s'avança sur le perron, reçut les compliments des officiers, les harangua, et leur dit qu'il comptait sur eux tous pour sauver la France. En même temps, il leur fit connaître que le conseil des anciens, autorisé par la constitution, venait de le revêtir du commandement de toutes les troupes; qu'il s'agissait de prendre de grandes mesures, pour tirer la patrie de la position affreuse où elle se trouvait; qu'il comptait sur leurs bras et leur volonté; qu'il allait monter à cheval, pour se rendre aux Tuileries. L'enthousiasme fût extrême : tous les officiers tirèrent leurs épées, et promirent assistance et fidélité. Alors Napoléon se tourna vers Léfèvre, lui demandant s'il voulait rester près de lui, ou retourner près du directoire. Lefèvre, fortement ému, ne balança pas. Napoléon monta aussitôt à cheval, et se mit à la tête des généraux et officiers, et des 1,500 chevaux auxquels il avait fait faire halte sur le boulevard, au coin de la rue du Mont-Blanc. Il donna ordre aux adjudants de la garde nationale de retourner dans leurs quartiers, d'y faire battre la générale, de faire connaître le décret qu'ils venaient d'entendre, et d'annoncer qu'on ne devait plus reconnaître que les ordres émanés de lui.

§ X.

Il se rendit à la barre du conseil des anciens, environné de ce brillant cortège. Il dit : « Vous « êtes la sagesse de la nation, c'est à vous d'in- « diquer dans cette circonstance les mesures « qui peuvent sauver la patrie : je viens, en

« vironné de tous les généraux, vous promettre
« l'appui de tous leurs bras. Je nomme le gé-
« néral Lefèvre mon lieutenant.

« Je remplirai fidèlement la mission que vous
« m'avez confiée : qu'on ne cherche pas dans le
« passé des exemples sur ce qui se passe. Rien
« dans l'histoire ne ressemble à la fin du XVIIIe
« siècle ; rien dans le XVIIIe siècle ne ressemble
« au moment actuel. »

Toutes les troupes étaient réunies aux Tuileries ; il en passa la revue aux acclamations unanimes des citoyens et des soldats. Il donna le commandement des troupes chargées de la garde du corps-législatif, au général Lannes ; et au général Murat, le commandement de celles envoyées à Saint-Cloud.

Il chargea le général Moreau de garder le Luxembourg ; et, pour cet effet, il mit sous ses ordres 500 hommes du 86e régiment. Mais, au moment de partir, ces troupes refusèrent d'obéir, elles n'avaient pas de confiance en Moreau, qui, disaient-elles, n'était pas patriote. Napoléon fut obligé de les haranguer, en les assurant que Moreau marcherait. Moreau avait acquis cette réputation depuis sa conduite en fructidor.

Le bruit se répandit bientôt dans toute la capitale, que Napoléon était aux Tuileries, et que ce n'était qu'à lui seul qu'il fallait obéir.

Le peuple y courut en foule : les uns, mus par la simple curiosité de voir un général si renommé, les autres, par élan patriotique et par zèle, pour lui offrir leur assistance. La proclamation suivante fut affichée partout.

« Citoyens, le conseil des anciens, dépositaire
« de la sagesse nationale, vient de rendre un
« décret ; il y est autorisé par les articles 102
« et 103 de l'acte constitutionnel : il me charge
« de prendre des mesures pour la sûreté de la
« représentation nationale. Sa translation est
« nécessaire et momentanée ; le corps-législa-
« tif se trouvera à même de tirer la république
« du danger imminent où la désorganisation
« de toutes les parties de l'administration nous
« conduit. Il a besoin, dans cette circonstance
« essentielle, de l'union et de la confiance.
« Ralliez-vous autour de lui : c'est le seul
« moyen d'asseoir la république sur les bases
« de la liberté civile, du bonheur intérieur,
« de la victoire, et de la paix. »

Il dit aux soldats :

« Soldats, le décret extraordinaire du con-
« seil des anciens, est conforme aux articles
« 102 et 103 de l'acte constitutionnel. Il m'a
« remis le commandement de la ville et de
« l'armée. Je l'ai accepté pour seconder les
« mesures qu'il va prendre et qui sont tout

« entières en faveur du peuple. La république
« est mal gouvernée depuis deux ans; vous
« avez espéré que mon retour mettrait un
« terme à tant de maux. Vous l'avez célébré
« avec une union qui m'impose des obligations
« que je remplis; vous remplirez les vôtres, et
« vous seconderez votre général avec l'énergie,
« la fermeté, et la confiance que j'ai toujours
« eue en vous. La liberté, la victoire et la paix,
« replaceront la république française au rang
« qu'elle occupait en Europe, et que l'ineptie
« et la trahison ont pu seules lui faire perdre. »

En ce moment, Napoléon envoya un aide-de-camp à la garde du directoire, pour lui communiquer le décret, et lui prescrire de ne recevoir d'ordre que de lui. La garde sonna à cheval; le chef consulta ses soldats, ils répondirent par des cris de joie. A l'instant même venait d'arriver un ordre du directoire, contraire à celui de Napoléon; mais les soldats n'obéissant qu'au sien, se mirent en marche pour le joindre. Siéyes et Roger-Ducos s'étaient déja rendus dès le matin aux Tuileries. On dit que Barras, en voyant Siéyes monter à cheval, se moqua de la gaucherie du nouvel écuyer. Il était loin de se douter où ils allaient. Peu après, instruit du décret, il se réunit avec Gohier et Moulins; ils apprirent alors que toutes les troupes environnaient Napoléon; ils virent même leur garde les abandonner. Dèslors Moulins se rendit aux Tuileries, et donna sa démission, comme l'avaient déja fait Siéyes et Roger-Ducos. Bottot, secrétaire de Barras, se rendit près de Napoléon, qui lui témoigna toute son indignation sur les dilapidations qui avaient perdu la république, et insista pour que Barras donnât sa démission. Talleyrand fut chez ce directeur, et la rapporta. Barras se rendit à Gros-Bois, accompagné d'une garde d'honneur de dragons. Dès ce moment, le directoire se trouva dissous, et Napoléon seul chargé du pouvoir exécutif de la république.

Cependant le conseil des cinq-cents s'était assemblé sous la présidence de Lucien. La constitution était précise, le décret du conseil des anciens était dans ses attributions : il n'y avait rien à objecter. Les membres du conseil, en traversant les rues de Paris et les Tuileries, avaient appris les événements qui se passaient; ils avaient été témoins de l'enthousiasme public. Ils étaient dans l'étonnement et la stupeur de tout le mouvement qu'ils voyaient. Ils se conformèrent à la nécessité, et ajournèrent la séance pour le lendemain 19, à Saint-Cloud.

— Bernadotte avait épousé la belle-sœur de Joseph Bonaparte. Il avait été deux mois au ministère de la guerre, et ensuite renvoyé par Siéyes : il n'y faisait que des fautes.

C'était un des membres les plus chauds de la société du manège dont les opinions politiques étaient alors fort exaltées et réprouvées par tous les gens de bien. Joseph l'avait mené le matin chez Napoléon, mais, lorsqu'il vit ce dont il s'agissait, il s'esquiva, et alla instruire ses amis du manège de ce qui se passait.

Jourdan et Augereau vinrent trouver Napoléon aux Tuileries, lorsqu'il passait la revue des troupes : il leur conseilla de ne pas retourner à Saint-Cloud à la séance du lendemain, de rester tranquilles, de ne pas compromettre les services qu'ils avaient rendus à la patrie; car aucun effort ne pouvait s'opposer au mouvement qui était commencé. Augereau l'assura de son devouement et du desir qu'il avait de marcher sous ses ordres. Il ajouta même : « Eh « quoi ! général, est-ce que vous ne comptez « pas toujours sur votre petit Augereau ? »

Cambacérès, ministre de la justice; Fouché, ministre de la police, et tous les autres ministres furent aux Tuileries, et reconnurent la nouvelle autorité. Fouché fit de grandes protestations d'attachement et de dévouement; extrêmement opposé à Siéyes, il n'avait pas été dans le secret de la journée. Il avait ordonné de fermer les barrières, d'arrêter le départ des courriers et des diligences : « Eh, bon dieu ! « lui dit le général, pourquoi toutes ces précau- « tions ? nous marchons avec la nation et par « sa seule force ; qu'aucun citoyen ne soit in- « quiété, et que le triomphe de l'opinion n'ait « rien de commun avec ces journées faites par « une minorité factieuse.

Les membres de la majorité des cinq-cents, de la minorité des anciens, et les coryphées du manège, passèrent toute la journée et la nuit en conciliabules.

A sept heures du soir, Napoléon tint un conseil aux Tuileries. Siéyes proposait d'arrêter les quarante principaux meneurs opposants. Cet avis était sage ; mais Napoléon croyait avoir trop de force, pour employer tant de prudence. « J'ai « juré ce matin, dit-il, de protéger la représen- « tation nationale ; je ne veux point ce soir violer « mon serment : je ne crains pas de si faibles « ennemis. » Tout le monde se rangea au conseil de Siéyes ; mais rien ne put vaincre cette obstination ou cette délicatesse du général. On verra bientôt qu'il eut tort.

C'est dans cette réunion que l'on convint de l'établissement de trois consuls provisoires, qui seraient Siéyes, Roger-Ducos et Napoléon ; de l'ajournement des conseils à trois mois. Les meneurs des deux conseils s'entendirent sur la manière dont ils devaient se conduire dans la séance de Saint-Cloud. Lucien, Boulay, Émile Gaudin, Chazal, Cabanis, étaient les meneurs du conseil des cinq-cents; Régnier, Lemercier, Cornudet, Fargues, l'étaient des anciens.

Le général Murat, ainsi qu'on l'a dit, commandait la force publique à Saint-Cloud; Ponsard commandait le bataillon de la garde du corps-législatif; le général Serrurier avait sous ses ordres une réserve, placée au Point-du-Jour.

On travaillait avec activité pour préparer les salles du palais de Saint-Cloud. L'orangerie fut destinée au conseil des cinq-cents; et la galerie de Mars, à celui des anciens : les appartements, devenus depuis le salon des princes et le cabinet de l'empereur, furent préparés pour Napoléon et son état-major. Les inspecteurs de la salle occupèrent les appartements de l'impératrice. Il était deux heures après-midi, et le local destiné au conseil des cinq-cents n'était pas encore prêt. Ce retard de quelques heures devint funeste. Les députés, arrivés depuis midi, se formèrent en groupes dans le jardin : les esprits s'échauffèrent; ils se sondèrent réciproquement, se communiquèrent, et organisèrent leur opposition. Ils demandaient au conseil des anciens ce qu'il voulait, pourquoi il les avait fait venir à Saint-Cloud? Était-ce pour changer le directoire? Ils convenaient généralement que Barras était corrompu, Moulins sans considération; ils nommèrent sans difficulté Napoléon et deux autres citoyens pour compléter le gouvernement. Le petit nombre d'individus qui étaient dans le secret laissaient alors percer que l'on voulait régénérer l'état, en améliorant la constitution, et ajourner les conseils. Ces insinuations ne réussissant pas, une hésitation se manifesta parmi les membres sur lesquels on comptait le plus.

§ XI.

La séance s'ouvrit enfin. Émile Gaudin monta à la tribune, peignit vivement les dangers de la patrie, et proposa de remercier le conseil des anciens des mesures de salut public dont il avait pris l'initiative, et de lui demander, par un message, qu'il fît connaître sa pensée toute entière. En même temps, il proposa de nommer une commission de sept personnes pour faire un rapport sur la situation de la république.

Les vents, renfermés dans les outres d'Éole, s'en échappant avec furie, n'excitèrent jamais une plus grande tempête. L'orateur fut précipité avec fureur en bas de la tribune. L'agitation devint extrême.

Delbred demanda que les membres prêtassent de nouveau serment à la constitution de l'an III. Lucien, Boulay et leurs amis, pâlirent. L'appel nominal eut lieu.

Pendant cet appel nominal, qui dura plus de deux heures, les nouvelles de ce qui se passait circulèrent dans la capitale. Les meneurs de l'assemblée du manège, les tricoteuses, etc., accoururent. Jourdan et Augereau se tenaient à l'écart; croyant Napoléon perdu, ils s'empressèrent d'arriver. Augereau s'approcha de Napoléon, et lui dit : « *Eh bien! vous voici dans une jolie position!* » — Augereau, reprit Napoléon, souviens-toi d'Arcole : les affaires paraissaient bien plus désespérées. Crois-moi, reste tranquille, si tu ne veux pas en être la victime. Dans une demi-heure tu verras comme les choses tourneront.

L'assemblée paraissait se prononcer avec tant d'unanimité, qu'aucun député n'osa refuser de prêter serment à la constitution : Lucien lui-même y fut contraint. Des hurlements, des bravos, se faisaient entendre dans toute la salle. Le moment était pressant. Beaucoup de membres, en prononçant ce serment, y ajoutèrent des développements, et l'influence de tels discours pouvaient se faire sentir sur les troupes. Tous les esprits étaient en suspens : les zélés devenaient neutres; les timides avaient déja changé de bannière. Il n'y avait pas un instant à perdre. Napoléon traversa le salon de Mars, entra au conseil des anciens, et se plaça vis-à-vis le président. (C'était la barre.)

« Vous êtes sur un volcan, leur dit-il : la ré-
« publique n'a plus de gouvernement; le di-
« rectoire est dissous ; les factions s'agitent;
« l'heure de prendre un parti est arrivée. Vous
« avez appelé mon bras et celui de mes com-
« pagnons d'armes au secours de votre sa-
« gesse : mais les instants sont précieux; il faut
« se prononcer. Je sais que l'on parle de César,
« de Cromwell, comme si l'époque actuelle
« pouvait se comparer aux temps passés. Non,
« je ne veux que le salut de la république, et
« appuyer les décisions que vous allez pren-
« dre..... Et vous, grenadiers, dont j'aperçois
« les bonnets aux portes de cette salle, dites-
« le : vous ai-je jamais trompés? Ai-je jamais
« trahi mes promesses, lorsque, dans les camps,
« au milieu des privations, je vous promet-

« tais la victoire, l'abondance, et lorsqu'à votre
« tête, je vous conduisais de succès en succès?
« Dites-le maintenant : était-ce pour mes in-
« térêts, ou pour ceux de la république? »

Le général parlait avec véhémence. Les grenadiers furent comme électrisés; et, agitant en l'air leurs bonnets, leurs armes, ils semblaient tous dire : Oui, c'est vrai! il a toujours tenu parole!

Alors un membre (Linglet) se leva, et d'une voix forte dit : « Général, nous applaudissons
« à ce que vous dites : jurez donc avec nous
« obéissance à la constitution de l'an III, qui
« peut seule maintenir la république. »

L'étonnement que causa ces paroles produisit le plus grand silence.

Napoléon se recueillit un moment; après quoi, il reprit avec force : « La constitution de
« l'an III, vous n'en avez plus : vous l'avez
« violée au 18 fructidor, quand le gouverne-
« ment a attenté à l'indépendance du corps-
« législatif; vous l'avez violée au 30 prairial
« an VII, quand le corps-législatif a attenté à
« l'indépendance du gouvernement; vous l'a-
« vez violée au 22 floréal, quand, par un dé-
« cret sacrilège, le gouvernement et le corps-
« législatif ont attenté à la souveraineté du
« peuple, en cassant les élections faites par

« lui. La constitution violée, il faut un nou-
« veau pacte, de nouvelles garanties. »

La force de ce discours, l'énergie du général, entraînèrent les trois quarts des membres du conseil, qui se levèrent en signe d'approbation. Cornudet et Régnier parlèrent avec force dans le même sens : un membre s'éleva contre; il dénonça le général comme le seul conspirateur qui voulait attenter à la liberté publique. Napoléon interrompit l'orateur, déclara qu'il avait le secret de tous les partis, que tous méprisaient la constitution de l'an III; que la seule différence qui existait entre eux était que les uns voulaient une république modérée, où tous les intérêts nationaux, toutes les propriétés, fussent garantis; tandis que les autres voulaient un gouvernement révolutionnaire, motivé sur les dangers de la patrie. En ce moment on vint prévenir Napoléon que, dans le conseil des cinq-cents, l'appel nominal était terminé, et que l'on voulait forcer le président Lucien à mettre aux voix la mise hors la loi de son frère. Napoléon se rend aussitôt aux cinq-cents, entre dans la salle, le chapeau bas, ordonne aux officiers et soldats qui l'accompagnent de rester aux portes; il voulait se présenter à la barre pour rallier son parti, qui était nombreux, mais qui avait perdu tout ralliement et toute audace. Mais, pour arriver à la barre, il fallait traverser la moitié de la salle, parce que le président siégeait sur un des côtés latéraux. Lorsque Napoléon se fut avancé seul au tiers de l'orangerie, deux ou trois cents membres se levèrent subitement, en s'écriant : Mort au tyran ! à bas le dictateur !

Deux grenadiers que l'ordre du général avait retenus à la porte, et qui n'avaient obéi qu'à regret et en lui disant, « Vous ne les connais-
« sez pas, ils sont capables de tout, » culbutèrent, le sabre à la main, ce qui s'opposait à leur passage, pour rejoindre leur général, l'investir et le couvrir de leurs corps. Tous les autres grenadiers suivirent cet exemple et entraînèrent Napoléon en dehors de la salle. Dans ce tumulte, l'un d'eux nommé Thomé fut légèrement blessé d'un coup de poignard; un autre reçut plusieurs coups dans ses habits.

Le général descendit dans la cour du château, fit battre au cercle, monta à cheval, et harangua les troupes : « J'allais, dit-il, leur
« faire connaître les moyens de sauver la ré-
« publique, et de nous rendre notre gloire.
« Ils m'ont répondu à coups de poignard. Ils
« voulaient ainsi réaliser le desir des rois coa-
« lisés. Qu'aurait pu faire de plus l'Angleterre !

« Soldats, puis-je compter sur vous? »

Des acclamations unanimes répondirent à ce discours. Napoléon aussitôt ordonna à un capitaine d'entrer avec dix hommes dans la salle des cinq-cents, et de délivrer le président.

Lucien venait de déposer sa toge. « Misé-
« rables ! s'écriait-il, vous exigez que je mette
« hors la loi mon frère, le sauveur de la patrie,
« celui dont le nom seul fait trembler les rois!
« Je dépose les marques de la magistrature po-
« pulaire; je me présente à cette tribune comme
« défenseur de celui que vous m'ordonnez
« d'immoler sans l'entendre. »

En disant ces mots, il quitte le fauteuil et s'élance à la tribune. L'officier de grenadiers se présente alors à la porte de la salle, en criant, Vive la république! On croit que les troupes envoient une députation pour exprimer leur dévouement aux conseils. Ce capitaine est accueilli par un mouvement d'allégresse. Il profite de cette erreur, s'approche de la tribune, s'empare du président, en lui disant à voix basse, *C'est l'ordre de votre frère.* Les grenadiers crient en même temps, A bas les assassins!

A ces cris, la joie se change en tristesse; un morne silence témoigne l'abattement de toute l'assemblée. On ne met aucun obstacle au départ du président, qui sort de la salle, se rend dans la cour, monte à cheval, et s'écrie de sa voix de Stentor : « Général, et vous, soldats, « le président du conseil des cinq-cents vous « déclare que des factieux, le poignard à la « main, en ont violé les délibérations. Il vous « requiert d'employer la force contre ces fac- « tieux. Le conseil des cinq-cents est dissous.

« Président, répondit le général, cela sera « fait. »

Il ordonne en même temps à Murat de se porter dans la salle en colonne serrée. En cet instant le général B*** osa lui demander cinquante hommes pour se placer en embuscade sur la route et fusiller les fuyards. Napoléon ne répondit à sa demande qu'en recommandant aux grenadiers de ne pas commettre d'excès. « Je ne veux pas, leur dit-il, qu'il y ait une « goutte de sang versée. »

Murat se présente à la porte, et somme le conseil de se séparer. Les cris, les vociférations continuent. Le colonel Moulins, aide-de-camp de Brune, qui venait d'arriver de Hollande, fait battre la charge. Le tambour mit fin à ces clameurs. Les soldats entrent dans la salle, la baïonnette en avant. Les députés sautent par les fenêtres, et se dispersent en abandonnant les toges, les toques, etc. : en un instant la salle fut vide. Les membres de ce conseil qui s'étaient le plus prononcés, s'enfuient en toute hâte jusqu'à Paris.

Une centaine de députés des cinq-cents se rallièrent au bureau et aux inspecteurs de la salle. Ils se rendirent en corps au conseil des anciens. Lucien fit connaître que les cinq-cents avaient été dissous sur son requisitoire; que chargé de maintenir l'ordre dans l'assemblée, il avait été environné de poignards; qu'il avait envoyé des huissiers pour réunir de nouveau le conseil; que rien n'était contraire aux formes, et que les troupes n'avaient fait qu'obéir à son requisitoire. Le conseil des anciens, qui voyait avec inquiétude ce coup d'autorité du pouvoir militaire, fut satisfait de cette explication. A onze heures du soir, les deux conseils se réunirent de nouveau, ils étaient en très-grande majorité. Deux commissions furent chargées de faire leur rapport sur la situation de la république. On décréta, sur le rapport de Béranger, des remerciements à Napoléon et aux troupes. Boulay de la Meurthe aux Cinq-cents, Villetard aux Anciens, exposèrent la situation de la république et les mesures à prendre. La loi du 19 brumaire fut décrétée; elle ajournait les conseils au 1er ventose suivant; elle créait deux commissions de vingt-cinq membres chacune, pour les remplacer provisoirement. Elles devaient aussi préparer un code civil. Une commission consulaire provisoire, composée de Siéyes, Roger-Ducos et Napoléon, fut chargée du pouvoir exécutif.

Cette loi mit fin à la constitution de l'an III.

Les consuls provisoires se rendirent le 20, à deux heures du matin, dans la salle de l'orangerie où s'étaient réunis les deux conseils. Lucien, président, leur adressa la parole en ces termes :

Citoyens consuls,

Le plus grand peuple de la terre vous confie ses destinées. Sous trois mois l'opinion vous attend. Le bonheur de 30 millions d'hommes, la tranquillité intérieure, les besoins des armées, la paix, tel est le mandat qui vous est donné. Il faut sans doute du courage et du dévouement pour se charger d'aussi importantes fonctions : mais la confiance du peuple et des guerriers vous environne, et le corps-législatif sait que vos ames sont tout entières à la patrie. Citoyens consuls; nous venons, avant de nous ajourner, de prêter le serment que vous allez répéter au milieu de nous : le serment sacré de « fidélité inviolable à la souveraineté « du peuple, à la république française une et « indivisible, à la liberté, à l'égalité, et au sys- « tême représentatif. »

L'assemblée se sépara, et les consuls se rendirent à Paris, au palais du Luxembourg.

La révolution du 18 brumaire fut ainsi consommée.

Siéyes, pendant le moment le plus critique, était resté dans sa voiture à la grille de Saint-Cloud, afin de pouvoir suivre la marche des troupes. Sa conduite dans le danger fut convenable; il fit preuve de fermeté, de résolution et de sang-froid.

MÉMOIRES DE NAPOLÉON.

CONSULS PROVISOIRES.

État de la capitale. — Proclamation de Napoléon. — Première séance des consuls; Napoléon, président. — Ministère : divers changements. — Maret, Dubois-Crancé, Robert-Lindet, Gaudin, Reinhart, Forfait, Laplace. — Premiers actes des consuls. — Honneurs funèbres rendus au pape. — Naufragés de Calais. Nappertandy, Blackwell. — Suppression de la fête du 21 janvier. — Entrevue de deux agents royalistes avec Napoléon. — Vendée. Châtillon, Bernier, d'Autichamp; Georges. — Pacification. Discussion sur la constitution. — Opinions de Siéyes et de Napoléon. — Daunou. — Constitution. — Nomination des consuls Cambacerès, Lebrun.

§ 1er.

On se peindrait difficilement les angoisses qu'avait éprouvées la capitale, pendant cette révolution du 18 brumaire; les bruits les plus sinistres circulaient partout, on disait Napoléon renversé, on s'attendait au règne de la terreur. C'était encore moins le danger de la chose publique qui effrayait, que celui où chaque famille allait se trouver.

Sur les neuf heures du soir, les nouvelles de Saint-Cloud se répandirent, et l'on apprit les évènements arrivés; alors la joie la plus vive succéda aux plus cruelles alarmes. La proclamation suivante fut faite aux flambeaux.

Proclamation de Napoléon.

Citoyens!

« A mon retour à Paris, j'ai trouvé la divi-
« sion dans toutes les autorités, et l'accord éta-
« bli sur cette seule vérité *que la constitution*
« *était à moitié détruite et ne pouvait plus sau-*
« *ver la liberté.* Tous les partis sont venus à
« moi, m'ont confié leurs desseins, dévoilé
« leurs secrets, et m'ont demandé mon appui ;
« j'ai refusé d'être l'homme d'un parti. Le con-
« seil des anciens m'a appelé. J'ai répondu à
« son appel. Un plan de restauration générale
« avait été concerté par des hommes en qui la
« nation est accoutumée à voir des défenseurs
« de la liberté, de l'égalité, de la propriété ;

« ce plan demandait un examen calme, libre,
« exempt de toute influence et de toute crainte.
« En conséquence le conseil des anciens a ré-
« solu la translation du corps-législatif à Saint-
« Cloud. Il m'a chargé de la disposition de la
« force nécessaire à son indépendance. J'ai cru
« devoir à nos concitoyens, aux soldats péris-
« sant dans nos armées, à la gloire acquise au
« prix de leur sang, d'accepter le commande-
« ment. Les conseils se rassemblent à Saint-
« Cloud; les troupes républicaines garantissent
« la sûreté au dehors; mais des assassins éta-
« blissent la terreur au dedans. Plusieurs dé-
« putés du conseil des cinq-cents, armés de sty-
« lets et d'armes à feu, font circuler autour
« d'eux des menaces de mort. Les plans qui
« devaient être développés sont resserrés, la
« majorité désorganisée, les orateurs les plus
« intrépides déconcertés, et l'inutilité de toute
« proposition sage, évidente. Je porte mon
« indignation et ma douleur au conseil des
« anciens : je lui demande d'assurer l'exécu-
« tion de mes généreux desseins ; je lui re-
« présente les maux de la patrie qui les ont
« fait concevoir. Il s'unit à moi par de nou-
« veaux témoignages de sa constante volonté.
« Je me présente au conseil des cinq-cents,
« seul, sans armes, la tête découverte, tel que

« les anciens m'avaient reçu et applaudi. Je
« venais rappeler à la majorité sa volonté et
« l'assurer de son pouvoir. Les stylets qui me-
« naçaient les députés sont aussitôt levés sur
« leur libérateur. Vingt assassins se précipi-
« tent sur moi et cherchent ma poitrine. Les
« grenadiers du corps législatif, que j'avais
« laissés à la porte de la salle, accourent et se
« mettent entre les assassins et moi. L'un de
« ces braves grenadiers (Thomé) est frappé
« d'un coup de stylet dont ses habits sont per-
« cés. Ils m'enlèvent. Au même moment, des cris
« de hors la loi se font entendre contre le dé-
« fenseur *de la loi*. C'était le cri farouche des
« assassins contre la force destinée à les réprimer.
« Ils se pressent autour du président, la menace à
« la bouche, les armes à la main; ils lui ordon-
« nent de prononcer la mise hors la loi. L'on
« m'avertit, je donne ordre de l'arracher à leur
« fureur, et dix grenadiers du corps-législatif
« entrent au pas de charge dans la salle et la
« font évacuer. Les factieux intimidés se dis-
« persent et s'éloignent. La majorité, soustraite
« à leurs coups, rentre librement et paisible-
« ment dans la salle de ses séances, entend les
« propositions qui devaient lui être faites pour
« le salut public; délibère et prépare la résolu-
« tion salutaire qui doit devenir la loi nouvelle

« et provisoire de la république. Français! vous
« reconnaîtrez sans doute à cette conduite le
« zèle d'un soldat de la liberté, d'un citoyen
« dévoué à la république. Les idées conserva-
« trices, tutélaires, libérales, sont rentrées dans
« leurs droits par la dispersion des factieux qui
« opprimaient les conseils, et qui, pour n'être
« pas devenus les plus odieux des hommes, n'ont
« pas cessé d'être les plus misérables. »

§ II.

Dans la matinée du 11 novembre, les consuls tinrent leur première séance. Il s'agissait d'abord de nommer à la présidence. La question devait être décidée par le suffrage de Roger-Ducos; l'opinion de celui-ci avait toujours été, dans le directoire, subordonnée à celle de Siéyes; ce dernier s'attendait donc à lui voir tenir une pareille conduite dans le consulat. Il en fut tout autrement. Le consul Roger-Ducos, à peine entré dans le cabinet, dit, en se tournant vers Napoléon : « Il est bien inutile d'aller
« aux voix pour la présidence ; elle vous appar-
« tient de droit. » Napoléon prit donc le fauteuil. Roger-Ducos continua de voter dans le sens de Napoléon. Il eut même avec Siéyes de vives explications à ce sujet; mais il resta iné-

branlable dans son système. Cette conduite était le résultat de la conviction où il était, que Napoléon seul pouvait tout rétablir et tout maintenir. Roger-Ducos n'était pas un homme d'un grand talent ; mais il avait le sens droit et était bien intentionné.

Le secrétaire du directoire Lagarde ne jouissait pas d'une réputation à l'abri du reproche. Maret, depuis duc de Bassano, fut nommé à cette place. Il était né à Dijon. Il montra de l'attachement aux principes de la révolution de 89. Il fut employé dans les négociations avec l'Angleterre avant le 10 août; depuis il traita avec lord Malmesbury à Lille. Maret est un homme très-habile, d'un caractère doux, de fort bonnes manières, d'une probité et d'une délicatesse à toute épreuve. Il avait échappé au règne de la terreur; ayant été arrêté avec Sémonville comme il traversait le pays des Grisons pour se rendre à Venise, devant de là se rendre à Naples en qualité d'ambassadeur. Après le 9 thermidor il fut échangé contre Madame fille de Louis XVI, qui était alors prisonnière au Temple.

La première séance des consuls dura plusieurs heures. Sièyes avait espéré que Napoléon ne se mêlerait que des affaires militaires, et lui laisserait la conduite des affaires civiles ; mais il fut très-étonné lorsqu'il reconnut que

Napoléon avait des opinions faites sur la politique, sur les finances, sur la justice, même sur la jurisprudence, et enfin sur toutes les branches de l'administration ; qu'il soutenait ses idées avec une logique pressante et serrée, et qu'il n'était pas facile à convaincre. Il dit le soir en entrant chez lui, en présence de Chazal, Talleyrand, Boulay, Rœdérer, Cabanis, etc. : « Messieurs, vous avez un maître ; Napo-
« léon veut tout faire, sait tout faire, et peut
« tout faire. Dans la position déplorable où
« nous nous trouvons, il vaut mieux nous sou-
« mettre que d'exciter des divisions qui amene-
« raient une perte certaine. »

§ III.

Le premier acte du gouvernement fut l'organisation du ministère. Dubois-Crancé était ministre de la guerre. Il était incapable de remplir de telles fonctions ; c'était un homme de parti, peu estimé, et qui n'avait aucune habitude du travail et de l'ordre. Ses bureaux étaient occupés par des gens de la faction, qui, au lieu de faire leur besogne, passaient le temps en délibérations ; c'était un vrai chaos. On aura peine à croire que Dubois-Crancé ne put fournir au consul un seul état de situation de l'armée. Berthier fut nommé ministre de la guerre. Il fut obligé d'envoyer de suite une douzaine d'officiers dans les divisions militaires et aux corps d'armée, pour obtenir les états de situation des corps, leur emplacement, l'état de leur administration. Le bureau de l'artillerie était le seul où l'on eût des renseignements. Un grand nombre de corps avaient été créés, tant par les généraux que par les administrations départementales ; ils existaient sans qu'on le sût au ministère. On disait à Dubois-Crancé : « Vous payez l'armée, vous pouvez du moins nous donner les états de la solde. — Nous ne la payons pas. — Vous nourrissez l'armée, donnez-nous les états du bureau des vivres. — Nous ne la nourrissons pas. — Vous habillez l'armée, donnez-nous les états du bureau de l'habillement. — Nous ne l'habillons pas. »

L'armée dans l'intérieur était payée au moyen des violations de caisse ; elle était nourrie et habillée au moyen des réquisitions, et les bureaux n'exerçaient aucun contrôle. Il fallut un mois avant que le général Berthier pût avoir un état de l'armée, et ce ne fut qu'alors qu'on put procéder à sa réorganisation.

L'armée du nord était en Hollande ; elle venait d'en chasser les Anglais. Sa situation était satisfaisante. La Hollande, d'après les traités, fournissait à tous ses besoins.

Les armées du Rhin et de l'Helvétie souffraient beaucoup; le désordre y était extrême.

L'armée d'Italie acculée sur la rivière de Gènes était sans subsistances et privée de tout. L'insubordination y était devenue telle, que des corps quittaient sans ordre leur position devant l'ennemi pour se porter sur des points où ils espéraient trouver des vivres.

L'administration ayant été améliorée, la discipline fut bientôt rétablie.

— Le ministère des finances était occupé par Robert Lindet, qui avait été membre du comité de salut public, du temps de Robespierre. C'était un homme probe, mais n'ayant aucune des connaissances nécessaires pour l'administration des finances d'un grand empire. Sous le gouvernement révolutionnaire, il avait cependant obtenu la réputation d'un grand financier; mais sous ce gouvernement, le vrai ministre des finances, c'était le prote de la planche aux assignats.

— Lindet fut remplacé par Gaudin, depuis duc de Gaëte, qui avait occupé pendant longtemps la place de premier commis des finances. C'était un homme de mœurs douces et d'une sévère probité.

Le trésor était vide, il ne s'y trouvait pas de quoi expédier un courrier. Toutes les rentrées se faisaient en bons de requisitions, cédules, rescriptions, papiers de toutes espèces avec lesquels on avait dévoré d'avance toutes les recettes de l'armée. Les fournisseurs, payés avec des délégations, puisaient eux-mêmes directement dans la caisse des receveurs, au fur et mesure des rentrées, et cependant ils ne faisaient aucun service. La rente était à six francs. Toutes les sources étaient taries, le crédit anéanti ; tout était désordre, dilapidation, gaspillage. Les payeurs, qui faisaient en même temps les fonctions de receveurs, s'enrichissaient par un agiotage d'autant plus difficile à réprimer, que tous ces papiers avaient des valeurs réelles différentes.

Le nouveau ministre Gaudin prit des mesures qui mirent un frein aux abus, et rétablirent la confiance. Il supprima l'emprunt forcé et progressif (1).

---

(1) La loi de l'emprunt forcé et progressif de cent millions avait eu sur les propriétés des effets plus funestes encore que ceux de la loi des ôtages sur la liberté des citoyens. L'emprunt forcé et progressif pesait sur toutes les propriétés agricoles et commerciales, meubles et immeubles. Les citoyens devaient contribuer en vertu d'une cotte délibérée par un jury, et fondée : 1° sur la quotité de l'imposition directe; 2° sur une base arbitraire. Tout contribuable au-dessous de trois cents francs n'é-

Plusieurs citoyens offrirent au gouvernement des sommes considérables. Le commerce de Paris remplit un emprunt de 12 millions; ce qui dans ce moment était d'une grande importance. La vente des domaines de la maison d'Orange que la France s'était réservée par le traité de la Haye fut négociée et produisit 24 millions. On créa pour 150 millions de bons de rescription de rachats de rente.

---

tait pas passible de cet emprunt. Tout contribuable qui payait cinq cents francs, était taxé aux quatre dixièmes, celui de quatre mille francs et au-dessus, pour la totalité de son revenu. La deuxième base était relative à l'opinion : les parents d'émigrés, les nobles pouvaient être taxés arbitrairement par le jury : l'effet de cette loi fut ce qu'il devait être. L'enregistrement cessa de produire, car il n'y eut plus de transactions. Les domaines nationaux cessèrent de se vendre, car la propriété fut décriée; les riches devinrent pauvres sans que les pauvres devinssent plus riches : cette loi absurde produisit un effet contraire à celui qu'en avaient attendu ses auteurs : elle tarit toutes les sources du revenu public. Le ministre Gaudin ne voulut pas se coucher ni dormir une seule nuit, chargé du portefeuille des finances, sans avoir rédigé et proposé une loi pour rapporter cette loi désastreuse, qu'il remplaça par vingt-cinq centimes additionnels aux contributions directes ou indirectes, qui rentrèrent sans effort, et produisirent cinquante millions. Les sommes déja versées à l'emprunt forcé, furent reçues à compte sur les centimes additionnels ou liquidées sur le grand-livre.

Les impositions directes ne rentraient pas à cause du retard qu'éprouvait la confection des rôles. Le ministre créa une commission des contributions publiques. L'assemblée constituante, dont les principes en administration étaient fautifs, parce qu'ils étaient le résultat d'une vaine théorie et non le fruit de l'expérience, avait chargé les municipalités de la formation des rôles qui étaient rendus exécutoires par la décision des administrateurs de département. Cette organisation était désastreuse; on y fut peu sensible: en 1792, 93, 94, les assignats pourvoyaient à tout. Lors de la constitution de l'an III, cinq mille préposés furent chargés de la formation des rôles. On avait adopté en même temps une administration mixte qui coûtait 5 millions d'extraordinaire, et n'atteignait pas plus le but que la loi de la constituante. Gaudin, éclairé par l'expérience, confia la confection de ces rôles à cent directeurs généraux ayant sous eux cent inspecteurs et huit cent quarante contrôleurs, qui ne coûtaient que 3 millions. L'économie était de 2 millions.

Il créa la caisse d'amortissement, soumit les receveurs des finances à un cautionnement du vingtième de leurs recettes, et organisa le système des obligations des receveurs-généraux, payables par douzième par mois du montant de leurs recettes. Dès ce moment, toutes les contributions directes rentrèrent au trésor avant le commencement de l'exercice et en masse; il put en disposer pour le service dans toutes les parties de la France. Il n'y eut plus aucune incertitude que les recouvrements éprouvassent plus ou moins de retard, ou s'opérassent avec plus ou moins d'activité; cela n'influait pas sur les opérations du trésor. Cette loi a été une des sources de la prospérité et de l'ordre qui ont depuis régné dans les finances.

La république possédait pour 40 millions de rentes en forêts; mais elles étaient mal administrées : la régie de l'enregistrement, préposée pour recevoir ce revenu, celui du timbre, et exercer des droits domaniaux, ne convenait pas pour diriger une administration qui exigeait des connaissances particulières et de l'activité. Le ministre Gaudin établit une administration spéciale. Ce changement excita des réclamations. On craignit de voir se renouveler les abus attachés à l'ancienne administration des eaux et forêts. On établit, disait-on, l'administration; on ne tardera pas à établir sa juridiction, les tribunaux spéciaux; nous verrons renaître tous les abus qui ont excité nos réclamations en 1789. Ces craintes étaient chimériques : les abus de l'ancienne administration avaient disparu pour toujours, et la nouvelle administration forestière soigna bien l'aménagement des forêts, leur vente, leur coupe, et porta une attention toute particulière aux semis et plantations. Elle fit aussi rentrer au domaine une grande quantité de bois usurpés par les communes ou les particuliers; enfin elle n'eut que de bons effets, et se concilia l'opinion publique.

Tout ce qu'il est possible de faire en peu de jours, pour détruire les abus d'un régime vicieux et fâcheux, remettre en honneur les principes du crédit et de la modération, le ministre Gaudin le fit. C'était un administrateur, de probité et d'ordre, qui savait se rendre agréable à ses subordonnés, marchant doucement, mais sûrement. Tout ce qu'il fit et proposa dans ces premiers moments, il l'a maintenu et perfectionné pendant quinze années d'une sage administration. Jamais il n'est revenu sur aucune mesure, parce que ses connaissances étaient positives et le fruit d'une longue expérience.

Cambacerès conserva le ministère de la justice. Un grand nombre de changements furent faits dans les tribunaux.

Talleyrand avait été renvoyé du ministère des relations extérieures par l'influence de la société du manège. Reinhart qui l'avait remplacé était natif de Wurtemberg. C'était un homme honnête et d'une capacité ordinaire. Cette place était naturellement due à Talleyrand; mais, pour ne pas trop froisser l'opinion publique fort indisposée contre lui, surtout pour les affaires d'Amérique, Reinhart fut conservé dans les premiers moments; d'ailleurs, ce poste était de peu d'importance dans la situation critique où la république se trouvait. On ne pouvait en effet entamer aucune espèce de négociation avant d'avoir rétabli l'ordre dans l'intérieur, réuni la nation, et remporté des victoires sur les ennemis extérieurs.

— Bourdon fut remplacé au ministère de la marine par Forfait, et nommé commissaire de la marine à Anvers. Forfait, né en Normandie, avait la réputation d'être le meilleur ingénieur constructeur de vaisseaux; mais c'était un homme à système, et il n'a pas justifié ce que l'on attendait de lui. Le ministère de la marine était très-important par la nécessité où se trouvait la république, de secourir l'armée d'Égypte, la garnison de Malte, et les colonies.

— A l'intérieur, le ministre Quinette fut remplacé par Laplace, géomètre du premier rang; mais qui ne tarda pas à se montrer administrateur plus que médiocre; dès son premier travail, les consuls s'aperçurent qu'ils s'étaient trompés : Laplace ne saisissait aucune question sous son vrai point de vue; il cherchait des subtilités partout, n'avait que des idées problématiques, et portait enfin l'esprit des infiniment petits dans l'administration.

— Les nominations furent faites par les consuls d'un commun accord; la première dissension d'opinion eut lieu pour Fouché, qui était ministre de la police. Siéyes le haïssait, et croyait la sûreté du gouvernement compromise, si la direction de la police restait dans ses mains. Fouché, né à Nantes, avait été oratorien avant la révolution; il avait ensuite exercé un emploi subalterne dans son département, et s'était distingué par l'exaltation de ses principes. Député à la convention, il marcha dans la même direction que Collot d'Herbois. Après la révolution de thermidor, il fut proscrit comme terroriste. Sous le directoire, il s'était attaché à Barras, et avait commencé sa fortune dans des compagnies de fournitures, où l'on avait imaginé de faire entrer un grand nombre d'hommes de la révolution : idée qui avait jeté une nouvelle déconsidération sur des hommes que les évènements politiques avaient déja dépopularisés. Fouché, appelé au ministère de la police depuis plusieurs mois, avait pris parti contre la faction du manège qui s'agitait encore, et qu'il fallait détruire; mais Siéyes n'attribuait pas cette conduite à des principes fixes, et seulement à la haine qu'il portait à ces sociétés, où sans aucune retenue, on déclamait constamment contre les dilapidations et contre ceux qui avaient eu part aux fournitures. Siéyes proposait Alquier pour remplacer Fouché : ce changement ne parut pas indispensable; quoique Fouché n'eût pas été dans le secret du 18 brumaire, il s'était bien comporté. Napoléon convenait avec Siéyes, qu'on ne pouvait, en rien, compter sur la moralité d'un tel ministre et sur son esprit versatile, mais enfin sa conduite avait été utile à la république. *Nous formons une nouvelle époque*, disait Napoléon ; *du passé, il ne faut nous souvenir que du bien et oublier le mal. L'âge, l'habitude des affaires et l'expérience, ont formé bien des têtes et modifié bien des caractères.* Fouché conserva son ministère.

La nomination de Gaudin au ministère des finances, laissa vacante la place de commissaire du gouvernement près l'administration des postes, place de confiance fort importante. Elle fut confiée à Laforêt, qui alors était chef de la division des fonds aux relations extérieures. C'était un homme habile qui avait été long-temps consul-général de France, en Amérique.

§ IV.

L'école polytechnique n'était qu'ébauchée ; Monge fut chargé d'en rédiger l'organisation définitive, qui depuis a été sanctionnée par l'expérience. Cette école est devenue la plus célèbre du monde. Elle a fourni une foule d'officiers, de mécaniciens, de chimistes, qui ont recruté les corps savants de l'armée, ou qui, répandus dans les manufactures, ont porté si haut la perfection des arts, et donné à l'industrie française sa haute supériorité.

Cependant le nouveau gouvernement était environné d'ennemis qui s'agitaient publiquement. La Vendée, le Languedoc et la Belgique étaient déchirés par les troubles et les insurrections. Le parti de l'étranger, qui, depuis plusieurs mois, faisait tous les jours des progrès, voyait avec dépit un changement qui détruisait ses espérances. Les anarchistes n'écoutaient que leur animosité contre Siéyes (1). La loi

---

(1) Siéyes était fréquemment alarmé de ce que les jacobins tramaient dans Paris, et des menaces qu'ils faisaient d'enlever les consuls. Ce qui fit dire à Napoléon réveillé

rendue le 19 brumaire à Saint-Cloud, avait chargé le gouvernement de prendre les mesures qui seraient nécessaires pour rétablir la tranquillité de la république. Elle avait expulsé du corps-législatif cinquante-cinq députés. Un grand nombre d'autres étaient mécontents de l'ajournement des chambres; ils persistaient à rester à Paris et à s'y réunir. C'était la première fois, depuis la révolution, que la tribune était muette et le corps-législatif en vacances. Les bruits les plus sinistres agitaient l'opinion; le ministre de la police proposa en conséquence des mesures qui devaient réprimer l'audace du parti anarchiste. Un décret condamna à la déportation cinquante neuf des principaux meneurs : trente-sept à la Guyane, et vingt-deux à l'île d'Oleron; ce décret fut généralement désapprouvé, l'opinion répugnait à toute mesure violente : cependant il eut un effet salutaire.

à trois heures du matin par ce consul que venait d'inquiéter un rapport de police : « *Laissez-les faire*, *en guerre comme en amour*, *pour en finir*, *il faut se voir de près ; qu'ils viennent. Autant terminer aujourd'hui qu'un autre jour.*

Ces craintes étaient exagérées. Les menaces sont plus faciles à faire qu'à effectuer, et dans la manière des anarchistes, elles précèdent toujours de beaucoup toute espèce d'exécution.

8.

Les anarchistes, frappés à leur tour de terreur, se dispersèrent. C'était tout ce qu'on voulait, et peu de temps après le décret de déportation fut converti en une simple mesure de surveillance qui cessa bientôt elle-même.

Le public s'attribua le rapport de ce décret. On crut que l'administration avait rétrogradé : on eut tort, elle n'avait voulu qu'épouvanter ; elle avait atteint son but.

Bientôt l'esprit public changea dans toute la France. Les citoyens s'étaient réunis, les actes d'adhésion des départements arrivaient en foule, et les malveillants de quelque parti qu'ils fussent, cessaient d'être dangereux. La loi des ôtages, qui avait jeté un grand nombre de citoyens dans les prisons fut rapportée (1). Des lois intolérantes avaient été rendues contre

---

(1) La loi des ôtages avait été rendue le 12 juillet 1799 : elle avait été dictée par les jacobins du manège ; elle pesait sur cent cinquante à deux cents mille citoyens qu'elle mettait hors de la protection des lois ; elle les rendait responsables, dans leurs personnes et leurs propriétés, de tous les évènements provenant des troubles civils. Ces individus étaient les parents des émigrés, les nobles, les aïeuls, aïeules, pères et mères de tout ce qui faisait partie des bandes armées, chouans ou voleurs de diligence. Par l'article 5, les administrateurs des départements étaient autorisés à réunir des ôtages pris dans ces classes, dans

les prêtres par les gouvernements précédents; la persécution avait été poussée aussi loin que le pouvait faire la haine des théophilanthropes. Prêtres réfractaires ou prêtres assermentés, tous étaient cependant dans la même proscription; les uns avaient été déportés à l'île de Rhé, d'autres à la Guyane, d'autres à l'étranger, d'autres gémissaient dans les prisons. On adopta pour principe que la conscience n'était pas du domaine de la loi, et que le droit du souverain devait se borner à exiger obéissance et fidélité.

§ V.

Si la question eût été ainsi posée à l'assemblée constituante, et qu'on n'eût point exigé

---

une commune centrale de leur département, et à déporter, à la Guyane, quatre de ces ôtages pour tout fonctionnaire public, militaire ou acquéreur de domaines nationaux, assassiné : ces classes devaient en outre pourvoir, par des amendes extraordinaires, aux dépenses qu'occasioneraient les dénonciateurs et surveillants; ils étaient passibles des indemnités dues aux patriotes par l'effet des troubles civils. En conséquence de cette loi, plusieurs milliers de vieillards, de femmes, étaient arrêtés. Un grand nombre était en fuite. Cette loi fut rapportée. Des courriers furent envoyés aussitôt dans tous les départements pour faire ouvrir les prisons.

un serment à la constitution civile du clergé, ce qui était entrer dans des discussions théologiques, aucun prêtre n'eût été réfractaire. Mais Talleyrand et d'autres membres de cette assemblée imposèrent ce serment, dont les conséquences ont été si funestes à la France.

La constitution civile du clergé, devenue loi de l'état, il fallait protéger les prêtres, en assez grand nombre, qui s'y étaient conformés, et il est probable que ce clergé aurait formé l'église nationale; mais, quand l'assemblée législative et la convention firent fermer les églises, supprimèrent les dimanches, et traitèrent avec le même mépris les prêtres assermentés et les réfractaires, on donna gain de cause à ces derniers.

Napoléon, qui avait beaucoup médité sur les matières de religion, en Italie et en Égypte, avait à cet égard des idées arrêtées; il se hâta de faire cesser les persécutions. Son premier acte fut d'ordonner la mise en liberté de tous les prêtres mariés ou assermentés, qui étaient détenus ou déportés. L'emportement des factions avait été tel, que même ces deux classes avaient été persécutées en masse. — On décréta que tout prêtre déporté, emprisonné, etc., qui ferait serment d'être fidèle au gouvernement établi, serait sur-le-champ mis en liberté. Peu de temps après ce décret, plus de vingt mille vieillards rentrèrent dans leurs familles. Quelques prêtres ignorants persistèrent dans leur obstination, ils restèrent dans l'exil. Mais alors ils se condamnaient eux-mêmes; car les préceptes du christianisme ne sont pas susceptibles d'interprétation, et le serment de fidélité au gouvernement ne peut être refusé sans crime.

Dans le même temps, les lois sur les décades furent rapportées, les églises rendues au culte et des pensions accordées aux religieux et religieuses qui prêteraient serment de fidélité au gouvernement. La plupart se soumirent, et, par là, des milliers d'individus furent arrachés à la misère. Les églises se rouvrirent dans les campagnes, les cérémonies intérieures furent permises, tous les cultes furent protégés, et le nombre des théophilanthropes diminua beaucoup.

§ VI.

Le pape Pie VI était mort, à l'âge de quatre-vingt-deux ans, à Valence, où il s'était retiré après les évènements d'Italie. Napoléon, revenant d'Égypte, s'était entretenu quelques instants dans cette ville avec monsignor Spina, aumônier du pape, et que depuis il fit nommer cardinal et archevêque de Gênes. Il apprit qu'aucun honneur funèbre n'avait été rendu à ce pontife; et que son corps était déposé dans la sacristie de la cathédrale. Un décret des consuls ordonna que les honneurs accoutumés lui fussent décernés, et qu'un monument en marbre fût élevé sur sa tombe. C'était un hommage à un souverain malheureux, et au chef de la religion du premier consul et de la pluralité des Français.

Chaque jour le gouvernement consulaire, par des actes de justice et de générosité, s'efforçait de réparer les fautes et les injustices des gouvernements précédents. Les membres de l'assemblée constituante, qui avaient reconnu la souveraineté du peuple, furent rayés de la liste des émigrés par une décision adoptée comme principe. Cela excita beaucoup d'inquiétudes; les émigrés vont rentrer en foule, disait-on; le parti royal va relever la tête, comme en fructidor; les républicains vont être massacrés.

La Fayette (1), Latour-Maubourg, Bureau

---

(1) Le général La Fayette qui avait commencé la révolution, avait abandonné son armée devant Sédan, et passé

de Puzy, etc., rentrèrent en France, et dans la jouissance de leurs biens, qui n'étaient pas aliénés.

Depuis le 18 fructidor un grand nombre d'individus restaient déportés à la Guyanne, à Sinnamary, à l'île d'Oléron. Ils avaient été traités ainsi sans jugement. Plusieurs d'entre eux étaient plus distingués par leurs talents que par leur caractère. Napoléon voulût user d'indulgence à leur égard, mais le parti à

à l'étranger. Arrêté par les Prussiens, il avait été livré au gouvernement autrichien, qui le tenait en prison. A l'époque du traité de Léoben, quoique le gouvernement français ne prît aucun intérêt à ce général, Napoléon crut de l'honneur de la France, d'exiger que la cour d'Autriche le mît en liberté; il l'obtint; mais La Fayette était sur la liste des émigrés, et ne pouvait encore rentrer en France.

Cet homme, qui a joué un si grand rôle dans nos premières dissensions politiques, est né en Auvergne. Lors de la guerre d'Amérique, il avait servi sous Washington, et s'y était distingué. C'était un homme sans talents, ni civils ni militaires; esprit borné, caractère dissimulé, dominé par des idées vagues de liberté, mal digérées chez lui et mal conçues. Du reste, dans la vie privée, La Fayette était un honnête homme.

prendre était difficile et fort contesté; c'était faire le procès au 18 fructidor. Les commissions législatives étaient composées de députés qui avaient pris part à la loi du 19. Rapporter cette loi eût été une véritable réaction ; Pichegru, Imbert Colombès, Willot, rentreraient donc en France! D'ailleurs, la révolution de fructidor, quelque injuste, quelque illégale qu'elle fût, avait évidemment sauvé la république; et dès lors, on ne pouvait pas la condamner. On conçut l'idée de déclarer que les déportés seraient considérés comme émigrés. C'était les mettre à la disposition du gouvernement, qui ne tarda pas de laisser rentrer tous ceux qui n'avaient pas eu des intelligences coupables avec l'étranger. Leur conduite fut surveillée pendant quelque temps, et ils finirent par être définitivement rayés de la liste des émigrés. Plusieurs d'entre eux, tels que Portalis, Carnot, Barbé-Marbois, etc., furent même appelés à remplir des fonctions publiques. C'était le règne d'un gouvernement fort et au-dessus des factions. Napoléon disait : « J'ai ouvert un grand chemin ; qui marchera droit sera protégé ; qui se jettera à droite ou à gauche, sera puni. »

§ VII.

D'autres malheureux gémissaient entre la vie et la mort. Il y avait quelques années qu'un bâtiment parti d'Angleterre, pour se rendre dans la Vendée, ayant à bord neuf personnes des plus anciennes familles de France, des Talmont, des Montmorency, des Choiseul, avait fait naufrage sur la côte de Calais; ces passagers étaient des émigrés. On les avait arrêtés, et, depuis lors, ils avaient été traînés de prisons en prisons, de tribunaux en tribunaux, sans que leur sort fût décidé. Le fait de leur arrivée en France n'était pas de leur volonté; c'étaient des naufragés : mais on arguait contre eux du lieu de leur destination. Ils disaient bien qu'ils allaient dans l'Inde; mais le bâtiment, ses provisions, tout témoignait qu'ils allaient dans la Vendée. Sans entrer dans ces discussions, Napoléon vit que la position de ces hommes était sacrée; ils étaient sous les lois de l'hospitalité. Envoyer au supplice des malheureux qui avaient mieux aimé se livrer à la générosité de la France, que de se jeter dans les flots, eût été une singulière barbarie. Napoléon jugea que les lois contre les émigrés étaient des lois politiques, et que la politique de ces lois ne serait pas violée, s'il usait d'indulgence envers des personnes qui se trouvaient dans un cas tout-à-fait extraordinaire.

Il avait déja jugé une question pareille, lorsque étant général d'artillerie, il armait les côtes du midi. Des membres de la famille Chabrillant, se rendant d'Espagne en Italie, avaient été pris par un corsaire, et amenés à Toulon; ils avaient été aussitôt jetés dans les prisons. Le peuple, sachant qu'ils étaient émigrés, voulait les massacrer. Napoléon profita de sa popularité; par le moyen des canonniers et des ouvriers de l'arsenal, qui étaient les plus exaltés, il préserva cette famille de tout malheur; mais craignant une nouvelle insurrection du peuple, il la fit monter dans des caissons vides qu'il envoya aux îles d'Hières, et la sauva.

Le gouvernement anglais ne montra pas une générosité pareille envers Napper-Thandy, Blackwell et autres Irlandais, qui, jetés par un naufrage sur les côtes de Norwège, traversaient le territoire de Hambourg pour retourner à Paris. Ils avaient été naturalisés Français, et étaient officiers au service de la république. Le ministre anglais, à Hambourg, força le sénat de les arrêter à leur passage;

et, qui le croirait? l'Europe entière s'ameuta contre ces malheureux! Les gouvernements russe et autrichien appuyaient les demandes de celui d'Angleterre, pour qu'ils lui fussent remis. Les citoyens de Hambourg avaient résisté quelque temps; mais, voyant la France déchue de sa considération, et accablée de revers, tant en Allemagne qu'en Italie, ils avaient fini par céder.

La France avait d'autant plus de raisons de se trouver offensée de cette conduite, que la ville de Hambourg avait été long-temps le refuge de vingt mille émigrés français, qui, de là, avaient organisé des armées, et tramé des complots contre la république; tandis que deux malheureux officiers au service de la république, ayant le caractère sacré du malheur et du naufrage, étaient livrés à leurs bourreaux.

Un décret des consuls mit un embargo sur les bâtiments hambourgeois qui se trouvaient dans les ports de France, rappela de Hambourg les agents diplomatiques et commerciaux français, et renvoya ceux de cette ville.

Bientôt, après ce temps, les armées françaises ayant eu des succès, et les heureux changements du 18 brumaire se faisant sentir chaque jour, le sénat se hâta d'écrire une longue lettre à Napoléon pour lui témoigner son repentir. Napoléon répondit celle-ci :

« J'ai reçu votre lettre, messieurs ; elle ne
« vous justifie pas. Le courage et la vertu sont
« les conservateurs des états : la lâcheté et le
« crime sont leur ruine. Vous avez violé l'hos-
« pitalité, ce qui n'est jamais arrivé parmi les
« hordes les plus barbares du désert. Vos con-
« citoyens vous le reprocheront à jamais. Les
« deux infortunés que vous avez livrés meurent
« illustres ; mais leur sang fera plus de mal à
« leurs persécuteurs que ne le pourrait faire
« une armée. »

Une députation solennelle du sénat vint aux Tuileries faire des excuses publiques à Napoléon. Il leur témoigna de nouveau toute son indignation, et lorsque ces envoyés alléguèrent leur faiblesse, il leur dit : « Eh bien ! n'aviez
« vous pas la ressource des états faibles ? n'étiez
« vous pas les maîtres de les laisser échapper ? »

Le directoire avait adopté le principe d'entretenir les prisonniers français en Angleterre, pendant que l'Angleterre entretiendrait les siens en France : nous avions en Angleterre, plus de prisonniers que cette puissance n'en avait en France. Les vivres en Angleterre étaient plus chers qu'en France ; dès lors cet état de choses était onéreux pour celle-ci. A cet inconvénient se joignait celui d'autoriser le gouvernement anglais à avoir, sous le prétexte de comptabilité, des intelligences dans l'intérieur de la république. Le gouvernement consulaire s'empressa de changer cet arrangement. Chaque nation se trouva chargée du soin des prisonniers qu'elle gardait.

§ VIII.

Dans la situation où se trouvaient les esprits, on avait besoin de rallier, de réunir les différents partis qui avaient divisé la nation, afin de pouvoir l'opposer tout entière à ses ennemis extérieurs.

Le serment de haine à la royauté fut supprimé comme inutile et contraire à la majesté de la république, qui, reconnue partout, n'avait pas besoin de pareils moyens. Il fut également décidé qu'on ne célébrerait plus le 21 janvier. Cet anniversaire ne pouvait être considéré que comme un jour de calamité nationale. Napoléon s'en était déja expliqué au sujet du 10 août. On célèbre une victoire, disait-il; mais on pleure sur les victimes même ennemies. La fête du 21 janvier est immorale, continuait-il, sans juger si la mort de Louis XVI fut juste ou injuste, politique ou impolitique, utile ou inutile; et même dans le cas où elle serait jugée juste, politique et utile, ce n'en serait pas moins un malheur. En pareille circonstance, l'oubli est ce qu'il y a de mieux.

Les emplois furent donnés à des hommes de tous les partis et de toutes les opinions modérées. L'effet fut tel, qu'en peu de jours il se fit un changement général dans l'esprit de la nation. Celui qui, hier, prêtait l'oreille aux propositions de l'étranger et aux commissaires des Bourbons, parce qu'il craignait par-dessus tout les principes de la société du Manège et le retour de la terreur, prenant aujourd'hui confiance dans le gouvernement vraiment national, fort et généreux, qui venait de s'établir, rompait ses engagements, et se replaçait dans le parti de la nation et de la révolution. La faction de l'étranger en fut un moment étonnée; bientôt elle se consola, et voulut donner le change à l'opinion, en cherchant à persuader que Napoléon travaillait pour les Bourbons.

§ IX.

Un des principaux agents du corps diplomatique demanda et obtint une audience de Napoléon. Il lui avoua qu'il connaissait le comité des agents des Bourbons, à Paris; que, désespérant du salut de la patrie, il avait pris des engagements avec eux, parce qu'il préférait tout au règne de la terreur : mais, le 18 brumaire, venant de recréer un gouvernement national, non-seulement il renonçait à ses relations, mais venait lui faire connaître ce qu'il savait, à condition toutefois que son honneur ne serait pas compromis, et que ces individus pourraient s'éloigner en sûreté.

Il présenta même à Napoléon deux des agents, Hyde-de-Neuville et Dandigné. Napoléon les reçut à dix heures du soir dans un des petits appartements du Luxembourg. Il y a peu de jours, lui dirent-ils, nous étions assurés du triomphe, aujourd'hui tout a changé. Mais, général, seriez-vous assez imprudent pour vous fier à de pareils évènements! vous êtes en position de rétablir le trône, de le rendre à son maître légitime; nous agissons de concert avec les chefs de la Vendée, nous pouvons les faire tous venir ici. Dites-nous ce que vous voulez faire; comment vous voulez marcher; et si vos intentions s'accordent avec les nôtres, nous serons tous à votre disposition.

Hyde-de-Neuville parut un jeune homme spirituel, ardent sans être passionné. Dandigné parut un furibond. Napoléon leur répondit : « Qu'il ne fallait pas songer à rétablir
« le trône des Bourbons en France, qu'ils n'y

« pourraient arriver qu'en marchant sur cinq
« cent mille cadavres; que son intention était
« d'oublier le passé, et de recevoir les sou-
« missions de tous ceux qui voudraient mar-
« cher dans le sens de la nation; qu'il traiterait
« volontiers avec Châtillon, Bernier, Bour-
« mont, Suzannet, d'Autichamp, etc. : mais à
« condition que ces chefs seraient désormais
« fidèles au gouvernement national, et cesse-
« raient toute intelligence avec les Bourbons et
« l'étranger. »

Cette conférence dura une demi-heure, et l'on se convainquit de part et d'autre, qu'il n'y avait pas moyen de s'entendre sur une pareille base.

Les nouveaux principes adoptés par les consuls, et les nouveaux fonctionnaires firent disparaître les troubles de Toulouse, les mécontents du midi, et l'insurrection de la Belgique. La réputation de Napoléon était chère aux Belges, et influa heureusement sur les affaires publiques dans ces départements, que la persécution des prêtres avait mis en feu l'année précédente.

Cependant la Vendée et la chouannerie troublaient dix-huit départements de la république. Les affaires allaient si mal, que Châtillon, chef des Vendéens, s'était emparé de Nantes; il est vrai qu'il n'avait pu s'y maintenir vingt-quatre heures. Mais les chouans exerçaient leurs ravages jusqu'aux portes de la capitale. Les chefs repondaient aux proclamations du gouvernement par d'autres proclamations, où ils disaient qu'ils se battaient pour le rétablissement du trône et de l'autel, et qu'ils ne voyaient dans le directoire ou les consuls que des usurpateurs.

Un grand nombre de généraux et d'officiers de l'armée, trahissaient la république, et s'entendaient avec les chefs des chouans. Le peu de confiance que leur avait inspiré le directoire, l'ancien désordre qui régnait dans toutes les parties de l'administration, avaient porté ces officiers à oublier leur honneur et leur devoir, pour se ménager un parti qu'ils croyaient au moment de triompher. Plusieurs furent assez éhontés pour en venir faire la confidence à Napoléon, en lui déclarant avoir obéi aux circonstances, et lui offrant de racheter ce moment d'incertitude par des services d'autant plus importants, qu'ils étaient dans la confidence des chouans et des Vendéens.

Des négociations furent ouvertes avec des chefs de la Vendée, en même temps que des forces considérables furent dirigées contre eux. Tout annonçait la destruction prochaine de leurs bandes; mais les causes morales agissaient davantage. La renommée de Napoléon qui était grande dans la Vendée, fit craindre aux chefs que l'opinion du pays ne les abandonnât.

Le 17 janvier, à Montluçon, Châtillon, Suzannet, d'Autichamp, l'abbé Bernier, chefs de l'insurrection de la rive gauche de la Loire, se soumirent.

Le général Hédouville négocia le traité qui fut signé, le 17 janvier, à Montluçon. Cette pacification n'avait rien de commun avec celles qui avaient précédé : c'étaient des Français qui rentraient dans le sein de la nation, et se soumettaient avec confiance au gouvernement. Toutes les marches administratives, financières, ecclésiastiques, consolidèrent de jour en jour davantage la tranquillité de ces départements.

Ces chefs vendéens furent reçus plusieurs fois à la Malmaison. La paix une fois faite, Napoléon n'eut qu'à se louer de leur conduite.

Bernier était curé de Saint-Lô. C'était un homme de peu de taille et d'une mince apparence. Il était bon prédicateur, rusé, et savait inspirer le fanatisme à ses paysans sans le partager. Il avait eu une grande influence dans la Vendée; son crédit avait un peu diminué, mais restait cependant encore assez considérable pour rendre des services au gouvernement. Il s'attacha au premier consul, et fut fidèle à ses engagements : il fut chargé de négocier le concordat avec la cour de Rome. Napoléon le nomma évêque d'Orléans.

— Châtillon était un vieux gentilhomme de soixante ans, bon, loyal, ayant peu d'esprit, mais quelque vigueur. Il venait de se marier, ce qui contribua à le rendre fidèle à ses promesses. Il habitait alternativement Paris, Nantes, et ses terres. Il obtint dans la suite plusieurs graces du premier consul. Châtillon pensait qu'on aurait pu continuer la guerre de la Vendée quelques mois de plus; mais que, depuis le 18 brumaire, les chefs ne pouvaient plus compter sur la masse de la population. Il avouait aussi que vers la fin des campagnes d'Italie, la réputation du général Bonaparte avait tant exalté l'imagination des paysans vendéens, qu'on avait été au moment de laisser là les droits des Bourbons, et d'envoyer une députation pour lui proposer de se mettre sous son influence.

— d'Autichamp avait fait plusieurs campagnes comme simple hussard dans les troupes de la république, pendant la grande terreur. C'était un homme d'un esprit borné; mais ayant le ton, les manières et l'élégance que comportaient son éducation et l'usage du grand monde.

— Sur la rive droite de la Loire, Georges et la Prévelaye étaient à la tête des bandes de Bretagne; Bourmont commandait celles du Maine; Frotté, celles de Normandie. La Prevelaye et Bourmont se soumirent, et vinrent à Paris. Georges et Frotté voulurent continuer la guerre. C'était un état de licence qui leur permettait, sous des couleurs politiques, de se livrer à toute espèce de brigandage ; de rançonner les riches, sous prétexte qu'ils étaient acquéreurs de domaines nationaux; de voler les diligences, parce qu'elles portaient les deniers de l'état; de piller les banquiers, parce qu'ils avaient des relations avec les caisses publiques, etc. Ils interceptaient les communications entre Brest et Paris. Ils entretenaient des intelligences avec tout ce que la capitale nourrit de plus vil, avec des hommes qui vivent dans les antres de jeu et les mauvais lieux : ils y apportaient leurs rapines, y faisaient leurs enrôlements, y puisaient des renseignements pour rendre profitables les guet-apens qu'ils tendaient sur les routes.

Les généraux Chambarlhac et Gardanne entrèrent dans le département de l'Orne, à la tête de deux colonnes mobiles, pour se saisir de

Frotté. Ce chef, jeune, actif, rusé, était redouté et causait beaucoup de désordres. Il fut surpris dans la maison du nommé Guidal, général commandant à Alençon, qui avait des intelligences avec lui, qui jouissait de sa confiance, et qui le trahit. Il fut jugé, et passa par les armes.

Ce coup d'éclat rétablit la tranquillité dans cette province. Il ne resta plus que Brulard et quelques chefs de peu de valeur, qui, profitant de la facilité que leur offrait la croisière anglaise, débarquaient sur les côtes, répandaient des libelles, et exerçaient l'espionnage en faveur de l'Angleterre.

Georges se soutenait dans le Morbihan, au moyen des secours d'armes et d'argent que lui fournissaient les Anglais. Attaqué, battu, cerné à Grand-Champ par le général Brune, il capitula, rendit ses canons, ses armes, et promit de vivre en bon et paisible sujet. Il demanda l'honneur d'être présenté au premier consul, et reçut la permission de se rendre à Paris. Napoléon chercha inutilement à faire sur lui l'impression qu'il avait faite sur un grand nombre de Vendéens, à faire parler la fibre française, l'honneur national, l'amour de la patrie : aucune de ces cordes ne vibra....

La guerre de l'Ouest se trouvait ainsi terminée; plusieurs bons régiments devinrent disponibles.

Pendant que tout s'améliorait, le travail de la constitution touchait à sa fin; les deux consuls et les deux commissions s'en occupaient sans relâche. Le gouvernement s'occupa peu de politique extérieure. Toutes ses démarches se bornèrent à la Prusse. Le roi avait une armée sur pied au moment où le duc d'Yorck avait débarqué en Hollande; cela avait donné de l'inquiétude.

L'aide-de-camp Duroc fut envoyé à Berlin avec une lettre au roi; son but était de sonder les dispositions du cabinet. Il réussit dans sa mission, fut accueilli avec distinction, avec bienveillance, par la reine. Les courtisans de cette cour, toute militaire, se complaisaient dans le récit des guerres d'Italie et d'Égypte; ils étaient fort satisfaits du triomphe qu'avait obtenu le parti militaire en France, en arrachant aux avocats les rênes du gouvernement. On eut tout lieu d'être content des dispositions de la Prusse, qui peu après mit son armée sur le pied de paix.

§ X.

La commission législative, intermédiaire des cinq-cents, fut successivement présidée par Lucien, Boulay de la Meurthe, Daunou, Jacqueminot ; celle des anciens, par Lemercier, Lebrun, Regnier.

Boulay fut depuis ministre d'état, président de la section de législation au conseil d'état.

Daunou était oratorien, député du Pas-de-Calais, homme de bonnes mœurs, bon écrivain : il avait rédigé la constitution de l'an III, il fut le rédacteur de celle de l'an VIII : il a été archiviste impérial.

Jacqueminot était de Nancy, il est mort sénateur.

Lebrun fut troisième consul.

Regnier devint grand-juge et duc de Massa.

Les commissions législatives intermédiaires délibéraient en secret. Il eût été d'un mauvais effet de rendre publiques les discussions d'une assemblée qui ne se trouvait souvent formée que de 15 ou 16 membres. Ces deux commissions, aux termes de la loi du 19 brumaire, ne pouvaient rien sans l'initiative du gouvernement qui l'exerçait, en provoquant l'attention de la commission des cinq-cents sur un objet déterminé ; celle-ci rédigeait sa résolution, qui était convertie en loi par la commission des anciens.

Le première loi importante de cette session extraordinaire fut relative au serment. On ne pouvait le prêter qu'à la constitution qui n'existait plus ; il fut conçu en ces termes : « Je jure fidélité à la république une et indivisible, fondée sur la souveraineté du peuple, le régime représentatif, le maintien de l'égalité, la liberté et la sûreté des personnes et des propriétés. »

Les deux conseils se réunissaient de droit, le 19 février 1800; le seul moyen de les prévenir était de promulguer une nouvelle constitution, et de la présenter à l'acceptation du peuple, avant cette époque. Les trois consuls et les deux commissions législatives intermédiaires se réunirent à cet effet en comité, pendant le mois de décembre, dans l'appartement de Napoléon, depuis neuf heures du soir jusqu'à trois heures du matin. Daunou fut chargé de la rédaction. La confiance de l'assemblée reposait entièrement dans la réputation et les connaissances de Siéyes. On vantait depuis longtemps la constitution qu'il avait dans son porte-feuille. Il en avait laissé percer quelques idées qui avaient germé parmi ses nombreux partisans, et qui de là s'étant répandues dans le public, avaient porté au plus haut point cette réputation que, dès la constituante, Mirabeau s'était plu à lui faire, lorsqu'il disait à la tribune : « *Le silence de Siéyes est une calamité nationale.* En effet, il s'était fait connaître par plusieurs écrits profondément pensés : il avait suggéré, à la chambre du tiers-état, l'idée-mère de se déclarer assemblée nationale; il avait proposé le serment du jeu de paume, la suppression des provinces et le partage du territoire de la république en départements : il avait professé une théorie du gouvernement représentatif et de la souveraineté du peuple, pleine d'idées lumineuses et qui étaient passées en principes. Le comité s'attendait à prendre connaissance de son projet de constitution, tant médité; il pensait n'avoir à s'occuper que de le reviser, le modifier, et le perfectionner par des discussions profondes. Mais, à la première séance, Siéyes ne dit rien : il avoua qu'il avait beaucoup de matériaux en porte-feuille, mais qu'ils n'étaient ni classés, ni coordonnés. A la séance suivante, il lut un rapport sur les listes de notabilité. La souveraineté était dans le peuple; c'était le peuple qui devait directement ou indirectement commettre à toutes les fonctions ; or, le peuple, qui est merveilleusement propre à distinguer ceux qui méritent sa confiance, ne l'est pas à assigner le genre de fonctions qu'ils doivent occuper. Il établissait trois listes de notabilité : 1° communale, 2° départementale, 3° nationale. La première se composait du dixième de tous les citoyens de chaque commune, choisis parmi les habitants eux-mêmes; la deuxième, du dixième des citoyens portés sur les listes communales du département ;

la troisième, du dixième des individus inscrits sur les listes départementales : cette liste se réduisait à six mille personnes, qui formaient la notabilité nationale. Cette opération devait se faire tous les cinq ans ; et tous les fonctionnaires publics, dans tous les ordres, devaient être pris sur ces listes, savoir : le gouvernement, les ministres, la législature, le sénat ou grand-jury, le conseil-d'état, le tribunal de cassation, et les ambassadeurs, sur la liste nationale; les préfets, les juges, les administrateurs, sur la liste départementale ; les administrations communales, les juges-de-paix, sur la liste communale. Par là, tout fonctionnaire public, les ministres même seraient représentants du peuple, auraient un caractère populaire. Ces idées eurent le plus grand succès : répandues dans le public, elles firent concevoir les plus heureuses espérances ; elles étaient neuves, et l'on était fatigué de tout ce qui avait été proposé depuis 1789; elles venaient d'ailleurs d'un homme qui avait une grande réputation dans le parti républicain ; elles paraissaient être une analyse de ce qui avait existé dans tous les siècles. Ces listes de notabilité étaient des espèces de listes de noblesse non héréditaire, mais de choix. Cependant les gens sensés virent tout d'abord le défaut de ce systême, qui gênerait le gouvernement, en l'empêchant d'employer un grand nombre d'individus propres aux fonctions, parce qu'ils ne seraient pas sur les listes nationale, départementale, communale. Cependant le peuple serait privé de toute influence directe dans la nomination de la législature ; il n'y aurait qu'une participation fort illusoire et toute métaphysique.

Encouragé par ce succès, Siéyes fit connaître dans les séances suivantes la théorie de son jury constitutionnel, qu'il consentit à nommer sénat conservateur. Il avait cette idée dès la constitution de l'an III, mais elle avait été repoussée par la convention. « La constitution, « disait-il, n'est pas vivante, il faut un corps « de juges en permanence, qui prennent ses « intérêts, et l'interprètent dans tous les cas dou- « teux. Quelle que soit l'organisation sociale, « elle sera composée de divers corps : l'un aura « le soin de gouverner ; l'autre de discuter et de « sanctionner les lois. Ces corps, dont les attri- « butions seront fixées par la constitution, se « choqueront souvent, l'interpréteront diffé- « remment, le jury national sera là, pour les « raccorder et faire rentrer chaque corps dans « son orbite. » Le nombre des membres fut fixé à quatre-vingts, au moins âgés de quarante ans. Ces quatre-vingts sages, dont la carrière politique était terminée, ne pourraient plus occuper aucune fonction publique. Cette idée plut généralement, et fut commentée de diverses manières : les sénateurs étaient à vie, c'était une nouveauté depuis la révolution, et l'opinion souriait à toute idée de stabilité; elle était fatiguée des incertitudes et de la variété qui s'étaient succédé depuis dix ans.

Peu après il fit connaître sa théorie de la représentation nationale ; il la composait de deux branches : un corps-législatif de deux-cents cinquante députés, ne discutant pas, mais qui semblable à la grand'chambre du parlement, voterait et délibérerait au scrutin; un tribunal de cent députés, qui, semblable aux enquêtes, discuterait, rapporterait, plaiderait contre les résolutions rédigées par un conseil d'état, nommé par le gouvernement, qui se trouverait investi de la prérogative de rédiger les lois. Au lieu d'un corps-législatif, turbulent, agité par des factions et par ses motions d'ordre si intempestives, on aurait un corps grave, qui délibérerait après avoir écouté une longue discussion dans le silence des passions. Cependant le tribunat aurait la double fonction de dénoncer au sénat les actes du gouvernement inconstitutionnels, même les lois adoptées par le corps-législatif; et, à cet effet, le gouvernement ne pourrait les proclamer que dix jours après leur adoption par le corps-législatif. Ces idées furent accueillies favorablement du comité et du public. On était si ennuyé des bavardages des tribunes, de ces intempestives motions d'ordre qui avaient fait tant de mal et si peu de bien, et d'où étaient nées tant de sottises et si peu de bonnes choses, qu'on se flatta de plus de stabilité dans la législation, et de plus de tranquillité et de repos ; c'était ce que l'on desirait.

Plusieurs séances furent employées à la rédaction, et à des objets de détails relatifs à la comptabilité et aux lois. Le moment vint enfin où Siéyes fit connaître l'organisation de son gouvernement ; c'était le chapiteau, la portion la plus importante de cette belle architecture, et dont l'influence devait être le plus sentie par le peuple. Il proposa un grand-électeur à vie, choisi par le sénat conservateur, ayant un revenu de six millions, une garde de trois mille hommes, et habitant le palais de Versailles : les ambassadeurs étrangers seraient accrédités près de lui; il accréditerait les ambassadeurs et ministres français dans les cours étrangères. Les actes du gouvernement, les lois, la justice, seraient rendus en son nom. Il serait le seul représentant de la gloire, de la puissance, de la dignité nationales; il nommerait deux consuls, un de la paix, un de la guerre; mais là se bornerait toute son influence sur les affaires : il pourrait, il est vrai, destituer les consuls et les changer ; mais aussi le sénat pourrait, lorsqu'il jugerait cet acte arbitraire et contraire à l'intérêt national, *absorber le grand-électeur.* L'effet de cette absorption équivaudrait à une destitution; la place devenait vacante, le grand-électeur prenait place dans le sénat pour le reste de sa vie.

§ XI.

Napoléon avait peu parlé dans les séances précédentes, il n'avait aucune expérience des assemblées : il ne pouvait que s'en rapporter à Siéyes, qui avait assisté aux constitutions de 1791, 93, 95; à Daunou, qui passait pour un des principaux auteurs de cette dernière ; enfin, aux trente ou quarante membres des commissions, qui tous s'étaient distingués dans la législature, et qui prenaient d'autant plus d'intérêt à l'organisation des corps, qui devaient faire la loi, qu'ils étaient appelés à faire partie de ces corps. Mais le gouvernement le regardait; il s'éleva donc contre des idées si extraordinaires. Le grand-électeur disait-il, s'il s'en tient strictement aux fonctions que vous lui assignez, sera l'ombre, mais l'ombre décharnée d'un roi fainéant. Connaissez-vous un homme d'un caractère assez vil pour se complaire dans une pareille singerie ; s'il abuse de sa prérogative, vous lui donnez un pouvoir absolu. Si, par exemple, j'étais grand-électeur, je dirais, en nommant le consul de la guerre et celui de la paix, Si vous faites un ministre, si vous signez un acte sans que je l'approuve, je vous destitue. Mais, dites-vous, le sénat à son tour absorbera le grand-électeur : le remède est pire que le mal, personne, dans ce projet, n'a de garantie. D'un autre côté, quelle sera la situation de ces deux premiers ministres? l'un aura sous ses ordres les ministres de la justice, de l'intérieur, de la police, des finances, du trésor ; l'autre, ceux de la marine, de la guerre, des relations extérieures. Le premier ne sera environné que de juges, d'administrateurs, de financiers, d'hommes en robes longues; le deuxième, que d'épaulettes et d'hommes d'épée : l'un voudra de l'argent et des recrues pour ses armées ; l'autre n'en voudra pas donner. Un pareil gouvernement est une création monstrueuse, composée d'idées hétérogènes, qui n'offrent rien de raisonnable. C'est une grande erreur de croire que l'ombre d'une chose puisse tenir lieu de la réalité.

Siéyes répondit mal, fut réduit au silence, montra de l'indécision, de l'embarras; cachait-il quelque vue profonde? était-il dupe de sa propre analyse? c'est ce qui sera toujours incertain; quoiqu'il en soit, cette idée fut trouvée insensée. S'il eût commencé le développement de tout son projet de constitution, par le titre de gouvernement, rien n'eût passé, il eût été discrédité tout d'abord; mais déja tout était adopté en partie, sur la foi qu'on avait en lui.

L'adoption des formes purement républicaines fut proposée : la création d'un président, à l'instar des États-Unis, le fut aussi; celui-ci aurait le gouvernement de la république pour dix ans, et aurait le choix de ses ministres, de son conseil-d'état et de tous les agents de l'administration. Mais les circonstances étaient telles, que l'on pensa qu'il fallait encore déguiser la magistrature unique du président. On concilia les opinions diverses, en composant un gouvernement de trois consuls, dont l'un serait le chef du gouvernement, aurait toute l'autorité, puisque seul il nommait à toutes les places, et seul avait voix délibérative; et les deux autres, ses conseillers nécessaires. Avec un premier consul, on avait l'avantage de l'unité dans la direction; avec les deux autres consuls, qui devaient nécessairement être consultés, et qui avaient le droit d'inscrire leurs noms au procès-verbal, on conserverait l'unité, et l'on ménagerait l'esprit républicain. Il parut que les circonstances et l'esprit public du temps ne pouvaient alors rien suggérer de meilleur. Le but de la révolution qui venait de s'opérer n'était pas d'arriver à une forme de gouvernement plus ou moins aristocratique, plus ou moins démocratique; mais le succès dépendait de la consolidation de tous les intérêts, du triomphe de tous les principes pour lesquels le vœu national s'était prononcé unanimement, en 1789. Napoléon était convaincu que la France ne pouvait être que monarchique; mais le peuple français tenant plus à l'égalité qu'à la liberté, et le principe de la révolution étant fondé sur l'égalité de toutes les classes, il y avait absence absolue d'aristocratie. Si une république était difficile à constituer fortement, sans aristocratie, la difficulté était bien plus grande pour une monarchie. Faire une constitution dans un pays qui n'aurait aucune espèce d'aristocratie, ce serait tenter de naviguer dans un seul élément. La révolution française a entrepris un problême aussi insoluble que celui de la direction des ballons.

Siéyes eût pu, s'il l'eût voulu, obtenir la place de deuxième consul; mais il desira se retirer : il fut nommé sénateur, contribua à organiser ce corps, et en fut le premier président. En reconnaissance des services qu'il avait rendus en tant de circonstances importantes, les commissions législatives, par une loi, lui firent don de la terre de Crosne, à titre de récompense nationale. Il dit depuis à l'empereur : « Je n'avais pas supposé que vous me « traiteriez avec tant de distinction, et que vous « laisseriez tant d'influence aux consuls, qui « paraissaient devoir vous importuner et vous « embarrasser. » Siéyes était l'homme du monde le moins propre au gouvernement; mais essentiel à consulter, car quelquefois il avait des aperçus lumineux et d'une grande importance. Il aimait l'argent; mais il était d'une probité sévère, ce qui plaisait fort à Napoléon : c'était la qualité première qu'il estimait dans un homme public.

Pendant tout le mois de décembre, la santé de Napoléon fut fort altérée. Ces longues veilles, ces discussions où il fallait entendre tant de sottises, lui faisaient perdre un temps précieux, et cependant ces discussions lui inspiraient un certain intérêt. Il remarqua que des hommes, qui écrivaient très-bien, et qui avaient de l'éloquence, étaient cependant privés de toute solidité dans le jugement, n'avaient pas de logique, et discutaient pitoyablement : c'est qu'il est des personnes qui ont reçu de la nature le don d'écrire et de bien exprimer leurs pensées, comme d'autres ont le génie de la musique, de la peinture, de la sculpture, etc. Pour les affaires publiques, administratives et militaires, il faut une forte pensée, une analyse profonde, et la faculté de pouvoir fixer long-temps les objets, sans être fatigué.

§ XII.

Napoléon choisit pour deuxième consul Cambacérès, et pour troisième Lebrun. Cambacérès, d'une famille honorable de Languedoc, était âgé de cinquante ans; il avait été membre de la convention, et s'était conservé dans une mesure de modération : il était généralement estimé. Sa carrière politique n'avait été déshonorée par aucun excès. Il jouissait, à juste titre, de la réputation d'un des premiers jursconsultes de la république. Lebrun, âgé de soixante ans, était de Normandie. Il avait rédigé toutes les ordonnances du chancelier Maupeou, il s'était fait remarquer par la pureté et l'élégance de son style. C'était un des meilleurs écrivains de France. Député au conseil des anciens, par le département de la Manche, il était d'une probité sévère, n'approuvant les changements de la révolution que sous le point de vue des avantages qui en résultaient pour la masse du peuple; car il était né d'une famille de paysans.

La constitution de l'an VIII, si vivement attendue de tous les citoyens, fut publiée et soumise à la sanction du peuple, le 13 décembre 1799, et proclamée le 24 du même mois; la durée du gouvernement provisoire fut ainsi de quarante-trois jours.

Les idées de Napoléon étaient fixées; mais il lui fallait, pour les réaliser, le secours du temps et des évènements. L'organisation du consulat n'avait rien de contradictoire avec elles; il accoutumait à l'unité, et c'était un premier pas. Ce pas fait, Napoléon demeurait assez indifférent aux formes et dénominations des différents corps constitués. Il était étranger à la révolution. La volonté des hommes qui en avaient suivi toutes les phases, dut prévaloir dans des questions aussi difficiles qu'abstraites. La sagesse était de marcher à la journée sans s'écarter d'un point fixe, étoile polaire sur laquelle Napoléon va prendre sa direction pour conduire la révolution au port où il veut la faire aborder.

MÉMOIRES DE NAPOLÉON.

ULM. — MOREAU.

Défauts des plans de campagne, suivis en 1795, 1796, 1797. — Position des armées françaises en 1800. — 3. Position des armées autrichiennes. — Plan du premier consul. Dispositions qu'il prend. — Ouverture de la campagne. — Bataille d'Engen. — Bataille de Mœskirch. — Bataille de Biberach. — Manœuvres et combats autour d'Ulm. — Kray quitte Ulm. Prise de Munich. Combat de Neubourg. — 11. Armistice de Parsdorf, le 15 juillet 1800. — Remarques critiques.

§ Ier.

La république française avait eu sur le Rhin trois armées pendant les campagnes de 1795, 1796 et 1797. L'une, désignée sous le nom d'armée du Nord, avait son quartier-général à Amsterdam, et était composée des troupes bataves, environ vingt mille hommes, et d'un pareil nombre de troupes françaises. Par les traités existants entre les deux républiques, celle de Hollande devait entretenir un corps de vingt-cinq mille Français pour protéger ce pays. Cette armée de quarante à quarante-cinq mille hommes, était chargée de la garde des côtes de la Hollande depuis l'Escaut jusqu'à l'Ems, et du côté de terre des frontières jusque vis-à-vis Wésel. La deuxième armée, sous le nom de Sambre-et-Meuse, avait son quartier-général à Dusseldorf, bloquait Mayence et Erenbreisten. La troisième, sous le nom d'armée du Rhin, avait son quartier-général à Strasbourg; elle s'appuyait à la Suisse, et formait le blocus de Philisbourg.

L'armée du Nord n'était en réalité qu'une armée d'observation, qui n'avait plus pour but, que de contenir les partisans de la maison d'Orange, et de s'opposer aux tentatives que l'Angleterre pourrait faire pour débarquer des troupes en Hollande. La paix conclue à Bâle avec la Prusse, les maisons de Saxe et de Hesse, avait rétabli la tranquillité dans tout le nord de l'Allemagne.

L'armée de Sambre-et-Meuse, nécessaire tant

que la Prusse faisait partie de la coalition, était
devenue inutile du moment que la république
française n'avait plus à soutenir la guerre que contre l'Autriche et l'Allemagne méridionale. Dans
la campagne de 1796, cette armée, commandée
par Jourdan, marcha sur le Mein, s'empara de
Wurtzbourg et prit position sur le Rednitz ;
sa gauche appuyée au débouché de la Bohême
par Egra, tandis que sa droite débouchait sur
la vallée du Danube. L'armée du Rhin, commandée par Moreau, partit de Strasbourg,
traversa les montagnes noires et le Vurtemberg,
passa le Lech et entra en Bavière. Pendant que
ces deux armées manœuvraient sous le commandement de deux généraux indépendants l'un
de l'autre, l'armée autrichienne, opposée à ces
deux armées du Rhin et de Sambre-et-Meuse,
était réunie sous le commandement unique de
l'archiduc Charles. Elle se centralisa sur le Danube à Ingolstadt et Ratisbonne et se trouva
placée entre les armées françaises, dont elle
parvint à empêcher la jonction. L'archiduc
battit Bernadotte qui commandait la droite de
l'armée de Sambre-et-Meuse, l'accula sur Vurtzbourg et enfin le rejeta au delà du Rhin. L'armée du Rhin resta spectatrice de cette marche de
l'Archiduc sur l'armée de Sambre-et-Meuse ; et ce
fut trop tard que Moreau ordonna à la division
Desaix de passer sur la rive gauche du Danube

pour secourir Jourdan ; ce défaut de résolution du général de l'armée du Rhin, obligea bientôt cette même armée à se mettre en retraite. Elle repassa le Rhin, et reprit la première position sur la rive gauche. Ainsi l'armée autrichienne, en nombre très-inférieur aux armées françaises réunies, fit échouer, sans aucune bataille générale, le plan de campagne des Français, et reconquit toute l'Allemagne.

Le plan des Français était vicieux pour la défensive comme pour l'offensive. Du moment que l'on n'avait pour ennemie que l'Autriche, il ne fallait avoir qu'une seule armée, n'agissant que sur une seule ligne et conduite par une seule tête.

En 1799, la France était maîtresse de la Suisse. On forma deux armées : l'une appelée armée du Rhin ; l'autre, armée d'Helvétie. La première qui prit ensuite le nom d'armée du Danube, sous le commandement de Jourdan, passa le Rhin, traversa les montagnes noires, arriva à Stockach, où ayant été battue par l'archiduc, elle fut obligée de repasser le Rhin, dans le temps même que l'armée d'Helvétie restait dans ses positions, maîtresse de toute la Suisse. On commit donc encore la même faute, d'avoir deux armées indépendantes au lieu d'une seule ; et lorsque Jourdan fut battu à Stockach, c'est sur la Suisse qu'il aurait dû se replier, et non sur Strasbourg et Brisack. Depuis, l'armée du Rhin fut chargée de la défense de la rive gauche du fleuve, vis-à-vis Strasbourg; et l'armée d'Helvétie, qui devenait l'armée principale de la république, perdit une partie de la Suisse, et garda long-temps la Limath; mais à Zurich, conduite par Masséna, et profitant de la faute que firent les alliés en se divisant aussi en deux armées, elle battit les Russes, et reprit toute la Suisse.

§ II.

Au mois de janvier 1800, cette armée d'Helvétie était cantonnée en Suisse; celle du Bas-Rhin, sous le général Lecourbe, dans ses quartiers d'hiver, sur la rive gauche du Rhin; celle de Hollande, sous Brune, voyait s'embarquer la dernière division du duc d'Yorck (1).

L'armée d'Italie, battue à Genola, se ralliait

---

(1) Les généraux Masséna, Brune, Lecourbe, Championnet étaient attachés à la personne de Napoléon, mais fort ennemis de Siéyes; ils partageaient plus ou moins les opinions des jacobins du manège : il devenait nécessaire de rompre tous les fils en changeant sans retard tous les généraux en chef. Si jamais l'armée devait donner de l'inquiétude, ce ne serait que par l'influence du parti exagéré et non pas celui des modérés, qui était alors en grande minorité.

en désordre sur les cols des Apennins; Coni capitulait; Gênes était menacée, mais le lieutenant-général Saint-Cyr repoussa un des corps de l'armée autrichienne au delà de la Bocchetta, ce qui lui mérita un sabre d'honneur ; ce fut la première récompense nationale que Napoléon décerna, comme chef de l'état.

Les deux armées entrèrent en quartier d'hiver : les Autrichiens sur les belles plaines du Piémont et du Mont-Ferrat; les Français, sur les revers de l'Apennin, de Gênes au Var. Ce pays, bloqué par mer depuis long-temps, sans communication avec la vallée du Pô, était épuisé. L'administration française mal organisée, était confiée à des mains infidèles.

La cavalerie, les charrois périrent de misère; les maladies contagieuses et la désertion désorganisèrent l'armée ; enfin le mal empira au point que des corps entiers, tambour battant, drapeau déployé, abandonnèrent leur position, et repassèrent le Var. Ce qui donna lieu à divers ordres du jour de Napoléon aux soldats d'Italie. Il leur disait :

« Soldats, les circonstances qui me retiennent
« à la tête du gouvernement, m'empêchent de
« me trouver au milieu de vous; vos besoins
« sont grands; toutes les mesures sont prises
« pour y pourvoir. La première qualité du sol-

« dat est la constance à supporter la fatigue et
« la privation ; la valeur n'est que la seconde.
« Plusieurs corps ont quitté leurs positions ; ils
« ont été sourds à la voix de leurs officiers : la
« dix-septième légère est de ce nombre. Sont-
« ils donc morts les braves de Castiglione, de
« Rivoli, de Newmarkt ! Ils eussent péri plutôt
« que de quitter leurs drapeaux, et ils eussent
« ramené leurs jeunes camarades à l'honneur et
« au devoir. Soldats, vos distributions ne vous
« sont pas régulièremeut faites, dites-vous?
« Qu'eussiez-vous fait, si comme les quatrième
« et vingt-deuxième légères, les dix-huitième et
« trente-deuxième de ligne, vous vous fussiez
» trouvés au milieu du désert, sans pain, ni
« eau, mangeant du cheval et du chameau?
« *La victoire nous donnera du pain*, disaient-
« elles ; et vous, vous désertez vos drapeaux !
« Soldats d'Italie, un nouveau général vous
« commande ; il fut toujours à l'avant-garde,
« dans les plus beaux moments de votre gloire ;
« entourez-le de votre confiance, il ramènera
« la victoire dans vos rangs. Je me ferai rendre
« un compte journalier de la conduite de tous
« les corps, et spécialement de la dix-septième
« légère et de la soixante-troisième de ligne ;
« *elles se ressouviendront de la confiance que*
« *j'avais en elles.* »

Ces paroles magiques arrêtèrent le mal comme par enchantement : l'armée se réorganisa, les subsistances furent assurées, les déserteurs rejoignirent.

Napoléon rappela Masséna d'Helvétie, et lui confia l'armée d'Italie; ce général, qui connaissait parfaitement les débouchés des Apennins, était plus propre que personne à cette guerre de chicane; il arriva le 10 février à son quartier-général de Gênes.

Le général Brune, d'abord appelé au conseil-d'état, fut quelques semaines après envoyé sur la Loire pour commander l'armée de l'Ouest; le général Augereau le remplaça dans le commandement de la Hollande; la proclamation suivante fut mise à l'ordre des armées :

« Soldats! en promettant la paix au peuple
« français, j'ai été votre organe, je connais
« votre valeur, vous êtes les mêmes hommes
« qui conquirent la Hollande, le Rhin, l'Italie,
« et donnèrent la paix sous les murs de Vienne.
« Soldats! ce ne sont plus vos frontières qu'il
« faut défendre, ce sont les états ennemis qu'il
« faut envahir. Il n'est aucun de vous qui n'ait
« fait campagne, qui ne sache que la qualité
« la plus essentielle d'un soldat, c'est de savoir
« supporter les privations avec constance : plu-
« sieurs années d'une mauvaise administration

« ne peuvent être réparées dans un jour. Pre-
« mier magistrat de la république, il me sera
« doux de faire connaître à la nation entière
« les corps qui mériteront, par leur discipline
« et leur valeur, d'être les soutiens de la patrie.
« Soldats! lorsqu'il en sera temps je serai au
« milieu de vous, et l'Europe se souviendra que
« vous êtes de la race des braves. »

Telle était la position des armées; le premier consul ordonna sur-le-champ la réunion de celles du Rhin et d'Helvétie en une seule sous le nom d'armée du Rhin; il en donna le commandement au général Moreau, qui lui avait montré le dévouement le plus absolu dans la journée du 18 brumaire (1). Les troupes françaises manquaient de tout, leur dénuement était extrême, tout l'hiver fut employé à recruter, habiller, solder cette armée. Un détachement de l'armée de Hollande fut dirigé sur

---

(1) Moreau était ennemi du directoire, et surtout de la société du manège; quoiqu'il n'eût eu que des revers dans la campagne qui venait de se terminer, qu'il eût alors moins de considération que les généraux qui venaient de sauver la Suisse, à Zurich, et la Hollande à Alkmaer, en faisant capituler le fils du roi d'Angleterre, il avait une connaissance particulière du champ d'opération de l'armée d'Allemagne : ce qui décida le premier consul à lui donner toute sa confiance, et à le mettre à la tête de l'armée.

Mayence, et bientôt l'armée du Rhin devint une des plus belles qu'ait jamais eues la république ; elle comptait 150,000 hommes, et était formée de toute les vieilles bandes.

§ III.

Paul I était mécontent de la politique de l'Autriche et de l'Angleterre ; l'élite de son armée avait péri en Italie sous Suvarow, en Suisse sous Korsakow, en Hollande sous Hermann. Les prétentions anciennes et nouvelles des Anglais sur la navigation des neutres, l'indisposaient tous les jours davantage ; le commerce des neutres, surtout celui des puissances de la Baltique était troublé ; des convois escortés par des bâtimens de guerre étaient insultés et soumis à des visites. D'un autre côté les changemens survenus dans les principes du gouvernement français, depuis le 18 brumaire, avaient neutralisé, suspendu sa haine contre la révolution : il estimait le caractère que le premier consul avait montré en Italie, en Égypte, et qu'il déployait tous les jours ; ces dernières circonstances déterminèrent sa conduite, et s'il n'abandonna pas la coalition, du moins ordonna-t-il à ses armées de quitter le champ de bataille et de repasser la Vistule.

L'abandon de l'armée russe ne découragea pas l'Autriche, elle déploya tous ses moyens et mit deux grandes armées sur pied.

L'une en Italie, forte de 140,000 hommes, sous les ordres du feld-maréchal Mélas, fut destinée à prendre l'offensive, s'emparer de Gênes, de Nice et de Toulon. Sous les murs de cette place, elle devait être rejointe par l'armée anglaise de 18,000 hommes qui devaient se rassembler à Mahon, et par l'armée napolitaine de 20,000 hommes. Willot était au quartier-général de Mélas, pour insurger le Midi de la république, où les Bourbons pensaient avoir des partisans.

L'autre en Allemagne, commandée par le feld-maréchal Kray, forte de 120,000 hommes, y comprises les troupes de l'empire et celles à la solde de l'Angleterre. Cette dernière armée était destinée à rester sur la défensive pour couvrir l'Allemagne. L'expérience de la campagne passée avait convaincu l'Autriche de toutes les difficultés attachées à la guerre de Suisse.

Le feld-maréchal Kray avait son quartier-général à Donau-Schingen; ses principaux magasins à Stockach, Engen, Mœrskirch, Biberach. Son armée était composée de quatre corps.

Celui de droite, commandé par le feld-maréchal-lieutenant Starray, était sur le Mein.

Celui de gauche, sous les ordres du prince de Reuss, était en Tyrol.

Les deux autres étaient sur le Danube, tenant des avant-gardes : l'une sous le général Kienmayer, vis-à-vis de Kehl ; l'autre sous les ordres du général-major Giulay, dans le Brisgaw ; une troisième sous les ordres du prince Ferdinand, dans les villes forestières aux environs de Bâle ; une quatrième sous les ordres du prince de Vaudémont, vis-à-vis Schaffhouse.

Dans ces circonstances, il devenait donc urgent que l'armée du Rhin prît vigoureusement l'offensive ; ses forces étaient presque doubles de celles de l'ennemi, tandis que l'armée autrichienne d'Italie était plus que double de l'armée française, qui, complétée à 40,000 hommes, gardait l'Apennin et les hauteurs de Gênes. Une armée de réserve de 35,000 hommes fut réunie sur la Saône, pour se porter au soutien de l'armée d'Allemagne si cela était nécessaire, déboucher par la Suisse sur le Pô, et prendre l'armée autrichienne d'Italie à revers.

Le cabinet de Vienne comptait que ses armées seraient, au milieu de l'été, au cœur de la Provence ; et celui des Tuileries avait calculé que son armée du Rhin serait avant ce temps-là sur l'Inn.

§ IV.

Le premier consul ordonna au général Moreau de prendre l'offensive et d'entrer en Allemagne, afin d'arrêter le mouvement de l'armée autrichienne d'Italie, qui déja était arrivée sur Gênes. Toute l'armée du Rhin devait se réunir en Suisse et passer le Rhin à la hauteur de Schaffhouse; le mouvement de la gauche de l'armée sur sa droite devant se faire derrière le rideau du Rhin, et d'ailleurs, étant préparé beaucoup à l'avance, l'ennemi n'en aurait aucune connaissance. En jetant quatre ponts à la fois à la hauteur de Schaffhouse, toute l'armée française passerait en vingt-quatre heures, arriverait sur Stockach, et culbuterait la gauche de l'ennemi, prendrait par derrière tous les Autrichiens placés entre la rive droite du Rhin et les défilés de la forêt Noire. En six ou sept jours de l'ouverture de la campagne, l'armée serait devant Ulm; ce qui pourrait s'échapper de l'armée autrichienne se rejetterait en Bohême. Ainsi, le premier mouvement de la campagne aurait eu pour résultat de séparer l'armée autrichienne de Ulm, Philisbourg et Ingolstadt, et de mettre en notre pouvoir le Wurtemberg, toute la Souabe et la Bavière. Ce plan d'opération devait donner lieu à des évènements plus ou moins décisifs, selon les chances de la fortune, l'audace et la rapidité des mouvements du général français. Le général Moreau était incapable d'exécuter et même de comprendre un pareil mouvement; il envoya le général Dessolles à Paris, présenter un autre projet au ministre de la guerre, suivant la routine des campagnes de 1796 et 1797; il proposait de passer le Rhin à Mayence, Strasbourg et Bâle. Le premier consul, fortement contrarié, pensa un moment à aller lui-même se mettre à la tête de cette armée, il calculait qu'il serait sous les murs de Vienne avant que l'armée autrichienne d'Italie ne fut devant Nice. Mais l'agitation intérieure de la république s'opposa à ce qu'il quittât sa capitale, et s'en éloignât pour autant de temps : le projet de Moreau fut modifié, et le général fut autorisé à exécuter un projet mitoyen, qui consistait à faire passer le fleuve par sa gauche à Brisach, par son centre à Bâle, par sa droite au-dessus de Schaffhouse. Il lui était surtout prescrit de n'avoir qu'une seule ligne d'opération; encore dans l'exécution ce dernier plan lui parut-il trop hardi, et il y fit des changements.

§ V.

Moreau avait son quartier-général à Bâle ; son armée était composée de quatre corps d'infanterie, d'une réserve de grosse cavalerie et de deux divisions détachées, savoir

Le lieutenant-général Sainte-Suzanne commandant la gauche : les divisions Souham et Legrand; le lieutenant-général Saint-Cyr commandant le centre : les divisions Baraguai-d'Hilliers et Ney; le général en chef commandant la réserve : les divisions Delmas, Leclerc et Richepanse; le lieutenant-général Lecourbe commandant la droite : les divisions Vandamme, Montrichard et Lorge.

Le général d'Hautpoult commandant la réserve de grosse cavalerie; le général Éblé, l'artillerie.

Les corps détachés étaient commandés par les généraux Collaud et Moncey, en Suisse.

Le 25 avril Sainte-Suzanne, commandant la gauche, passa le Rhin à Strasbourg; Saint-Cyr, avec le centre, le passa le même jour à Brisach; le général Moreau, à la tête d'un corps de réserve, passa le 27 à Bâle.

Le corps de Sainte-Suzanne culbuta un corps ennemi de 12 à 15,000 hommes, qui était en position en avant d'Offembourg; Saint-Cyr entra à Fribourg, que l'ennemi ne lui disputa pas ; de là il se porta sur Saint-Blaise, où déja la réserve, qui avait passé à Bâle, était arrivée. Richepanse resta à Saint-Blaise, les deux autres divisions, remontant la rive droite du Rhin, se portèrent à l'embouchure de l'Alb. Le 26 et le 27, les trois divisions se réunirent sur le Wuttach; le 28, elles prirent position à Neukirch ; Saint-Cyr se porta de Saint-Blaise sur le Wuttach à Stühlingen.

Cependant Moreau sentit la nécessité de rappeler Sainte-Suzanne, qui dut passer à Kehl le 27, pour venir par la rive gauche du Rhin à Vieux-Brisach, passer de nouveau le fleuve et se trouver en deuxième ligne du corps de Saint-Cyr; il marcha sur Fribourg, y traversa le Val-d'Enfer, et prit position à Neustadt.

Telle était la position de la réserve du centre et de la gauche française, lorsque le 1er mai la droite, sous Lecourbe, passa le Rhin près Stein, sans presque aucun obstacle, et se porta sur le fort Hohentwœl, qui capitula. Il avait quatre-vingts bouches à feu; ainsi, ce fut cinq jours après le signal de l'ouverture de la campagne, que Lecourbe put entrer en opération. Le 2 mai, l'armée resta inactive dans ses positions, où elle se trouvait en bataille sur une ligne de quinze lieues obliques au Danube, depuis le fort Hohentwœl jusqu'à Neustadt.

§ VI.

Le feld-maréchal Kray eut ainsi le temps de réunir ses troupes le 2 mai; il était en position avec 45,000 hommes en avant de la petite ville d'Engen, ayant sur sa gauche, à Stockach, à six lieues, le prince de Vaudémont, avec un corps de 12,000 hommes, liant sa position d'Engen avec le lac de Constance, gardant ses magasins, et assurant sa retraite sur Mœskirch. Le 3, à la pointe du jour, Lecourbe, avec ses trois divisions, se dirigea sur Stockach; Moreau, avec les trois divisions de la réserve, sur Engen; Saint-Cyr et Sainte-Suzanne, trop éloignés du champ de bataille, ne purent y arriver à temps. Lecourbe marcha sur trois colonnes; Vandamme, à la droite, tourna Stockach; Montrichard, au centre, entra au pas de charge dans la ville; le général Lorge, à la gauche, coupa avec une brigade la communication de Stockach avec Engen, et seconda avec son autre brigade l'attaque de la réserve. Le prince de Vaudémont fut mis en déroute; il se retira en toute hâte sur Mœskirch, laissant 3,000 prisonniers, cinq pièces de canon et des drapeaux au pouvoir de Lecourbe. Pendant ce temps, les trois divisions de la réserve s'engagèrent avec les avant-gardes du feld-maréchal Kray sur un chemin d'Engen, aux approches de la rivière d'Aach. Le combat devint bientôt vif à Wetterdingen, à Mulhausem; mais Moreau étendit bientôt sa ligne sur sa gauche : il fit attaquer par Richepanse le mamelon de Hohenhoven, celui-ci l'attaqua en vain toute la journée; les trois divisions de la réserve, avec la brigade de la division Lorge et la réserve de grosse cavalerie, formaient une force de 40,000 hommes, c'est-à-dire un peu moins que l'ennemi n'avait devant Engen. La victoire penchait en faveur des Autrichiens, lorsque Kray fut instruit de la défaite du prince de Vaudémont, des grands succès de Lecourbe et de l'arrivée de Saint-Cyr sur Hohenhoven; il battit en retraite. Saint-Cyr était parti le matin de Stühlingen; il avait remonté la rive droite du Wuttach, et il fut arrêté au défilé de Zollhaus; à la nuit, sa brigade d'avant-garde, commandée par le général Roussel, occupa le plateau de Hohenhoven. La perte fut de 6 à 7,000 hommes de chaque côté, les Autrichiens perdirent en outre 4,000 prisonniers et quelques pièces de canon, la plupart pris par Lecourbe à Stockach.

Bataille de Mœskirch.

Pendant la journée du 4, le feld-maréchal Kray joignit à Mœskirch le prince de Vaudémont, et fut rejoint par la division que commandait l'archiduc Ferdinand; il ordonna l'évacuation de ses magasins, et fit ses dispositions pour se porter sur le Danube, qu'il voulait passer sur le pont de Sigmaringen : pendant cette journée l'armée française ne fit aucun mouvement; mais le général Lecourbe se porta de Stockach sur Mœskirch. St.-Cyr, qui n'avait pas donné à Engen, se porta sur Liptingen : les trois divisions de la réserve marchèrent en deuxième ligne à l'appui de Lecourbe; celui-ci marcha sur Mœskirch sur trois colonnes; Vandamme à la droite sur Kloster-Wald; Montrichard au centre, appuyé par la réserve de grosse cavalerie; Lorge à la gauche, par Neuhausen : il couvrait ainsi un front de deux grandes lieues. La rencontre des troupes légères de l'ennemi ne tarda pas à lui indiquer la présence de l'armée : bientôt les trois divisions furent aux mains contre toute l'armée autrichienne; elles étaient fort compromises, lorsque, dans l'après-midi, elles furent soutenues par trois divisions de la réserve. Le combat devint fort chaud, les armées se maintinrent sur leur champ de bataille. Saint-Cyr eut décidé de la victoire; mais il n'arriva à Liptingen que la nuit, encore éloigné du champ de bataille de plusieurs lieues. Pendant la nuit Kray battit en retraite : la moitié de ses troupes avaient passé le Danube à Sigmaringen; l'autre moitié était sur la rive droite, lorsque Saint-Cyr, qui avait suivi la rive droite du Danube, arriva le 6 sur les hauteurs qui dominent ce fleuve. Si Moreau eût marché, de son côté, à la suite de l'ennemi, une partie de l'armée autrichienne aurait été détruite, mais Moreau ne connaissait pas le prix du temps; il le passait toujours le lendemain des batailles, dans une fâcheuse indécision.

Bataille de Biberach.

Quelques jours après la bataille de Mœskirch, Lecourbe se porta sur Wurzach et envoya ses flanqueurs au pied des montagnes du Tyrol. Saint-Cyr se porta sur Buchau; Moreau, avec la réserve, marcha en deuxième ligne; Sainte-Suzanne continua son mouvement par la rive gauche du Danube, et se porta à Geissingen, séparé de l'armée par le fleuve. Kray avait fait sa retraite sans être inquiété. Se trouvant le 7 à Riedlingen, et ayant eu avis du mouvement décousu de la droite de l'armée sur le Tyrol, et de celui de Sainte-Suzanne sur la rive gauche du Danube, il passa ce fleuve au pont de Riedlingen, et se porta derrière Biberach, plaçant une avant-garde de dix mille hommes sur la route de Buchau, et toute son armée derrière la Riess, la gauche à Ochsenhausen, la droite sur le plateau de Mettenberg. Le 9 mai, Saint-Cyr partit de Buchau, attaqua cette avant-garde, qui était séparée du corps de bataille par la Riess, la culbuta dans la rivière, lui fit quinze cents prisonniers, et lui prit du canon; il la suivit sur la rive droite; deux divisions de la réserve étaient survenues dans ces entrefaites. Kray se mit en route sur l'Iller; Lecourbe l'attaqua à Memmingen, lui fit douze cents prisonniers, et lui prit du canon; il se refugia dans son camp d'Ulm.

Manœuvres et combats autour d'Ulm.

Du 10 au 12 mai, l'armée française occupait les positions suivantes : la droite, sous Lecourbe, avait son quartier-général à Memmingen; la réserve et le centre le long de l'Iller, jusqu'au Danube; le général Sainte-Suzanne, sur la gauche du Danube, à une journée d'Ulm.

L'armée autrichienne était toute réunie dans le camp retranché d'Ulm, hormis le corps du prince de Reuss, de 20,000 hommes, qui était dans le Tyrol. Ulm avait une enceinte bastionnée; le mont Fellichel qui la domine, était occupé par des fortifications de campagne faites avec soin, et armées d'une nombreuse artillerie : sur la rive droite, de forts retranchements protégeaient deux ponts. De grands magasins de fourrages, vivres et munitions de guerre y étaient réunis. Le général autrichien pouvait manœuvrer sur les deux rives du Danube, protégeant à la fois la Souabe et la Bavière, couvrant la Bohême comme l'Autriche ; il recevait tous les jours des recrues, des vivres, et paraissait résolu à vouloir se maintenir dans cette position centrale, malgré l'infériorité bien constatée de ses forces, et les échecs qu'il avait essuyés.

Moreau, pour le déposter, résolut de marcher en avant, la droite en tête : Lecourbe quitta Memmingen, et s'approcha du Lech. Le quartier-général passa le Günt; Saint-Cyr, avec le centre, le suivit en échelon, longeant le Danube ; Sainte-Suzanne s'approcha d'Ulm par la rive gauche. La division Legrand prit position à Erbach sur le Danube, à deux lieues de la place; la division Souham, à la même distance sur la Blau. Les deux divisions couvraient ainsi une ligne de deux lieues. Sainte-Suzanne n'avait aucun point sur le Danube ; il affrontait avec son seul corps toute l'armée de Kray, qui s'était contenté d'envoyer le général Merfeld derrière le Lech, et continua à occuper en force toute la rive gauche du Danube, depuis Ulm jusqu'à l'embouchure de cette rivière, poussant des avant-gardes jusque sur la chaussée d'Augsbourg, où elles escarmouchaient avec les flanqueurs de gauche de l'armée française.

Le 16, à la pointe du jour, l'archiduc Ferdinand déboucha sur le général Legrand, ainsi qu'une autre colonne sur le général Souham. Les avant-postes des deux divisions françaises furent bientôt reployés, leurs commmunications coupées, le corps des divisions rejeté deux lieues en arrière; à mesure qu'elles reculaient, la distance qui les séparait s'augmentait.

Sainte-Suzanne était percé ; il ordonna au général Legrand d'abandonner le Danube, afin de se rapprocher de la division Souham : ce mouvement de concentration, avantageux sous ce point de vue, avait le terrible inconvénient de l'éloigner de l'armée; mais Saint-Cyr, au bruit de la cannonade, rétrograda avec son arrière-garde, et plaça sur la rive droite du Danube des batteries, qui battaient la route d'Ulm à Erbach, et donnèrent de l'inquiétude à l'archiduc : il crut que toute l'armée allait passer ce fleuve, et le couper ; il se replia sur Ulm. La perte du corps de Sainte-Suzanne fut considérable en tués et blessés, moindre cependant qu'elle n'aurait dû l'être, vu la fausse position où on l'avait abandonné : l'intrépidité des troupes, l'habileté du général, sauvèrent ce corps d'une destruction totale.

Moreau, étonné de cet évènement, contremanda la marche sur le Lech ; ordonna à Saint-Cyr et à d'Hautpoult de passer le Danube à Erbach, pour soutenir Sainte-Suzanne ; se porta lui-même sur l'Iller, et rappela Lecourbe. Sainte-Suzanne passa la Blau, de sorte que des onze divisions qui composaient son armée, cinq étaient sur la rive gauche, et six étaient sur la rive droite du Danube, à cheval sur ce fleuve, occupant une ligne de quatorze lieues ; il passa plusieurs jours dans cette position.

Attaquera-t-il Kray sur la rive gauche ? repassera-t-il sur la rive droite ? il se décida de nouveau à ce dernier parti. Lecourbe se reporta sur Landsberg, où il arriva le 27 mai ; le 28, sur Augsbourg, où il passa le Lech ; St.-Cyr se porta sur la Günzt ; Sainte-Suzanne passa sur la droite du Danube, et prit position à cheval sur l'Iller. L'armée française se trouva en bataille, la gauche au Danube, la droite au Lech, occupant une ligne de vingt lieues. Le 24 mai, le feld-maréchal Kray fit passer une avant-garde sur la rive droite, qui attaqua à la fois les deux divisions de Sainte-Suzanne : le combat fut vif, il dura toute la journée : la perte de part et d'autre fut considérable ; mais le soir, les Autrichiens repassèrent le Danube.

A cette nouvelle, le général Moreau changea encore de résolution : il arrêta son mouvement, et se rapprocha du Danube. Lecourbe abandonna pour la deuxième fois le Lech. Mais le 4 juin, le feld-maréchal Kray, ayant réuni une partie de ses forces, passa sur le pont d'Ulm, et attaqua le corps de Sainte-Suzanne, conduit par Richepanse. Sainte-Suzanne avait été prendre le commandement des troupes de Mayence, qui se trouvaient en position sur l'Iller. Richepanse, environné par des forces supérieures, se reploya toute la journée : sa position devenait des plus critiques, lorsque le général Grenier (il avait remplacé Saint-Cyr, renvoyé de l'armée par Moreau), fit déboucher par le pont de Kellmuntz sur l'Iller la division Ney ; le combat se rétablit. Le général Moreau se concentra tout-à-fait sur l'Iller : c'était justement ce que voulait Kray, qui, trop faible pour faire tête à l'armée française, voulait l'empêcher de cheminer, et la consumer dans des combats de détail.

Après avoir séjourné plusieurs jours dans cette position, enhardi par l'attitude défensive de Kray, qui ne faisait aucun mouvement, et restait dans son camp retranché, Moreau reprit pour la troisième fois son projet d'attaque sur la Bavière; il fit mine de passer le Lech.

Lecourbe repassa de nouveau le Lech, et les 10, 11 et 12 juin, toute l'armée se rapprocha de cette rivière. Ainsi il y avait un mois que le combat de Biberach avait eu lieu, et l'armée était toujours dans la même position; elle avait perdu ce temps en marches et contre-marches, qui l'avaient compromise, et avaient donné lieu à des combats où les troupes françaises, en nombre inférieur, avaient perdu beaucoup de monde. L'arrière-garde de Lecourbe avait perdu deux mille hommes, en évacuant Augsbourg, au combat de Shwamunchen. Cette hésitation avait indisposé quelques généraux de l'armée. Moreau avait renvoyé Saint-Cyr, qu'il avait remplacé par le général Grenier; il reprochait à ce général les lenteurs de sa marche à Engen, surtout à Mœskirch, et d'être mauvais camarade, de laisser écraser les divisions voisines, lorsqu'il pouvait les secourir; de son côté, Saint-Cyr critiquait amèrement la conduite de son général en chef, et manifestait hautement la désapprobation des manœuvres qui avaient été faites depuis l'ouverture de la campagne. On voit dans les dépêches de Lecourbe plusieurs lettres pleines d'énergie et de plaintes sur ses lenteurs, ses incertitudes, ses hésitations, ses ordres et. contre-ordres. Cela décida enfin le général en chef à se porter sur la rive gauche du Danube, en passant la rivière, du 19 au 20 juin, après être arrivé sur le fleuve, à la hauteur d'Ulm.

§ VII.

Lecourbe, avec la droite, se porta vis-à-vis Hochstet; Moreau, avec la réserve, vis-à-vis Dillingen; Grenier, avec le centre, à Guntzgbourg; Richepanse, avec la gauche, resta en observation sur l'Iller, vis-à-vis Ulm. Le 19, à la pointe du jour, Lecourbe fit raccommoder le pont du Danube à Blindheim, fit passer son corps d'armée, se porta avec une division sur Schwoningen, en descendant à deux lieues, du côté de Donawert, et environ deux autres sur Lauingen, en remontant le Danube. A peine arrivé à Schwoningen, la division fut attaquée par une brigade de quatre mille hommes que commandait le général Devaux, qui avait son quartier-général à Donawert. Le combat fut assez vif, mais ce corps fut défait, la moitié resta sur le champ de bataille, et dans les mains des Français. Peu après, l'ennemi attaqua les divisions placées sur Lauingen; après un combat fort vif, il fut repoussé. Moreau, avec la réserve, passa au pont de Dillingen. Grenier voulut rétablir le pont de Günztbourg, mais il en fut empêché par le général Giulay; ce qui l'obligea à aller passer au pont de Dillingen. Aussitôt que Kray apprit que le passage était effectué, il résolut de se retirer; ce qu'il fit, sous la protection d'un corps de cavalerie qu'il plaça sur la Brenzt : mais, pendant les journées du 20, 21, 22 et 23, l'armée française resta immobile et ne fit rien. C'était perdre un temps précieux, et qui, bien employé, pouvait devenir funeste à son ennemi : le général autrichien en profita; il passa par Neresheim, Nordlingen, et arriva sur la Wernitz le 23 au soir. Le général Richepanse cerna Ulm, avec son corps. L'armée se mit trop tard à la suite de l'armée autrichienne, dont elle n'atteignit que l'arrière-garde. La division Decaen fut dirigée sur Munich; après un léger combat contre le général Merfeld, il entra dans cette capitale.

Lecourbe repassa sur la rive droite du Danube, se porta sur Rain et Neubourg. Kray était en position avec deux mille cinq cents hommes. En avant de cette ville, sur la rive droite du Danube, Montrichard, qui osa l'y attaquer, fut vivement repoussé et ramené pendant deux lieues. Lecourbe rétablit le combat avec la division Grandjean : la valeur des troupes et l'énergie du général remédièrent au mal qui eût pu être beaucoup plus grand. Le champ de bataille resta à l'ennemi; mais dans la nuit il sentit qu'il n'était plus à temps de gagner le Lech, et que le reste de l'armée française allait l'accabler ; il repassa le Danube, se porta sur Ingolstadt, passa de nouveau le fleuve, et porta son quartier-général à Landshut, derrière l'Iser. Le général Moreau entra à Ausgbourg; y plaça son quartier-général, il envoya la division Leclerc sur Freysing, qui y entra après un combat très-vif contre l'avant-garde autrichienne.

Dans ce temps, Sainte-Suzanne sortit de Mayence avec deux divisions réunies de ce côté, et il entra dans la Franconie, se rapprochant du Danube.

Cependant le prince de Reuss, occupant toujours Feldkirch, Fuessen et tous les débouchés du Tyrol, Lecourbe repassa le Lech, avec vingt mille hommes, et se porta sur trois colonnes, la gauche sur Scharnitz, le centre sur

Fuessen, et la droite sur Feldkirch. Le 14 juillet, Molitor entra dans cette place; l'ennemi lui abandonna le camp retranché. Le prince de Reuss se retira derrière les défilés et les retranchements qui couvraient le Tyrol.

§ VIII.

L'armistice fut conclue le 15 juillet à Parsdorf: les trois places d'Ingolstadt, Ulm, Philipsbourg durent rester bloquées, mais approvisionnées jour par jour, pendant le temps de la suspension d'armes. Tout le Tyrol resta au pouvoir de l'Autriche, et la ligne de démarcation passa par l'Iser, au pied des montagnes du Tyrol. Dès le 24 juin, le feld-maréchal Kray avait proposé de se conformer à l'armistice conclu à Marengo, dont il venait de recevoir la nouvelle. Le reste de juillet, août, septembre, octobre, novembre, les armées restèrent en présence, et les hostilités ne recommencèrent qu'en novembre. L'armistice disait:

Article premier. Il y aura armistice et suspension des hostilités entre l'armée de sa majesté impériale et de ses alliés, en Allemagne, dans la Suisse, le Tyrol et les Grisons, et l'armée française dans les mêmes pays. La reprise des hostilités devra être annoncée respectivement douze jours d'avance. — Art. 2. L'armée française occupera tout le pays qui est compris dans la ligne de démarcation suivante : cette ligne s'étend depuis Balzers, dans les Grisons, sur la rive droite du Rhin, jusqu'aux sources de l'Inn, dont elle comprend toute la vallée; de là aux sources du Lech, par le revers des montagnes du Vorarlberg, jusqu'à Reuti, le long de la rive gauche du Lech. L'armée autrichienne reste en possession de tous les passages qui conduisent à la rive droite du Lech; elle forme une ligne qui comprend Reuti, s'étend au delà de Scebach, près de Breitenwang, le long de la rive septentrionale du lac dont sort le Scebach, s'élève sur la gauche, dans Lechtal, jusqu'à la source de l'Ammer; delà, par les frontières, du comté de Werdenfels, jusqu'à la Loisach. Elle s'étend jusqu'à la rive gauche de cette rivière, jusqu'à Kochelsée, qu'elle traverse, jusqu'au Walchensée, où elle coupe le lac de ce nom, et se prolonge le long de la rive septentrionale de la Jachnai jusqu'à son embouchure dans l'Iser; et, traversant cette rivière, elle se dirige sur Reitu, sur le Tegernsée, au dela de la Manguald, près de Gmünd, et sur la rive gauche de celle-ci, au delà de la Falley : de là, elle prend la direction par Ob-Laus, Reifing, Elkhofin, Frafing, Ecking, Ébersberg, Malckirchen, Hohenlinden, Krainacher, Weting, Reting, Aidberg, Isen, Penzing, Zuphtenbach, le long de l'Isen jusqu'à Furden et Sendorff, où elle passe vers la source de la Vilz, qu'elle suit jusqu'à son embouchure dans le Danube, et ensuite sur la rive droite de la Vilz jusqu'à Vilsbibourg, et au delà de cette rivière jusqu'à Binabibourg, où elle suit le cours de la Bina jusqu'à Dornaich. Elle coupe près de Sculmshansen, s'étend vers la source du Colbach, ensuite la rive gauche jusqu'à son embouchure dans la Vilz, et, se portant sur la gauche, vers la Vilz, se prolonge jusqu'à son embouchure dans le Danube. La même ligne s'étend sur la rive droite du Danube jusqu'à Kehlheim, où elle passe le fleuve, et se prolonge sur la rive droite de l'Altmühl jusqu'à Pappenheim; elle se dirige ensuite par la ville de Weissembourg, vers la Bednitz, dont elle longe la rive gauche jusqu'au point où elle se jette dans le Mein; elle suit de là la rive gauche de cette dernière rivière jusqu'à son embouchure. La ligne de démarcation, sur la rive droite du Mein, entre cette rivière et Dusseldorff, ne s'étendra plus vers Mayence jusqu'à la Nidda. Dans le cas où les troupes françaises auraient fait, dans l'intervalle, des progrès de ce côté, elles conserveront ou reprendront la même ligne qu'elles occupent aujourd'hui, 15 juillet. — Art. 3. L'armée impériale occupera de nouveau le haut et bas Engadin, c'est-à-dire la partie des Grisons, dont les rivières se jettent dans l'Inn, et de la vallée de Sainte-Marie, dans l'Adige. La ligne de démarcation française s'étendra depuis Balzers, sur le lac de Como, par Coire, Tossana, Splugen, Chiavenna, y compris le Luciensteig. La partie des Grisons, située entre cette ligne et l'Engadin, sera évacuée par les deux parties. Ce pays conservera sa forme de gouvernement actuelle. — Art. 4. Les places qui sont dans la ligne de démarcation, telles que Ulm, Ingolstadt et Philipsbourg, lesquelles sont occupées par les impériaux, resteront, sous tous les rapports, dans l'état où elles auront été trouvées par les commissaires nommés à cet effet, par les généraux en chef; la garnison n'en sera pas augmentée, et elles ne troubleront point la navigation sur les rivières, et le passage sur les grandes routes. Le territoire de ces places fortes s'étend jusqu'à deux mille toises des fortifications; elles s'approvisionneront tous les dix jours, et, pour ce qui regarde cet approvisionnement déterminé, elles ne seront pas censées comprises dans les pays occupés par l'armée française, laquelle, de son côté, ne pourra pas non plus empêcher les transports des munitions dans lesdites places.—Art. 5. Le général, commandant l'armée impériale, est autorisé à envoyer dans chacune de ces places une personne chargée d'informer les commandants de la conduite qu'il auront à tenir.—Art. 6. Il n'y aura pas de ponts sur les rivières qui séparent les deux armées, à moins que ces rivières ne soient coupées par la ligne de démarcation, et alors les ponts ne pourront être établis que derrière cette ligne, sans préjudice cependant des dispositions qui pourraient être faites à l'avenir pour l'utilité des armées et du commerce. Les chefs respectifs s'entendront sur cet article. — Art. 7. Partout où des rivières navigables séparent les deux armées, la navigation sera libre pour elles et pour les habitants. La même chose aura lieu pour les grandes routes comprises dans la ligne de démarcation, et cela pendant le temps de l'armistice. — Art. 8. Les territoires de l'empire et des états autrichiens qui se trouvent dans la ligne de démarcation de l'armée française, sont sous la sauve-garde de la loyauté et de la bonne foi. Les propriétés et les gouvernements actuels seront respectés, et aucun des habitants de ces contrées ne pourra être inquiété, soit pour services rendus à l'armée impériale, soit pour opinion politique, soit pour avoir pris une part effective à la guerre. — Art. 9. La présente convention sera expédiée avec la plus grande célérité possible. — Art. 10. Les avant-postes des deux armées ne communiqueront pas entre eux.

Plan de campagne.

. *Première remarque.* — 1° Un plan de campagne doit avoir prévu tout ce que l'ennemi peut faire, et contenir en lui-même les moyens de le déjouer. La frontière d'Allemagne était, dans cette campagne, la frontière prédominante; la frontière de la rivière de Gênes était la frontière secondaire. Effectivement, les évènements, qui auraient lieu en Italie, n'auraient aucune action directe, immédiate et nécessaire sur les affaires du Rhin; tandis que les évènements, qui auraient lieu en Allemagne, auraient une action nécessaire et immédiate sur l'Italie. En conséquence, le premier consul réunit toutes les forces de la république sur la frontière prédominante, savoir: l'armée d'Allemagne, qu'il renforça, et l'armée de Hollande et du Bas-Rhin; l'armée de réserve, qu'il réunit sur la Saône, à portée d'entrer en Allemagne, si cela était nécessaire.

Le conseil aulique réunit sa principale armée sur la frontière secondaire, en Italie. Ce contre-sens, cette violation de ce grand principe, fut la véritable cause de la catastrophe des Autrichiens dans cette campagne.

2° Le gouvernement avait ordonné au général Moreau de réunir son armée derrière le lac de Constance, par la Suisse; de dérober cette marche à l'ennemi, en interdisant toute communication de la rive gauche à la rive droite du Rhin; de jeter, à la fin d'avril, quatre ponts entre Schaffhausen, Stein et le lac de Constance; de passer sur la rive droite du Danube avec toute son armée; de se porter sur Stockach et Engen; d'appuyer sa droite au Danube, sa gauche au lac de Constance; de prendre à dos toutes les divisions ennemies qui se trouveraient en position sur les Montagnes Noires et dans la vallée du Rhin, de les séparer de leurs magasins, de se porter ensuite sur Ulm avant l'ennemi. Moreau ne comprit pas ce plan; il envoya le général Dessolles au ministre de la guerre, pour proposer de passer le Rhin à Mayence, Strasbourg et Bâle. Napoléon résolut alors de se mettre lui-même à la tête de cette armée; mais les évènements exigèrent qu'elle entrât en opération en avril, et les circonstances intérieures de la république ne lui permettant pas de quitter alors Paris, il se contenta de prescrire que l'armée du Rhin n'eût qu'une seule ligne d'opération.

Deuxième remarque. MOREAU. — 1° Sainte-Suzanne passa le Rhin à Kelh ; Saint-Cyr, à Neuf-Brisach : ils devaient se joindre dans le Brisgaw. Moreau en sentit le danger ; il rappela Sainte-Suzanne sur la rive gauche, pour lui faire repasser le Rhin sur le pont de Neuf-Brisach : ce fut un faux mouvement, et non pas une ruse de guerre. La marche de trente lieues, depuis Vieux-Brisach à Bâle et Schaffhausen, par la rive droite du Rhin, étant fâcheuse, l'armée pressait son flanc droit au Rhin, et son flanc gauche à l'ennemi ; elle était dans un cul-de-sac, au milieu des ravins, des forêts et des défilés. Le feld-maréchal Kray fut ainsi prévenu où voulait aller son ennemi ; il eut huit jours pour se concerter ; aussi fût-il réuni en bataille à Engen et Stobach, et en mesure de couvrir ses magasins et Ulm avant le général français, qui cependant avait l'initiative du mouvement. Si Moreau eût débouché par le lac de Constance avec toute l'armée, il eût surpris, défait et pris la moitié de l'armée autrichienne ; les débris n'auraient pu se rallier que sur le Necker : il fut arrivé à Ulm avant elle. Que de grands résultats ! La campagne eût été décidée dans les quinze premiers jours.

2° L'armée française était beaucoup plus

forte que celle de l'ennemi dans un arrondissement de quinze lieues, et cependant l'ennemi fut supérieur en nombre sur le champ de bataille d'Engen. Moreau éparpilla son armée, et la compromit; il manœuvra par sa gauche pour se réunir à Saint-Cyr, qui était trop loin; il fit attaquer, par Richepanse seul, le pic de Hohenhowen, qui était une position forte. Il eût dû tenir ses troupes réunies, et manœuvrer par sa droite, s'appuyer à Lecourbe, et couper la ligne de retraite de l'ennemi; là il n'eût été arrêté par aucune forte position.

3° Kray fit sa retraite, dans la nuit du 3 au 4, sur Mœskirch; il en était éloigné de six lieues : Lecourbe n'en était éloigné que de trois lieues. Si celui-ci eût reçu l'ordre de marcher, le 4, il eût coupé l'armée ennemie, l'eût attaquée en tête et en flanc, dans le temps que Saint-Cyr et la réserve eussent attaqué en queue; Kray eût été fort compromis, la bataille de Mœskirch n'eût pas eu lieu. Moreau est resté, le 4, oisif, sans aucune raison. Cette fatale indécision remit en question, le lendemain, ce qui avait été décidé à Engen, et rendit inutile le sang versé sur le champ de bataille.

4° Sainte-Suzanne était à Donauschingen pendant la bataille d'Engen : il eût pu au moins se trouver à la bataille de Mœskirch; il n'y fut pas non plus que Saint-Cyr, de sorte que les six divisions de Lecourbe et de la réserve s'y trouvèrent seules; ce qui faisait une force inférieure à celle de l'ennemi.

5° La conduite de Saint-Cyr a donné lieu à des plaintes; il n'est arrivé que la nuit à Liptingen, à plusieurs lieues du champ de bataille.

6° Si Moreau eût marché, le 6, à la pointe du jour, à la poursuite de l'ennemi; qu'il eût appuyé Saint-Cyr, le 6, il eût détruit une partie de l'armée ennemie pendant qu'elle était occupée au passage du Danube: mais, le 6, comme le 4, Moreau resta inactif sur son champ de bataille.

7° Que devait faire le général français pour déposter le feld-maréchal Kray, de son camp retranché? Une seule chose: avoir une volonté, suivre un plan; car l'initiative était à lui: il était vainqueur, plus nombreux, et avait une meilleure armée. Le 14 mai, il eût dû passer l'Iller, se mettre en marche sur trois colonnes, ne pas occuper plus de six lieues de terrain, passer le Lech, et arriver en deux jours ou trois, au plus, à Augsbourg. Le général autrichien eût aussitôt suivi le mouvement par la rive gauche du Danube, se fût porté par Neubourg, derrière le Lech, pour couvrir la Bavière et les états héréditaires; il ne se fût pas exposé à suivre l'armée française sur la rive droite, puisqu'il aurait fallu qu'il s'avançât sous les murs d'Augsbourg pour l'attendre, et que, faisant volte-face, elle l'aurait battu, coupé d'Ulm, et rejeté dans les Montagnes Noires. L'armée autrichienne pouvait avoir encore la prétention de combattre et de vaincre des divisions isolées; mais elle n'avait plus celle de lutter contre l'armée française réunie.

Les Français devaient être le 18 mai à Munich, et maîtres de la Bavière. Kray se serait estimé fort heureux de regagner l'Inn à temps: on voit par ses dépêches, qu'il juge parfaitement de l'irrésolution de son ennemi. Lorsque celui-ci poussa un corps sur Augsbourg, il écrivit : l'armée française fait une démonstration sur la Bavière, qui n'est pas sérieuse, puisque ses divisions sont en échelons jusqu'à l'Iller, et que sa ligne est déja trop étendue; il avait raison.

7° Moreau a trois fois, en quarante jours, réitéré les mêmes démonstrations; mais toutes les trois fois, sans leur donner un caractère de vérité, il n'a reussi qu'à enhardir son rival, et lui a offert des occasions de battre des divisions isolées. En effet, l'armée française avait dans ses manœuvres, la gauche sur Ulm, et la droite à vingt lieues, menaçant la Bavière ; c'était défier l'armée ennemie et la fortune. Pendant cette campagne, l'armée française qui était plus nombreuse, a presque toujours été inférieure en nombre sur le champ de bataille ; c'est ce qui arrive aux généraux qui sont irrésolus, et agissent sans principes et sans plans ; les tâtonnements, les *mezzo termine* perdent tout à la guerre.

8° Le projet de passer sur la rive gauche du Danube, au-dessus d'Ulm, était périlleux et fort hasardeux ; si Kray et le prince de Reuss réunis eussent manœuvré la gauche au Danube, la droite au Tyrol, l'armée française pouvait être prise en flagrant délit et être fort compromise. Mais, puisque le général français était résolu à cette opération inutile et téméraire, il la fallait faire avec résolution et d'un seul trait ; il fallait que le passage ayant été surpris le 19, le 20 toute l'armée se trouvât sur la rive gauche, laissant seulement quelques colonnes mobiles en observation sur la rive droite, et qu'elle se portât droit sur Ulm et Nordlingen, afin d'attaquer en flanc l'armée autrichienne, et de l'obliger, si Kray prenait le parti de la retraite, à recevoir la bataille, et de s'emparer de son camp retranché, si Kray se décidait à passer sur la rive droite pour marcher sur l'armée française. De cette manière le général Moreau n'avait rien à redouter ; son armée supérieure comme elle l'était en forces et en moral, si elle perdait la rive droite, s'établissait sur la rive gauche : toutes les chances étaient pour elle ; elle profitait de son initiative pour marcher réunie, surprendre l'ennemi pendant ses mouvements, dans le temps qu'elle ne laissait rien exposé aux coups de l'initiative de l'ennemi. C'est l'avantage de toute armée qui marche toujours réunie ; qu'eût pu faire le général Richepanse, qui était le plus près d'Ulm, si Kray et le prince de Reuss l'eussent attaqué avec 60,000 hommes ; et que fût devenue l'armée, si le corps de Richepanse eût été défait, qu'elle eût perdu sa ligne d'opération sur la rive droite, en y éprouvant un si grand échec, lorsqu'elle n'avait pas encore pris pied sur la rive gauche ?

9° La marche du général Decaen sur Munich, celle de Lecourbe sur Neubourg, celle de Leclerc sur Fressing, étaient des mouvements isolés, où les troupes françaises se sont trouvées en nombre inférieur de l'ennemi ; elles y ont payé d'audace, atteint le point qu'elles voulaient occuper, ont obtenu peu de résultat, et perdu autant que l'ennemi.

10° La marche rétrograde de Lecourbe sur le Vorarlberg était inutile : il fallait qu'il marchât sur Inspruck; il y serait arrivé dix jours plus tôt avec moins de difficultés, et en perdant moins de monde qu'il n'en a perdu à tous ces débouchés du Tyrol, pour n'obtenir aucun résultat : la possession d'Inspruck était d'une toute autre importance, l'armée se fût alors trouvée en ligne sur l'Inn.

11° L'armistice ne remplit pas le but du gouvernement qui voulait avoir les quatre places d'Ulm, Philipsbourg, Ingolstadt et Inspruck, pour bien assurer la position des armées.

Troisième remarque. — KRAY. — 1° le feld-maréchal Kray compromit son armée en la tenant disséminée à l'approche de l'ouverture de la campagne; son quartier-général à Donauschingen et surtout ses magasins de Stockach, Engen, Mœskirch, étaient mal placés. Il agissait comme si la Suisse eût été neutre; son quartier-général et ses magasins eussent alors été couverts par les défilés des Montagnes Noires. Mais les Français étaient maîtres de la Suisse et de tout le cours du Rhin de Constance à Bâle; ses magasins se trouvaient à une demi-journée d'eux, et tout-à-fait aux avant-postes.

2° Le feld-maréchal Kray a montré de l'habileté autour d'Ulm : il a obtenu un grand succès, puisque avec une armée battue trois fois en un mois, et fort inférieure, il a retenu, pendant quarante jours sous le canon de son camp retranché, une armée supérieure et victorieuse; les marches, les manœuvres, les fortifications n'ont pas d'autre but. Mais ce maréchal n'eût-il pas pu faire davantage, lorsque Sainte-Suzanne, avec moins de 20,000 hommes, se trouvait, le 16 mai, séparé par le Danube du reste de l'armée, à une heure de marche de son camp retranché; pourquoi ne l'attaqua-t-il pas avec ses forces réunies? De si belles occasions sont rares; il fallait déboucher sur les deux divisions de Sainte-Suzanne avec 60,000 hommes, et les détruire.

3° Lorsque, le 26 mai, l'armée française était disséminée sur une ligne de vingt lieues du Danube au Lech, pourquoi n'a-t-il pas débouché avec toutes ses forces sur les deux divisions Sainte- Suzanne et Richepanse? Il ne les a attaquées qu'avec 16,000 hommes; son attaque sur l'Iller, le 4 juin, fut faite avec trop de circonspection et avec trop peu de troupes : le prince de Reuss aurait dû y concourir, en descendant du Tyrol avec toutes ses forces. Si le général autrichien eût profité de ses avantages, de l'indécision de son adversaire, de ses fausses manœuvres, il l'eût, malgré ses succès et sa supériorité, rejeté en Suisse.

MÉMOIRES DE NAPOLÉON.

GÊNES. — MASSÉNA.

1800.

Positions respectives des armées d'Italie. — Gênes. — Mélas coupe en deux l'armée française. — Masséna tente inutilement de rétablir ses communications avec sa gauche. Il est investi dans Gênes. — Blocus de Gênes. Mélas marche sur le Var : Suchet abandonne Nice. — Masséna cherche à faire lever le blocus. — Masséna, pressé par la famine, entre en négociation. Reddition de Gênes. — Les Autrichiens repassent les Alpes pour se porter à la rencontre de l'armée de réserve. Suchet les poursuit. — Effets de la victoire de Marengo. Suchet prend possession de Gênes. — Remarques critiques.

§ Ier.

La principale armée de la maison d'Autriche était celle d'Italie : le feld-maréchal Mélas la commandait; son effectif était de 140,000 hommes, 130,000 sous les armes. Toute l'Italie était sous le commandement des Autrichiens, de Rome à Milan, de l'Isonzo aux Alpes cotiennes : ni le grand-duc, ni le roi de Sardaigne, ni le pape, n'avaient pu obtenir la permission de rentrer dans leurs états; le ministre Thugut retenait le premier à Vienne, le second à Florence, et le troisième à Venise.

L'action de l'administration autrichienne s'étendait sur toute l'Italie. Rien ne la contrariait: toutes les richesses de ce beau pays étaient employées à raviver, améliorer le matériel de l'armée, qui, fière des succès qu'elle avait obtenus dans la campagne précédente, avait à se rendre digne de fixer l'attention de l'Europe, d'être appelée à jouer le principal rôle dans la campagne qui allait s'ouvrir. Rien ne lui semblait au-dessus de ses destinées : elle se flattait d'entrer dans Gênes, dans Nice; de passer le Var, de se réunir à l'armée anglaise de Mahon, dans le port de Toulon, de planter l'aigle autrichienne sur les tours de l'antique Marseille, et de prendre ses quartiers d'hiver sur le Rhône et la Durance.

Dès le commencement de mars, le feld-maréchal Mélas leva ses cantonnements; il laissa toute sa cavalerie, ses parcs de réserve, sa grosse artillerie, dans les plaines d'Italie : tout cela ne lui était utile que lorsqu'il aurait passé le Var. Il mit 30,000 hommes d'infanterie sous les ordres des généraux Wuccassowich, Lauden, Haddich et Kaim, pour garder les places et les débouchés du Splugen, du Saint-Gothard, du Simplon, du Saint-Bernard, du mont Cénis, du mont Genèvre, d'Argentière, et avec 70 à 80,000 hommes il s'approcha de l'Apennin ligurien. Sa droite, sous les ordres du feld-maréchal-lieutenant Ott, se porta sur Bobbio, d'où il poussa une avant-garde sur Sestri de Levante, pour communiquer avec l'escadre anglaise, et attirer de ce côté l'attention du général français. Avec le centre et le quartier général, il se porta à Acqui; il confia sa droite au feld-maréchal-lieutenant Elsnitz.

L'armée française voyait avec confiance à sa tête le vainqueur de Zurich; elle était appelée à combattre sur un terrain où chaque pas lui retraçait un souvenir de gloire. Il n'y avait pas encore quatre ans révolus qu'elle avait, quoique peu nombreuse et dans le plus grand dénuement, suppléant à tout par son courage et la force de sa volonté, remporté de nombreuses victoires, planté en cinquante jours ses drapeaux sur les rives de l'Adige, sur les confins du Tyrol, et porté si haut la gloire du nom français. L'administration avait été organisée pendant janvier, février et mars ; la solde était alignée, et des convois considérables de subsistances avaient fait succéder l'abondance à la disette ; les ports de Marseille, Toulon, Antibes, étaient encore pleins de bâtiments employés à son approvisionnement : elle commençait à perdre le souvenir des défaites qu'elle avait éprouvées l'année précédente ; elle était aussi bien que le pouvait permettre la pauvreté du pays où elle se trouvait. Cette armée se montait à 40,000 hommes ; mais elle avait des cadres pour une armée de 100,000. Toutes les nouvelles qui lui arrivaient de l'intérieur de la France, pendant la dernière campagne, excitaient l'esprit de faction, de division et de découragement ; la république était alors dans les angoisses de l'agonie : mais aujourd'hui tout était propre à autoriser son émulation ; la France était régénérée. Ces trente millions de Français, réunis autour de leur chef, si forts de la confiance réciproque qu'ils s'inspiraient, offraient le spectacle de l'Hercule gaulois armé de sa massue, prêt à terrasser les ennemis de sa liberté et de son indépendance.

Le quartier-général était à Gênes ; le général de brigade Oudinot était chef d'état-major ; le général Lamartellière commandait l'artillerie. Masséna avait confié la gauche de son armée au lieutenant-général Suchet, qui avait sous ses ordres quatre divisions : la première occupait Rocca-Barbena; la deuxième, Settepani et Mélogno; la troisième, Saint-Jacques et Notre-Dame de Nève; la quatrième était en réserve à Finale et sur les hauteurs de San-Pantaléone : sa force était de 12,000 hommes. Le lieutenant-général Soult commandait le centre, fort de 12,000 hommes, et partagé en trois divisions : celle du général Gardanne défendait Cadibone, Vado, Montélegino, Savone; les flanqueurs, les hauteurs de Stella; le général Gasan défendait les débouchés en avant et en arrière, et sur les flancs de la Bocchetta; le général Marbot commandait la réserve; le lieutenant-général Miollis commandait la droite, forte de 5,000 hommes : il barrait la rivière du Levant, occupant Recco par sa droite, le Mont-Cornua par son centre, et par sa gauche le col de Toriglio, situé à la naissance de la vallée de la Trébia. Une réserve de 5,000 hommes était dans la ville; l'armée entière était forte de 34 à 36,000 hommes. Les cols, depuis Argentières jusqu'aux sources du Tanaro, étaient encore obstrués de neige. Une division de 4,000 hommes, sous les ordres du général Garnier, était repartie pour les observer, et fournir aux garnisons de Saorgio, de Nice, de Montalban, de Vintimille et des batteries des côtes. L'approche de l'armée ennemie décida le général en chef à ordonner la levée des cantonnements; et, quoique la saison fût rigoureuse, qu'il y eût encore des neiges sur les hauteurs, les troupes prirent leurs camps, et occupèrent des positions culminantes. Des escarmouches ne tardèrent pas à avoir lieu entre les avant-postes. La situation de l'armée française était délicate; elle exigeait beaucoup de vigilance : tous les jours elle poussait en avant de fortes reconnaissances, dans lesquelles elle avait toujours l'avantage; elle faisait des prisonniers, enlevait des magasins et des bagages. L'occupation de Sestri de Levante gênait l'arrivée des convois de blé; les paysans de la vallée de la Fontana-Bona, de tout temps, dévoués à l'oligarchie, profitant du voisinage de l'armée autrichienne, s'étaient mis sous les armes, et déclarés pour l'ennemi. Le lieutenant-général Miollis y marcha sur deux colonnes : l'une entra dans la vallée, désarma les insurgés, brûla cinq de leurs villages, et prit des ôtages; l'autre longea la mer, chassa de Sestri l'avant-garde de Ott, la poussa au delà des Apennins, et se saisit d'un convoi de six mille quintaux de blé qu'elle fit entrer dans Gênes.

§ II.

La ville de Gênes est située au bord de la mer, sur le revers d'une arrête de l'Apennin, qui se détache au-dessus de la Bochetta. Cette arrête est coupée à pic par deux torrents, la Polcevera à l'ouest, et la Bisagno à l'est, qui ont leur embouchure dans la mer, à deux mille toises l'un de l'autre. Gênes a deux enceintes bastionnées; la première est un triangle de neuf mille toises de développement : le côté du sud, bordé par la mer, s'étend depuis la lanterne, à l'embouchure de la Polcevera, jusqu'au lazaret, à l'embouchure du Bisagno; les deux môles, le port, les quais l'occupent dans toute son étendue : le côté d'ouest longe la rive gauche de la Polcevera; celui de l'est, la rive droite du Bisagno : ils ont chacun trois mille cinq cents toises d'étendue, et se joignent en formant un angle aigu au fort de l'Éperon. Le plan qui passe par ces trois angles fait un angle de 15° avec l'horizon. Cette enceinte est bien revêtue, bien tracée, bien flanquée; le terrain a été saisi avec art. Le côté de l'ouest domine toute la vallée de la Polcevera, où est le faubourg de Saint-Pierre-d'Arena : le côté de l'est, au contraire, est dominé par les mamelons de Monte-Ratti et du Monte-Faccio; ce qui a obligé l'ingénieur à les occuper par les trois forts extérieurs de Quezzi sur Monte Valpura, de Richelieu sur le Manego, de San Tecla, entre le Monte Albaro et la Madone-del-Monte. Au-delà de ces montagnes est le torrent de Sturla; au-dessus du fort de l'Éperon est le plateau des Deux-Frères, parallèle à la mer, et dominé, pris à revers, par le fort de Diamant, situé à douze cents toises du fort de l'Éperon. La ville de Gênes est bâtie près de l'embouchure du Bisagno; elle est couverte par la deuxième enceinte, dessinée avec art, et susceptible de quelque résistance. Elle ne peut être bombardée ni du côté du nord, ni du côté de l'ouest, puisqu'elle se trouve à plus de deux mille toises du fort de l'Éperon, et à neuf cents toises de la lanterne; elle ne peut l'être du côté de l'est que par celui qui serait maître des trois forts extérieurs, et qui occuperait la position de Notre-Dame del Monte. La première enceinte a été bâtie en 1632; la deuxième est plus ancienne. Le port n'est précédé par aucune rade; la mer bat avec force dans l'intérieur; ce qui rend nécessaire la prolongation des môles, tel que cela avait été projeté en 1807. Les deux enceintes étaient parfaitement armées; l'arsenal abondamment fourni de toutes espèces de munitions de guerre. Le parti démocratique qui gouvernait la république depuis la convention de Montebello était exclusivement dévoué à la France. La répugnance du peuple pour les Autrichiens avait été soigneusement entretenue par le sénat depuis 1747. Gênes, par l'esprit de ceux qui la gouvernaient, par son opinion, par son dévouement, était une ville française.

Le vice-amiral Keith, commandant l'escadre anglaise dans la Méditerranée, notifia, en mars, aux consuls des diverses nations le blocus de tous les ports et côtes de la république de Gênes, depuis Vintimille à Sarzane : il interdisait aux neutres le commerce avec soixante lieues de côtes, qu'il ne pouvait cependant pas surveiller réellement; c'était, d'un coup de plume, les déclarer déchus de la protection du pavillon de leur souverain. Dans les premiers jours d'avril, il établit sa croisière devant Gênes; ce qui rendit difficiles les communications avec la Provence et l'arrivée des approvisionnements qui étaient en abondance dans les magasins de Marseille, Toulon, Antibes, Nice, etc.

§ III.

Le 6 avril les grandes opérations commencèrent. Le feld-maréchal Mélas avec quatre divisions attaqua à la fois Montelegino et Stella : le lieutenant-général Soult accourut avec sa réserve au secours de la gauche. Le combat fut assez vif tout le jour : la division Palfy entra dans Cadibone et Vado; celles de Saint-Julien et de Lattermann entrèrent à Montelegino et Arbizola; Soult rallia sa gauche sur Savone, compléta la garnison de la citadelle, et se retira sur Vareggio pour couvrir Gênes; trois vaisseaux de guerre anglais mouillèrent dans la rade de Vado. Mélas porta son quartier-général à la Madona de Savone, et fit investir le fort : il trouva à Vado plusieurs pièces de 36 et de gros mortiers qui armaient les batteries des côtes. Dès cette première journée la ligne française se trouva coupée. Suchet, avec la gauche, fut séparé du reste de l'armée; mais il conserva sa communication avec la France.

Le même jour, Ott, avec la gauche, déboucha par trois colonnes sur Miollis; celle de gauche, le long de la mer, celle du centre par Monte-Cornua, celle de droite par le col de Toriglio : il fut partout vainqueur; occupa le Monte-Faccio, le Monte-Ratti, et investit les trois forts de Quezzi, de Richelieu et de San-Tecla; il établit le feu de ses bivouacs à une portée de canon de cette ville. L'atmosphère, jusqu'au ciel, en était embrasé : les Génois, hommes, femmes, vieillards, enfants, accoururent sur les murailles pour considérer un spectacle si nouveau et si important pour eux : ils attendaient le jour avec impatience ; ils allaient donc devenir la proie de ces Allemands, que leurs pères avaient repoussés, chassés de leur ville avec tant de gloire! Le parti oligarque souriait en secret, et dissimulait mal sa joie; mais le peuple tout entier était consterné. Au premier rayon du soleil, Masséna fit ouvrir les portes; il sortit avec la division Miollis et la réserve, attaqua le Monte-Faccio, le Monte-Ratti, les prit à revers, et précipita dans les ravins et les fondrières les divisions de l'imprudent Ott, qui s'était approché avec tant d'inconsidération, seul et si loin du reste de son armée. La victoire fut complète; le Monte-Cornua, Recco, le col de Toriglio, furent repris. Le soir, mille cinq cents prisonniers, un général, des canons et sept drapeaux, trophées de cette journée, entrèrent dans Gênes au bruit des acclamations et des élans de joie de tout ce bon peuple.

Pendant cette même journée du 7, Elsnitz, avec la droite de Mélas, attaqua par cinq colonnes le lieutenant-général Suchet ; celle qui déboucha par le Tanaro et le Saint-Bernard fut battue, rejetée au-delà du fleuve par la division française qui était à Rocca-Barbena ; celles qui attaquèrent Settepani, Melogno, Notre-Dame de Nève, Saint-Jacques, eurent des succès variés ; le général Séras se maintint à Melogno ; mais Saint-Jacques fut occupé par Elsnitz, comme les hauteurs de Vado l'étaient de la veille par le général Palfy. Suchet se retira sur la Pietra et Loano ; il prit la ligne de Borghetta, et renforça sa gauche pour assurer ses communications avec la France, sa seule retraite.

Le 9, le feld-maréchal-lieutenant Ott fit attaquer et occuper par le général Hohenzollern la Bocchetta. Mélas avait obtenu son principal objet ; il avait coupé l'armée française de la France, et en avait séparé un corps : mais il fallait prévenir le retour offensif des Français, marcher sur Gênes, cerner la ville, et concentrer son armée. L'intervalle de quatorze lieues qui existait entre sa gauche et son centre était bien périlleux ; il déboucha, le 10, avec son centre sur plusieurs colonnes : celle de droite, commandée par Lattermann, longea la mer par Varaggio; celle du centre, conduite par Palfy, se porta sur les hauteurs de cette ville; celle de Saint-Julien partit de Sospello pour se porter sur Monte-Fayale, dans le temps que Hohenzollern de la Bochetta, se portait sur Ponte-Decimo, et dirigeait ses flanqueurs de droite par Marcarolo sur les hauteurs de la Madona-dell'Aqua, près Voltri, pour effectuer sa jonction avec le centre.

§ IV.

Masséna, le même jour, 9 avril, était à Varaggio avec la moitié de ses forces; Soult, à Voltri, avec l'autre moitié; Miollis gardait Gênes; Suchet, prévenu par moi, sortait des lignes de Borghetta, et se portait à l'attaque de Saint-Jacques. Le but du général Masséna était de rétablir, à quelque prix que ce fût, ses communications avec sa gauche et la France. Soult devait se porter de Voltri sur Sassello; Masséna sur Melta; Suchet sur Cadibone : sa jonction devait se faire sur Montenotte-Supérieur. A l'aube du jour, Soult se mit en marche; mais, ses coureurs ayant eu connaissance que des flanqueurs de Hohenzollern s'approchaient de Voltri, il quitta sa route, fit un à droite, marcha sur eux, les poussa de hauteurs en hauteurs, les précipita, le soir, dans la fondrière du torrent de la Piota, tua, blessa ou prit 3,000 hommes. Le 11, il exécuta son mouvement sur Sassello, où il entra, et apprit que le général Saint-Julien en était parti le matin pour se porter sur Monte-Fayale; il marcha aussitôt à lui, le défit et le rejeta sur Montenotte, après lui avoir fait grand nombre de prisonniers; de là, il se porta sur le Monte-l'Hermette, dont il s'empara, après des combats fort vifs, où l'audace, l'intrépidité et la nécessité de vaincre, suppléèrent au nombre. Pendant ce temps, Masséna avait été moins heureux; il attendit, le 10, avec impatience que Soult arrivât sur sa droite : ne le voyant pas venir, il partit, le 11, de Varaggio, et marcha sur Stella; mais Lattermann, qui longeait la mer, entra dans Varaggio, et menaça Voltri, dans le temps que Palfy et Bellegarde l'attaquaient de front; il craignit d'être cerné : il battit en retraite sur Cogareto. Le lendemain, il détacha le général Fressinet par sa droite pour soutenir Soult : Fressinet arriva à propos; il décida de l'occupation du Monte-l'Hermette. De son côté, Suchet attaqua et prit Settepani, Melogno, San-Pantaleone; mais il fut repoussé à Saint-Jacques. Les 10, 11, 12,

13, 14 et 15 se passèrent en marches, manœuvres et combats : souvent les colonnes des deux armées se côtoyèrent en sens inverse, séparées entre elles par des torrents, des fondrières, qui les empêchaient de se combattre dans leurs marches, quoique très-près l'une de l'autre. Masséna reconnut l'impossibilité de rétablir ses communications : le défaut de concert entre les attaques de Masséna et celles de Suchet empêcha qu'elles ne fussent simultanées; mais la perte de l'ennemi, dans les combats, fut double de celle des Français. Le 21, Masséna évacua Voltri pour s'approcher des remparts de Gênes, dans laquelle il fit défiler devant lui cinq mille prisonniers. Le colonel Mouton, du troisième de ligne, depuis le comte de Lobau, se couvrit de gloire dans toutes ces attaques; il sauva l'arrière-garde au passage du pont de Voltri, par sa bonne contenance. Le peuple de Gênes, témoin de l'intrépidité du soldat français, du dévouement, de la résolution des généraux, se prit d'enthousiasme et d'amour pour l'armée.

L'armée de Masséna, dès ce jour, 21 avril, cessa d'avoir l'attitude d'une armée en campagne; elle n'eut plus que celle d'une forte et courageuse garnison d'une place de premier ordre. Cette situation lui offrit encore des lauriers à cueillir; peu de positions étaient plus avantageuses que celle que Masséna occupait. Maître d'un aussi grand camp retranché, qui barre toute la chaîne de l'Apennin, il pouvait en peu d'heures se porter de la droite à la gauche, en traversant la ville; ce que l'ennemi n'aurait pu faire qu'en plusieurs jours de marche. Le général autrichien ne tarda pas à sentir tous les avantages que donnait à son ennemi un pareil théâtre. Le 30, par une attaque combinée, il s'approcha des murailles de Gênes, dans le temps que l'amiral Keith engageait une vive canonnade avec les batteries des môles et des quais. La fortune sourit d'abord à toutes ses combinaisons, il s'empara du plateau des Deux-Frères, cerna le fort de Diamant, surprit le fort de Quezzi, bloqua celui de Richelieu, occupa tous les revers de Monte Ratti, de Monte Faccio, et même de la Madone del Monte; il voulait y mettre vingt mortiers en batterie, pendant la nuit, sur la position d'Albana, brûler la superbe Gênes, et y porter l'incendie et la révolte. Mais, dans l'après-midi, Masséna, ayant concentré toutes les forces derrière ses remparts, confia la garde de la ville, et déboucha sur Monte-Faccio, qu'il cerna de tous côtés, le reprit malgré la plus vive résistance : ses troupes rentrèrent dans le fort de

Quezzi. Soult marcha alors par le plateau des Deux-Frères; il s'en rendit maître. L'ennemi perdit toutes les positions qu'il avait prises le matin. Le soir, le général en chef rentra dans Gênes, menant à sa suite douze cents prisonniers, des drapeaux, les échelles dont l'armée autrichienne s'était munie pour l'escalade qu'elle avait voulu tenter au point de réunion des deux enceintes, du côté de Bisogno.

Suchet se maintint long-temps maître de Saint-Pantaleone et de Melogno; mais enfin il se retira dans la position de Borghetto, n'espérant plus rien de ses efforts pour rétablir la ligne de l'armée.

§ V.

Après le désastre de cette journée, les généraux autrichiens renoncèrent à toute attaque de vive force sur un théâtre qui leur était si contraire. Gênes n'avait pas de vivres, et ne pouvait tarder à capituler. Conformément aux principes de la guerre de montagnes, ils occupèrent de fortes positions autour de cette place, pour empêcher les vivres d'y entrer par terre, comme l'escadre anglaise les interceptait par mer : ce serait donc au général français à prendre l'offensive, à les déposter s'il voulait communiquer avec la campagne, ouvrir les routes pour se procurer les fourrages et les vivres qui lui étaient indispensables.

D'un autre côté, la cour de Vienne était alarmée de la grande supériorité de l'armée française du Rhin, et des immenses préparatifs que faisait le premier consul pour porter la guerre sur le Danube : elle pressait une diversion sur la Provence. Mélas se porta sur le Var, et laissa le feld-maréchal-lieutenant Ott avec 30,000 hommes, pour bloquer Gênes de concert avec l'escadre anglaise. Ott occupa plusieurs camps, déja fortifiés par la nature, et auxquels il ajouta tous les secours de l'art, qui lui donnait le double avantage de maîtriser les débouchés, de s'opposer ainsi à l'arrivée des convois, et de placer les troupes dans de fortes positions, où elles n'avaient rien à redouter de la *furie française.*

Tranquille sur le sort de Gênes, qui devait lui ouvrir ses portes sous quinze jours, Mélas avec 30,000 hommes marchait à Suchet ; il fit tourner la ligne de Borghetta par une division qui déboucha par Ormea, Ponte di Nave et la Pieva. Il attaqua, le 7 mai, les hauteurs de San-Bartolomeo, espérant couper aux Français le chemin de la Corniche à port Maurice, et obliger ainsi Suchet à poser les armes. Mais le général Pujet, qui était en position à Saint-Pantaléone, donna le temps à son général de faire sa retraite, bien qu'avec quelque désordre, et une assez grande perte, derrière la Taggia, où il eût pu tenir quelques jours, si la brigade Gorrup, partie de Coni, ne s'était pas emparée, dès le 6, du col de Tende. Déja ses avant-postes étaient au défilé de Saorgio. Suchet jugea, avec raison, devoir repasser la Roya et le Var en toute hâte. Il fit aussitôt travailler à retrancher la tête de pont et fit venir de la grosse artillerie d'Antibes, et des canonniers de la côte. Il avait laissé garnison dans le fort Vintimille, dans le château de Ville-Franche, et au fort Montalban, qui, situé sur la hauteur qui sépare le golfe de Ville-Franche de la rade de Nice, domine ces deux villes et tout le cours du Paglione. Il y fit établir un télégraphe, et eut ainsi sur les derrières de l'ennemi une védette qui l'instruisait de tous ses mouvements, soit sur le chemin de Gênes par le col de Turbie, soit sur la chaussée de Turin par la vallée du Paglione.

Le général de division Saint-Hilaire commandait la 8ᵉ division militaire : il accourut sur le Var ramassant à Marseille et à Toulon toutes les troupes disponibles; des compagnies de garde nationale se rangèrent aussi sous ses ordres. Les places de Colmars, Entrevaux, Antibes, étaient en bon état de défense; dès le 15 mai, le corps de troupes réunies sur le Var était de 14,000 hommes.

Tous les courriers de Paris apportaient en Provence des nouvelles de la marche de l'armée de réserve; déja l'avant-garde arrivait sur le Saint-Bernard. Le résultat de cette manœuvre était évident pour les soldats comme pour les citoyens; le moral des troupes, comme celui des habitants, était au plus haut degré d'espérance. Le général Willot, qui se trouvait à la suite de l'armée autrichienne, formait une légion de déserteurs. Pichegru devait se mettre à la tête des mécontents du Midi. Willot avait commandé en Provence en 1797, avant le 18 fructidor, dans ce moment de réaction, où les ennemis de la république exerçaient tant d'influence dans l'intérieur. Il correspondait avec eux; il avait sous main organisé, dans les départements du Var et des Bouches-du-Rhône, une espèce de chouanerie. Dans le midi, les passions sont vives; les partisans de la république étaient exaltés, c'étaient les anarchistes les plus forcenés de France : le parti opposé n'était pas plus modéré. Il avait levé l'étendard de la révolte et de la guerre civile après le 31 mai; et livré Toulon, le principal arsenal de la France, à son plus mortel ennemi. Marseille ne vit que par le commerce : la supériorité maritime des Anglais l'avait réduite au simple cabotage, ce qui pesait beaucoup sur elle ; c'est d'ailleurs le pays de France où il s'est moins vendu de domaines nationaux, les moines et les prêtres y avaient peu de biens-fonds, et hormis dans le district de Tarascon, les propriétés y ont éprouvé peu de changements. Cependant tous les efforts des partisans des Bourbons furent impuissants ; les principes du 18 brumaire avaient réuni la très-grande majorité des citoyens ; et enfin les mouvements de l'armée de réserve suspendaient les pensées, fixaient toutes les attentions, excitaient tous les intérêts.

Le 11 mai, Mélas fit son entrée à Nice : l'ivresse des officiers autrichiens était extrême ; ils arrivaient enfin sur le territoire de la république, après avoir vu les armées françaises aux portes de Vienne. Une croisière anglaise mouilla à l'embouchure du Var ; elle annonçait l'arrivée de l'armée embarquée à Mahon, qui devait investir la place de Toulon. Pour cette fois l'Angleterre voulait faire sauter les superbes bassins et détruire de fond en comble cet arsenal, d'où était sortie l'armée qui menaçait son empire des Indes.

Le Var est un torrent guéable, mais qui en peu d'heures grossit. Les gués n'y sont pas sûrs, d'ailleurs la ligne que défendait Suchet était courte, la gauche s'appuyait à des montagnes difficiles, la droite à la mer, à six cents toises. Il avait eu le temps de couvrir de retranchements et de batteries de gros calibre la tête de pont qu'il occupait en avant du village de Saint-Laurent. Dès la première entrée des Français dans le comté de Nice, en 1792, le génie avait construit grand nombre de batteries sur la rive droite pour protéger le pont qui a trois cents toises de longueur; un défilé aussi considérable avait attiré toute la sollicitude des généraux français, pendant les années 1792, 1793, 1794, 1795. Le champ de bataille qu'allait défendre Suchet était préparé de longue main. Le 14, après quelques jours de repos, les divisions Elsnitz, Bellegarde et Lattermann, attaquèrent la tête de pont avec opiniâtreté : la défense fut brillante; l'ennemi, écrasé par les batteries de la rive droite, reconnut l'impossibilité de réussir; il prit position; il poussa par la gauche des postes jusqu'à la croisière anglaise, et appuya sa droite aux montagnes. Mélas était résolu à passer le Var plus haut: le corps de Suchet tourné eût été obligé de se replier sur Cagnes et les défilés de l'Esterelles, lorsque le 21 il reçut enfin les nouvelles du passage du Saint-Bernard par l'armée de réserve, et de l'arrivée de Napoléon à

Aoste. Mélas partit aussitôt avec deux divisions, passa le col de Tende, entra à Coni le 23; le 24 il apprit à Savigliano la prise d'Ivrée : il s'était fait précéder depuis quelques jours par la division Palfy. Il se flattait encore que toutes ces nouvelles étaient exagérées; que cette armée, si redoutable, ne serait qu'un corps de 15 à 20,000 hommes au plus qu'il pouvait facilement contenir avec les troupes qu'il amenait avec lui et ce qu'il avait réuni dans la plaine d'Italie, sans renoncer à Gênes, ajournant seulement ses projets sur la Provence. Il ordonna à Elsnitz de conserver, de prendre position derrière la ligne de la Roya, appuyant sa droite au col de Tende, son centre sur les hauteurs de Breglio, sa gauche à Vintimille. Des officiers de génie, de nombreux corps de sapeurs, se rendirent sur cette ligne de retraite pour y construire des retranchements. La Roya est effectivement la meilleure ligne pour couvrir Gênes du côté de la France, en même temps que la chaussée de Tende; car la Taggia qui est en arrière, laisse à découvert la chaussée de Nice à Sospello, Tende et Turin.

§ VI.

Aussitôt que Masséna fut instruit qu'il n'était

plus bloqué que par 30 à 35,000 hommes, que Mélas avec une partie de l'armée s'était porté sur le Var, il sortit de Gênes avec l'espérance fondée de culbuter le corps d'armée du blocus, et de terminer la campagne. 15,000 Français dans sa position valaient mieux que 30,000 Autrichiens : l'ennemi fut effectivement repoussé de tous ses postes avancés.

Le 10 mai, le lieutenant-général Soult avec 6,000 hommes, se porta dans la rivière du Levant sur les derrières de la gauche de Ott, et rentra dans Gênes avec des vivres et des prisonniers par Monte-Faccio ; les attaques furent renouvelées le 13 mai. Ott concentra ses troupes sur Monte-Creto : le combat fut opiniâtre et sanglant ; Soult, après avoir fait des prodiges de valeur, tomba grièvement blessé et resta au pouvoir de l'ennemi.

Masséna rentra dans Gênes, ayant perdu l'espoir de faire lever le blocus ; les vivres devenaient rares et fort chers. La population souffrait, la ration du soldat avait été diminuée ; cependant, malgré la vigilance des Anglais, quelques bâtiments de Marseille, de Toulon, et de Corse, parvinrent à entrer dans Gênes. Ce secours eût été suffisant pour l'armée, mais était bien faible pour une population de cinquante mille ames. On parlait de capituler, lorsque, le 26 mai, arriva le chef d'escadron Franceschi, qui, le 24 avril, avait quitté cette ville pour se rendre à Paris : témoin du passage du Saint-Bernard, il annonçait la prochaine arrivée de Napoléon sous les murs de Gênes. Cet intrépide officier s'était embarqué à Antibes sur un bâtiment léger; au moment d'entrer dans le port, sa félouque étant sur le point d'être prise, il n'eut d'autre ressource, pour sauver les dépêches, que de se jeter à la nage. Les nouvelles qu'il apportait remplirent d'allégresse l'armée et les Génois : l'idée d'une prompte délivrance fit endurer avec patience les maux présents. Les ennemis de la France furent consternés, leurs complots s'évanouirent; le peuple suivait sur les cartes exposées aux portes des boutiques le mouvement d'une armée en laquelle il avait placé sa confiance, et que conduisait un général qu'il aimait : il savait, par l'expérience des campagnes précédentes, tout ce qu'il devait en attendre.

§ VII.

Cependant un convoi de blé, annoncé de Marseille, était attendu avec la plus grande impatience; un des bâtiments qui en faisait partie, entra le 30 mai dans le port, et annonça qu'il était suivi par le reste du convoi : la population tout entière se porta sur le quai, dès la pointe du jour, pour devancer l'arrivée de ce secours si ardemment attendu. Son espérance fut trompée, rien n'arriva, et le soir on annonça qu'il était tombé au pouvoir de l'ennemi. Le découragement devint extrême, les magistrats de la ville eurent recours aux magasins de cacao, dont il existait une grande quantité chez les négociants. Cette ville est l'entrepôt qui en fournit à toute l'Italie. Il s'y trouvait aussi des magasins de millet, d'orge, de fèves. Dès le 24 mai, la distribution du pain avait cessé; on ne recevait plus que du cacao. Les denrées de première nécessité étaient hors de prix : une livre de mauvais pain coûtait trente francs; la livre de viande, six francs; une poule, trente-deux francs. Dans la nuit du premier au deux, on crut entendre le canon. Les soldats, les habitants se portèrent avant le jour sur les remparts; vaine illusion, ces espérances déchues accroissaient le découragement : la désertion était assez considérable, ce qui est rare dans les troupes françaises; mais les soldats n'avaient pas une nourriture suffisante. 8,000 prisonniers autrichiens étaient sur les pontons et dans les bagnes : ils avaient reçu jusque alors les mêmes distributions que les soldats; mais enfin il n'é-

tait plus possible de leur en délivrer. Masséna le fit connaître au général Ott; il demanda qu'il leur fît passer des vivres, et donna sa parole qu'il n'en serait rien distrait. Ott pria l'amiral anglais d'en envoyer à ses prisonniers, celui-ci s'y refusa; ce qui fut une première source d'aigreur entre eux. L'armée de blocus elle-même ne vivait que par le secours de la mer, et dépendait en cela de la flotte. Le 2 juin, la patience du peuple parut à bout; les femmes s'assemblèrent tumultueusement, demandant du pain ou la mort. Il y avait tout à craindre du désespoir d'une aussi nombreuse population; il n'y avait que dix jours que le colonel Franceschi était arrivé, mais déja dix jours sont longs pour des affamés! « Depuis qu'on nous
« annonce l'armée de réserve, disaient-ils,
« si elle devait venir, elle serait déja arrivée ;
« ce n'est point avec cette lenteur que marche
« Napoléon, il a été arrêté par des obstacles
« qu'il n'a pu surmonter, il a eu quatre fois
« le temps de faire le chemin. L'armée autri-
« chienne est trop forte, la sienne trop faible,
« il n'a pu déboucher des montagnes, nous
« n'avons aucune chance, cependant la popu-
« lation entière de notre ville contracte des
« maladies qui vont nous faire tous périr. N'a-
« vons-nous donc pas montré assez de patience

« et d'attachement à la cause de nos alliés ? N'y
« a-t-il pas de la férocité à exiger davantage
« d'une population si nombreuse, composée
« de vieillards, de femmes et d'enfants, de ci-
« toyens paisibles peu accoutumés aux hor-
« reurs de la guerre ? »

Masséna céda enfin à la nécessité : il promit
au peuple que si, sous vingt-quatre heures, il
n'était pas secouru, il négocierait. Il tint parole :
le 3 juin, il envoya l'adjudant-général Andrieux
au général Ott. Fatalité des choses humaines !
Il se rencontra dans l'antichambre de ce général avec un officier d'ordonnance autrichien
qui arrivait en poste du quartier-général de
Mélas : il était porteur de l'ordre de lever le
blocus et de se rendre en toute hâte sur le Pô ;
il lui annonçait que Napoléon était à Chivasso
depuis le 26, et marchait sur Milan. Il n'y
avait plus un moment à perdre pour sauver
l'armée.

Andrieux entra à son tour ; il débuta, comme
c'est l'usage, par déclarer que son général avait
encore des vivres pour un mois pour son armée ; mais que la population souffrait, que
son cœur en était ému et qu'il rendrait la place
si on consentait qu'il sortît avec ses armes, bagages et canons sans être prisonnier.

Ott accepta avec empressement en déguisant sa surprise et sa joie. Les négociations commencèrent de suite; elles durèrent vingt-quatre heures. Masséna se rendit en personne aux conférences, au pont de Conegliano, où se trouvèrent l'amiral Keith et le général Ott: l'embarras de ce dernier était extrême; d'un côté, le temps était bien précieux, il sentait toute la conséquence d'une heure de retard dans de pareilles circonstances. Le 4, dans la journée, il apprit que l'armée de réserve avait forcé le passage du Tésin, était entrée à Milan, occupant Pavie, et que déjà les coureurs étaient sur l'Adda: cependant, s'il accédait aux demandes de Masséna, et qu'il le laissât sortir de Gênes sans être prisonnier de guerre, avec armes et canons, il n'aurait rien gagné. Le général avait encore 12,000 hommes, il se réunirait à Suchet qui en avait autant, et, ainsi réunis, manœuvrerait contre lui Ott, qui se serait affaibli d'une division qu'il fallait qu'il laissât à Gênes. Il ne pourrait donc se porter sur le Pô qu'avec environ trente bataillons, qui, réduits par les pertes de la campagne, fourniraient à peine 15,000 hommes.

Ott proposa que l'armée française se rendît à Antibes par mer, avec armes et bagages, et sans être prisonnière. Cela fut rejeté, et on convint que 8,500 hommes de la garnison sortiraient par terre et prendraient la chaussée de Voltri, et que le reste serait transporté par mer. (Voyez la capitulation.) Le lendemain 6, la plus grande partie de la garnison sortit au nombre de 8,500 hommes avec armes et bagages, mais sans canons, et se rendit à Voltri : le général en chef s'embarqua à bord de cinq corsaires français avec 1,500 hommes et 20 pièces de campagne; les malades, les blessés, restèrent dans les hôpitaux sous le soin des officiers de santé français. Ott confia Gênes au général Hohenzollern, auquel il laissa 10,000 hommes. L'amiral anglais prit possession du port et des établissements maritimes; des convois de subsistances arrivèrent de tous côtés : en peu de jours la plus grande abondance remplaça la disette. La conduite des Anglais indisposa le peuple; ils mirent la main sur tout : à les entendre c'étaient eux qui avaient pris Gênes, puisqu'elle ne s'était rendue que par famine, et que c'était la croisière qui avait arrêté tous les convois de vivres.

§ VIII.

Le général Elsnitz avait employé six jours à préparer sa retraite ; il avait quitté Nice, dans la nuit du 28 au 29 mai, avec l'intention de prendre la ligne de la Roya et de couvrir le blocus de Gênes. Avant de démasquer son mouvement de retraite, et conformément à un usage assez habituel des généraux autrichiens, il insulta deux fois, le 22 et le 26 mai, la tête du pont du Var. Il fut repoussé et eut 5 à 600 hommes hors de combat.

Le but de ces attaques était d'en imposer à Suchet, de lui masquer son véritable projet, et de l'empêcher de détacher une colonne, par la crête supérieure des Alpes, sur le col de Tende. Suchet ne fut instruit, que le 29, par le télégraphe du fort Montalban, de la retraite de son ennemi ; il passa sur-le-champ le pont, et entra à Nice, dans la journée. Les habitants envoyèrent une députation implorer sa clémence. Ils en avaient besoin ; leur conduite avait été mauvaise.

Les généraux Menard et Rochambeau marchèrent avec rapidité, par la chaussée de Nice à Turin, pour joindre la droite de l'ennemi ; ils rattrapèrent le temps perdu, et rencontrèrent, sur les hauteurs de Breglio, Braillo et Saorgio, les troupes du général Gorrup, qui formaient la droite autrichienne; ils le débordèrent, le battirent, et l'obligèrent à se jeter du côté de la mer, abandonnant ainsi la route du col de Tende, dont ils s'emparèrent. Cependant le général Elsnitz avait conservé long-temps la volonté de se maintenir sur la Roya. Il venait de recevoir l'ordre de se rendre en toute hâte sur le Pô, par le col de Tende, ce qui ne lui était plus possible depuis la défaite du corps du général Gorrup. Il se décida à exécuter ce mouvement de retraite par le chemin de la Corniche. Arrivé à Oneille, il se porta sur Pieva, Ormea et Ceva. Cette marche était pleine de difficultés; il l'exécuta avec bonheur. Son arrière-garde, attaquée à Pieva, éprouva un échec; cependant, dans ce mouvement si difficile, il ne perdit que 1,500 à 2,000 hommes, quelques canons et quelques bagages. Suchet arriva le 6 juin à Savone, il y fut rejoint par le général Gazan qui commandait les 8,500 hommes sortis de Gênes par terre. Il prit des cantonnements sur la Bormida, et cerna la citadelle de Savone, qui avait garnison autrichienne. Du 29 mai au 6 juin, où les troupes françaises poussèrent l'ennemi avec la plus grande activité, elles firent de 1,500 à 2,000 prisonniers, et déployèrent, dans plusieurs combats, la plus grande intrépidité. Elles avaient un avantage inappréciable sur leur ennemi, la connaissance du pays : d'ailleurs les habitants leur étaient en tout favorables.

§ IX.

Après la bataille de Marengo, Suchet eut ordre de se porter sur Gênes : il établit son quartier-général à Conegliano, entra dans la place le 24 juin, conformément à la convention d'Alexandrie; cependant, dès le 20 juin, il signa une convention particulière avec le général Hohenzollern, (voy. Pièces officielles). Aussitôt que le peuple génois ne sentit plus les angoisses de la famine, il revint à ses sentiments naturels. L'avidité des Anglais excitait vivement son indignation; ils voulaient tout emporter. Ils convoitaient jusqu'aux marchandises en port franc. Il y eut des discussions vives, des voies de fait avec le peuple : plusieurs Anglais furent massacrés. Suchet, instruit de la conduite de l'amiral anglais, réclama les dispositions de la convention; ce qui donna lieu à une correspondance curieuse entre lui et le général Hohenzollern, qui s'opposa à toutes les entreprises des Anglais, mit des gardes à l'arsenal et au port pour les empêcher de rien enlever : il se comporta avec honneur.

La première nouvelle de la reddition de Gênes fut apportée à Napoléon par quelques patriotes milanais refugiés dans cette ville, et qui avaient regagné leur patrie par les montagnes; ce ne fut que vingt-quatre heures plus tard, qu'il en reçut la nouvelle officielle. Quand les Génois apprirent la victoire de Marengo, leur joie fut extrême; leur patrie était délivrée. Ils s'associèrent sincèrement à la gloire de leurs alliés. Le parti oligarque rentra dans le néant. Les Anglais et les Autrichiens furent davantage en butte aux menaces et aux insultes de la populace; le sang coula; un régiment autrichien fut presque entièrement détruit. Hohenzollern fut obligé de s'adresser à Suchet pour demander justice et son intervention pour que, pendant le peu de jours qu'il avait à rester encore dans la place, jusqu'au moment désigné pour sa remise, le peuple restât tranquille. L'entrée de Suchet dans cette grande ville fut un triomphe : 400 demoiselles, habillées aux couleurs françaises et liguriennes, accueillirent l'armée. Le général Hohenzollern remplit tous ses engagements; l'escadre anglaise prit le large; les Génois se livrèrent au regret de n'avoir pas tenu plus longtemps. Ils s'accusaient réciproquement d'avoir été pusillanimes ; d'avoir eu peu de confiance dans la destinée du premier magistrat de la France : car, s'ils eussent été assurés qu'il ne fallait plus souffrir que cinq à six jours, ils eussent encore trouvé la force de le faire.

Pendant que ces importants évènements se succédaient, Masséna débarquait à Antibes et y séjournait. Il arriva enfin à Milan, avant le départ de Napoléon pour retourner à Paris, et prit le commandement de la nouvelle armée d'Italie.

Remarques critiques.

Première observation. —Masséna. — L'armée autrichienne était plus que double de l'armée française ; mais les positions que pouvait occuper celle-ci, étaient tellement fortes, qu'elle eût dû triompher. Masséna fit une faute essentielle dans sa défense.

Les deux armées étaient séparées par les Alpes et l'Apennin, dont les Autrichiens occupaient le revers du côté de l'Italie, depuis le pied du col d'Argentière jusqu'à Bobbio ; les Français, la crête supérieure et tout le revers du côté de la mer : leur quartier-général était à Gênes. De Gênes à Nice il y a quarante lieues, tandis que la division Kuinel, qui était en avant de Coni, n'était qu'à dix-huit lieues de Nice; Oneille est à vingt lieues de Gênes. La division autrichienne qui occupait le Tanaro, n'est qu'à neuf lieues; Savone est à dix lieues de Gênes : la division qui occupait la Bormida, n'était qu'à trois lieues de Savone. L'armée autrichienne était plus nombreuse; elle prenait l'offensive; elle avait l'initiative, et elle pouvait arriver à Nice, à Oneille, à Savone, avant le quartier-général français. Le pays de Gênes à Nice est appelé du nom de rivière, à cause de son peu de largeur : ce pays est compris entre la crête des Apennins et la mer; par rapport à sa longueur, c'est un boyau qui n'a pas assez de profondeur et de largeur, pour être défendu dans toute cette longueur. Il fallait donc opter, ou porter son quartier-général à Nice, en mettant la défensive sur la crête supérieure d'Argentière à Tende, de là au Tanarello, à la Taggia ou à la Roya, ou bien concentrer la défense autour de Gênes : ce dernier parti était conforme au plan de campagne du premier consul. Gênes est une très-grande ville qui offre beaucoup de ressources; c'est une place forte; elle est en outre couverte par la petite place de Gavi, et a, sur son flanc gauche, la citadelle de Savone. Ce parti une fois adopté, le général Masséna eut dû agir comme s'il eût été général de la république ligurienne, et que son unique objet fût d'en défendre la capitale. La division de 3 à 4,000 hommes qu'il laissa dans Nice, et pour l'observation des cols, était suffisante. Le général Masséna ne sut pas opter; il voulut conserver les communications de son armée avec Nice et avec Gênes : cela était impossible; il fut coupé. Il eût dû placer son armée d'une des trois manières suivantes :

1° Donner au général Suchet, qui commandait la gauche, 14,000 hommes, et l'établir avec ses principales forces sur les hauteurs de Monte-Legino, en les couvrant de retranchements; observer Settépani, la tour de Melogno, la Madone di Neve, Saint-Jacques, Cadibone, par des colonnes mobiles; retirer toute l'artillerie des forts de Vado; donner au lieutenant-général Soult, qui commandait le centre, 10,000 hommes pour défendre la Bocchetta et le Monte-Fayale; donner au général Miollis, qui commandait la droite, 3,000 hommes, qui se seraient retranchés derrière le torrent de Sturt, sur Monte-Ratti et Monte-Faccio : Enfin, garder 7,000 hommes de reserve dans la ville. L'attaque de Monte-Legino, de la Bocchetta, de Montefaccio eut été difficile ; l'ennemi, obligé de se diviser en un grand nombre de colonnes, eût pu être attaqué et battu en détail ; au lieu de vingt lieues d'étendue qu'avait la position qu'occupa Masséna, celle-ci n'en aurait eu que dix : l'armée ennemie eût coupé la route de la Corniche, eût tourné toute l'armée par sa gauche ; elle se fût emparée de Saint-Jacques, de Cadibone, de Vado ; mais l'armée française fût restée entière et concentrée. Lorsque sa gauche aurait été forcée sur les hauteurs de Monte-Legino, elle se fût repliée sur Monte-Fayale, sous le canon de Voltri, et enfin sur Gênes.

2° Ou placer la gauche sur Voltri, à la Madone dell'aqua, le centre derrière la Bocchetta, et la droite derrière la Sturla. Cette ligne, beaucoup moins étendue, pouvait être occupée par beaucoup moins de troupes ; les fortifications eussent pu être faites avec plus de soin ; plus de moitié de l'armée eût pu être tenue en réserve aux portes de Gênes. Masséna eût pu prendre l'offensive par la rivière du Levant, par la vallée de Bisogno, par la Bocchetta, par les montagnes de Sassello, par la rivière du Ponent, et écraser les colonnes ennemies, obligées de se diviser dans ce pays difficile.

3° Ou occuper, sur les hauteurs de Gênes, un camp retranché, menaçant l'Italie; en appuyer les flancs à deux forts de campagne, en couvrir le front par des redoutes et une centaine de pièces de canon, non attelées, indépendamment de l'équipage de campagne; enfin tenir une réserve, en garnison, à Gênes. Une armée française de 30,000 hommes, commandée par Masséna, placée dans cette formidable position, n'aurait pu être forcée par une armée de 60,000 Autrichiens. Si Mélas respectait cette armée, et manœuvrait pour la couper de Nice, cela n'était d'aucune conséquence; Masséna fût entré en Piémont. Si Mélas eût manœuvré sur Gênes, les places de Gavi et de Seravale, la nature du terrain, ne lui eussent pas permis, ou eussent offert des occasions avantageuses de prendre l'initiative de tomber sur le flanc de l'armée ennemie, et de la défaire.

Deuxième observation. 1° Gênes a ouvert ses portes lorsqu'elle était sauvée. Le général Masséna savait que l'armée de secours était arrivée sur le Pô: il était assuré qu'elle n'avait éprouvé depuis aucun échec, car l'ennemi se fût empressé de le lui faire connaître. Quand César assiégea Alise, il la bloqua avec tant de soin, que cette place n'eut aucune nouvelle de ce qui se passait au dehors. L'époque où l'armée de secours avait promis d'arriver, était passée ; le conseil des Gaulois s'assembla sous la présidence de Vercingentorix ; Crotogno se leva, et dit : « Vous n'avez pas de nouvelles de votre « armée de secours ; mais César ne vous en « donne-t-il pas tous les jours ? Croyez-vous « qu'il travaillerait, avec tant d'ardeur, à élever « retranchements sur retranchements, s'il ne « craignait l'armée que les Gaulois ont réunie, « et qui s'approche ? ayez donc de la persé- « vérance, vous serez sauvé. » Effectivement, l'armée gauloise arriva forte de 20,000 hommes, et attaqua les légions de César.

2° La proposition admise par le général Ott et l'amiral Keith, de permettre à la garnison de sortir de la ville, avec ses armes, et sans être prisonnière de guerre, n'était-elle pas aussi explicative qu'une lettre même de Napoléon, qui eût annoncé son approche ? Quand cette base fut acceptée par l'ennemi, quand il insista pour que la garnison se rendît à Nice, par mer, ne décèlait-il pas la position critique dans laquelle il se trouvait ? Masséna eût dû rompre alors, bien certain que, sous quatre ou cinq jours, il serait débloqué ; par le fait, il l'eût été douze heures après. Les généraux ennemis savaient l'extrême disette qui régnait dans la ville : ils n'eussent jamais accordé la capitulation, à l'armée française, d'en sortir, sans être prisonnière de guerre, si déja l'armée de secours n'eût été proche, et en position de faire lever le siège.

3°. 5,500 hommes de la garnison sortirent de la ville de Gênes, par terre, mais sans canons. Masséna s'embarqua avec vingt pièces de canon de campagne, 1,500 hommes, et débarqua à Antibes. Il laissa 1,500 hommes, dans la ville, pour garder ses malades : son devoir était de partager le sort de ces troupes; et il devait bien comprendre l'intérêt que mettait l'ennemi, à l'en séparer. Effectivement, les troupes ne furent pas plutôt arrivées à Voltri, qu'elles apprirent l'approche de l'armée de secours et du corps de Suchet, à Finale. Si Masséna eût été à leur tête, il eût renforcé Suchet, marché sur le champ de bataille de Marengo. Sa conduite, dans cette dernière circonstance, n'est point à imiter. C'est une faute bien fâcheuse, et qui eut des suites funestes; ses motifs sont encore inconnus. On a beaucoup parlé des flatteries que les généraux ennemis lui prodiguèrent pendant les conférences; mais elles eussent dû accroître sa méfiance. Lorsque Napoléon voulait accréditer le général autrichien, Provera, officier très-médiocre, il le loua beaucoup, et parvint à en imposer à la cour de Vienne qui le remploya de nouveau. Il fut repris plus tard à la Favorite. Lorsque le général français qui commandait à mantoue, rendit cette place, le feld-maréchal Kray lui fit cadeau d'un drapeau, en vantant beaucoup sa valeur. Les louanges des ennemis sont suspectes ; elles ne peuvent flatter un homme d'honneur, que lorsqu'elles sont données après la cessation des hostilités.

A Dieu ne plaise que l'on veuille comparer le héros de Rivoli et de Zurich à un homme sans énergie et sans caractère. Masséna était éminemment noble et brillant au milieu du feu et du désordre des batailles : le bruit du canon lui éclaircissait les idées, lui donnait de l'esprit, de la pénétration et de la gaieté.

On a fort exagéré le mauvais état de l'armée d'Italie ; le mal avait été grand, mais il avait été, en grande partie, réparé pendant février, mars et avril. On a dit que l'armée n'avait que 25,000 hommes : elle était de 40,000 hommes sous les armes, depuis le Var à Gênes ; et, en outre, la garde nationale de Gênes était dévouée, formée de la faction démocratique, et passionnément attachée à la France. Il y avait aussi, à Gênes, beaucoup de patriotes, d'Italiens réfugiés, qui furent formés en bataillon

Au moment de la reddition de Gênes, il s'y trouvait 12,000 Français sous les armes ; 3,000 Italiens, Liguriens ou Sardes, qui ne suivirent pas l'armée; il y avait 6,000 hommes dans les hôpitaux : Suchet avait, à son arrivée à Savone, 10,000 hommes. C'était donc 25,000 hommes qui restaient sous les armes, de cette armée qui avait perdu en morts, blessés ou prisonniers, ou évacués sur la France, 17,000 hommes.

Le 6 prairial, le chef d'escadron, Franceschi, aide-de-camp du général Soult, envoyé par le général Masséna, au premier consul, dans les premiers jours de floréal, arrive et apporte les dépêches de Bonaparte, qui donnent lieu à la notice suivante, transmise officiellement et de suite à l'armée et au gouvernement ligurien.

« Un des officiers que j'ai envoyés près du premier consul, à Paris, est revenu cette nuit.

« Il a laissé le général Bonaparte descendant le grand Saint-Bernard, et ayant avec lui le général Carnot, ministre de la guerre.

« Le général Bonaparte me mande que, du 28 au 30 floréal, il sera arrivé, avec toute son armée, à Yvrée, et que de là, il marchera, à grandes journées, sur Gênes.

« Le général Lecourbe fait, en même temps, son mouvement sur Milan, par la Valteline.

« L'armée du Rhin a obtenu de nouveaux avantages sur l'ennemi; elle a remporté une victoire décisive à Biberach, elle a fait beaucoup de prisonniers, et a dirigé sa marche sur Ulm.

« Le général Bonaparte, à qui j'ai fait connaître la conduite des habitants de Gênes, me témoigne toute la confiance qu'il a en eux, et m'écrit : *Vous êtes dans une position difficile ; mais ce qui me rassure, c'est que vous êtes dans Gênes.* Cette ville dirigée par un excellent esprit, et éclairée sur ses véritables intérêts, trouvera bientôt, dans sa délivrance, le prix des sacrifices qu'elle a faits. »

Signé, MASSÉNA.

Soldats,

« Les rapports qu'on me fait m'annoncent que votre patience et votre courage s'éteignent, qu'il s'élève quelques plaintes et quelques manœuvres dans vos rangs, que quelques-uns d'entre vous désertent à l'ennemi, et qu'il se forme des complots pour exécuter, en troupes, des desseins aussi lâches.

« Je dois vous rappeler la gloire de votre défense dans Gênes, et ce que vous devez à l'accomplissement de vos devoirs, à votre honneur et à votre délivrance qui ne tient plus qu'à quelques jours de persévérance.

« Que la conduite de vos généraux et de vos chefs soit votre exemple : voyez-les partager vos privations, manger le même pain et les mêmes aliments que vous ; songez encore que, pour assurer votre subsistance, il faut veiller le jour et la nuit. Vous souffrez de quelques besoins physiques ; ils souffrent ainsi que vous, et ont, de plus, les inquiétudes de votre position. N'auriez-vous fait, jusqu'à ce jour, tant de sacrifices, que pour vous abandonner à des sentiments de faiblesse ou de lâcheté ? cette idée doit révolter des soldats français.

« Soldats, une armée, commandée par Bonaparte, marche à nous ; il ne faut qu'un instant pour nous délivrer ; et, cet instant perdu, nous perdrions avec lui tout le prix de nos travaux, et un avenir de captivité et de privation bien plus amère s'ouvrirait devant vous.

« Soldats, je charge vos chefs de vous rassembler, et de vous lire cette proclamation ; j'espère que vous ne donnerez pas à ces braves, si respectables par leur vertu, et dont le sang a coulé si souvent, en combattant à votre tête ; à ces braves qui ont toute mon estime, et qui méritent toute votre confiance, la douleur de m'entretenir de nouvelles plaintes, et à moi celle de punir.

« L'honneur et la gloire furent toujours les plus puissants aiguillons des soldats français, et vous prouverez encore que vous êtes dignes de ce titre respectable. »

« Cette proclamation sera mise à l'ordre, et lue à la tête des compagnies.

Signé, MASSÉNA.

Suchet, *lieutenant du général en chef,*

Aux habitants de la Ligurie.

Au quartier-général de Conegliano, le 5 messidor an VIII de la république.

Liguriens,

La célèbre bataille de Marengo vient d'entraîner la conclusion d'une convention entre les généraux et chefs Berthier et Mélas, approuvée par le premier consul Bonaparte. Elle porte en substance : « Qu'il y aura armistice et suspension d'hostilités entre l'armée impériale et celle de la république française, en Italie, jusqu'à la réponse de Vienne ; que les hostilités ne peuvent recommencer sans s'être prévenus dix jours à l'avance.

« Que l'armée autrichienne se retirera derrière l'Oglio

et sur la rive gauche du Pô; que les Français prendront de suite possession des places de Tortone, d'Alexandrie, du château de Milan, de la citadelle de Turin, de Pizzighottone, d'Arona et de Plaisance; et que la place de Coni, les forteresses de Ceva et Savone, la ville de Gênes, seront remises à l'armée française, du 16 au 24 juin, ou 27 prairial au 5 messidor.

« Le fort Urbin, le 26 juin, ou 7 messidor.

« Que les individus qui auraient été arrêtés dans la république cisalpine, pour opinions politiques, et qui se trouveraient encore dans les forteresses occupées par les troupes impériales, seront sur-le-champ relâchés.

« Qu'aucun individu ne pourra être maltraité pour raison de services rendus à l'armée autrichienne, ou pour opinions politiques.

« Chargé par le général en chef Masséna, de conduire les troupes françaises dans votre capitale, j'y entre avec la ferme volonté de faire respecter les personnes et les propriétés, de protéger votre culte et ses ministres, d'empêcher toute vengeance particulière....

« Habitants des vallées de Fontana-Bona, de la Polcevera et de Bisagno, retournez dans le sein de vos familles; allez cueillir vos moissons, déposer des armes que vos pères n'eussent jamais tournées contre des Français; et désormais soumettez-vous aux lois; méfiez-vous de ces brigands sans patrie, qui ont troublé votre repos et égaré vos bras : le général en chef vous promet oubli du passé.

« Peuple de la Ligurie, le génie du premier consul, Bonaparte, de ce héros du monde, veille désormais sur les destinées de l'Italie. Encore une fois, la victoire fidèle à ses armes, vient de lui en ouvrir les portes : il y fixera le bonheur et sans doute la paix. La Ligurie entière sera libre sous peu de jours. Que le bienfait qui vous est encore offert par une nation généreuse, soit apprécié et vous rende à toutes vos vertus.

« Habitants de Gênes, la paix est prête à cicatriser toutes vos plaies : les ravages de la guerre, les souffrances d'un blocus qui vous honore, seront bientôt oubliés.

« Le général en chef Masséna, les soldats qu'il commande, et qui ont déployé, sous nos yeux, tant de bravoure et de fermeté, ont partagé vos privations, ont été témoins de vos souffrances ; ils le publient déja à l'Europe étonnée de votre constance.

« Ne vous alarmez pas, Liguriens, des mesures de ces insulaires accoutumés à violer tous les traités, qui n'ont pour dieu que le crime, et pour but, que ruine et destruction. La victoire et les Français vous offrent et vous assurent l'abondance : les plaines du Piémont, celles de la Cisalpine, sont chargées d'une récolte superbe. Encore quelques jours, et la rage des Anglais sera, de nouveau, aussi impuissante que leurs tentatives sur le continent méprisées. »

Signé, Louis-Gabriel SUCHET.

Kellerman, *général de brigade,*

Au général Dupont, chef de l'état-major-général.

Au quartier-général, le 3 messidor an VIII.

Mon général,

« Je m'empresse de vous rendre compte que la ville de Gênes ne sera évacuée que le 24 du courant. J'ai vu le général Hohenzollern, qui m'a dit avoir reçu de M. de Mélas ordre de remettre la ville et les forts de Gênes aux troupes françaises, avec les munitions et artillerie convenues, le 24 juin, à quatre heures du matin. Il m'a assuré, d'une manière à n'en pas douter, que les ordres qu'il avait reçus seraient exécutés par lui, avec toute l'exactitude et la loyauté possibles, quoiqu'il ne se soit pas caché du mécontentement qu'il éprouve de la convention, dont Mélas ne lui a pas donné connaissance.

« Vous pouvez donc être tranquille sur son compte, ainsi que sur celui des Anglais qui, dès hier, étaient prêts à mettre à la voile, mais qui s'en vont de fort mauvaise humeur : ils avaient la prétention de s'emparer de toutes les munitions et de l'artillerie; mais M. Hohenzollern s'y est opposé, et a même fait marcher deux bataillons pour l'empêcher. Nous ne pouvons que nous louer de sa franchise et de sa loyauté, et les Génois eux-mêmes n'ont eu contre lui aucun motif de plaintes.

« Les Anglais enlèvent tout le grain qui n'est pas débarqué : soixante mille charges de blé vont sortir de Gênes, pour retourner à Livourne, quoique les négociants aient offert six francs de gratification par charge. Cette fois, le dépit des Anglais l'a emporté sur leur cupidité; et lord Keith a déclaré qu'il allait recommencer, plus strictement que jamais, le blocus du port et de la rivière, pour se venger sur cette ville innocente de nos victoires.

« Hier, le général Willot s'est embarqué avec un corps formé de quelques aventuriers, et payé par l'Angleterre. Pichegru était attendu incessamment : c'est du comte de Bussy que je le tiens. Gênes a été imposée à un million de contributions, en a déja payé deux cent mille francs.

« La ville a cruellement souffert, et cependant elle a conservé de l'attachement pour les Français. Dès que la convention a été connue, le peuple a voulu reprendre la cocarde; il en est résulté quelques rixes qui ont été apaisées : la cocarde a été permise aux officiers de ligne. »

Salut et respect.
Signé, KELLERMAN.

CONVENTION

Faite pour l'occupation de la ville de Gênes et de ses forts, le 5 messidor an VIII, ou 24 juin 1800, conformément au traité fait entre les généraux en chef Berthier et Mélas.

Les commissaires et officiers, munis d'ordres du général Suchet, pourront entrer demain à huit heures.

— Convenu.

Les forts extérieurs seront occupés par les troupes françaises, à trois heures du soir.

— Convenu.

Les trois ou quatre cents malades, qui ne sont pas transportables, auront les mêmes soins que ceux des troupes françaises.

— Convenu.

La flottille restera dans le port jusqu'à ce que les vents lui permettent de sortir : elle sera neutre jusqu'à Livourne.

— Convenu.

A quatre heures du matin, le 5 messidor (24 juin), M. le comte Hohenzollern sortira avec la garnison.

— Convenu.

Les dépêches, les transports de recrues et de bœufs, qui arriveront après le départ, seront libres de suivre l'armée autrichienne.

— Convenu.

Sur la demande de M. le général comte de Hohenzollern, il ne sera point rendu d'honneur à sa troupe.

— Convenu.

Signé, le comte DE BUSSY, général-major, fondé de pouvoir de M. le comte de Hohenzollern.

Conegliano, le 3 messidor, an VIII de la république française, ou 22 juin 1800.

Pour copie conforme :

Le lieutenant-général, *signé*, L. G. SUCHET.

NÉGOCIATION

Pour l'évacuation de Gênes, par l'aile droite de l'armée française, entre le vice-amiral lord Keith, commandant en chef la flotte anglaise; le lieutenant-général baron d'Ott, commandant le blocus, et le général en chef Masséna.

Art. 1er L'aile droite de l'armée française, chargée de la défense de Gênes, le général en chef et son état-major, sortiront, avec armes et bagages, pour aller rejoindre le centre de ladite armée.

Réponse : *L'aile droite, chargée de la défense de Gênes, sortira au nombre de huit mille cent dix hommes, et prendra la route de terre pour aller, par Nice, en France : le reste sera transporté par mer à Antibes. L'amiral Keith s'engage à fournir à cette troupe la subsistance en biscuits, sur le pied de la troupe anglaise. Par contre, tous les pri-*

sonniers autrichiens, *faits dans la rivière de Gênes, par l'armée de Masséna, dans la présente année, seront rendus en masse. Se trouvent exceptés ceux déja échangés au terme d'à présent ; au surplus, l'article premier sera exécuté en entier.*

2. Tout ce qui appartient à ladite aile droite, comme artillerie et munitions en tous genres, sera transporté par la flotte anglaise, à Antibes, ou au golfe de Jouan.

Réponse : *Accordé.*

3. Les convalescents et ceux qui ne sont pas en état de marcher, seront transportés par mer jusqu'à Antibes, et nourris ainsi qu'il est dit dans l'article premier.

Réponse : *Ils seront transportés par la flotte anglaise, et nourris.*

4. Les soldats français, restés dans les hôpitaux de Gênes, y seront traités comme les Autrichiens ; à mesure qu'ils seront en état de sortir, ils seront transportés ainsi qu'il est dit dans l'article premier.

Réponse : *Accordé.*

5. La ville de Gênes, ainsi que son port, seront déclarés neutres : la ligne qui déterminera sa neutralité, sera fixée par les parties contractantes.

Réponse : *Cet article roulant sur des objets purement politiques, il n'est pas au pouvoir des généraux des troupes alliées, d'y donner un assentiment quelconque. Cependant les soussignés sont autorisés à déclarer que S. M. l'empereur, s'étant déterminée à accorder, aux habitants de Gênes, son auguste protection, la ville de Gênes peut être assurée que tous les établissements provisoires, que les circonstances exigeront, n'auront d'autre but que la félicité et la tranquillité publiques.*

6. L'indépendance du peuple ligurien sera respectée

aucune puissance, actuellement en guerre avec la république ligurienne, ne pourra opérer aucun changement dans son gouvernement.

Réponse : *Comme à l'article précédent.*

7. Aucun Ligurien, ayant exercé ou exerçant encore des fonctions publiques, ne pourra être recherché pour ses opinions politiques.

Réponse : *Personne ne sera molesté pour ses opinions, ni pour avoir pris part au gouvernement précédent, à l'époque actuelle.*

Les perturbateurs du repos public, après l'entrée des Autrichiens dans Gênes, seront punis conformément aux lois.

8. Il sera libre aux Français, Génois, et aux Italiens domiciliés ou refugiés à Gênes, de se retirer avec ce qui leur appartient, soit argent, marchandises, meubles, ou tels autres effets, soit par la voie de mer ou par celle de terre, partout où ils le jugeront convenable : il leur sera délivré, à cet effet, des passe-ports, lesquels seront valables pour six mois.

Réponse : *Accordé.*

9. Les habitants de la ville de Gênes seront libres de communiquer avec les deux rivières, et de continuer de commercer librement.

Réponse : *Accordé d'après la réponse à l'article 5.*

10. Aucun paysan armé ne pourra entrer, ni individuellement, ni en corps, à Gênes.

Réponse : *Accordé.*

11. La population de Gênes sera approvisionnée dans le plus court délai.

Réponse : *Accordé.*

12. Les mouvements de l'évacuation de la troupe fran-

çaise, qui doivent avoir lieu, conformément à l'article premier, seront réglés, dans la journée, avec le chef de l'état-major des armées respectives.

Réponse : *Accordé.*

13. Le général autrichien, commandant à Gênes, accordera toutes les gardes et escortes nécessaires pour la sûreté des embarcations des effets appartenant à l'armée française.

Réponse : *Accordé.*

14. Il sera laissé un commissaire français, pour le soin des blessés malades, et pour surveiller leur évacuation : il sera nommé un autre commissaire des guerres, pour assurer, recevoir et distribuer les subsistances de la troupe française, soit à Gênes, soit en marche.

Réponse : *Accordé.*

15. Le général Masséna enverra en Piémont, ou partout ailleurs, un officier au général Bonaparte, pour le prévenir de l'évacuation de Gênes : il lui sera fourni passe-port et sauve-garde.

Réponse : *Accordé.*

16. Les officiers de tous grades de l'armée du général en chef Masséna, faits prisonniers de guerre depuis le commencement de la présente année, rentreront en France sur parole, et ne pourront servir qu'après leur échange.

Réponse : *Accordé.*

ARTICLES ADDITIONNELS.

La porte de la Lanterne, où se trouve le pont-levis, et l'entrée du port, seront remises à un détachement de la troupe autrichienne, et à douze vaisseaux anglais, aujourd'hui 4 mars, à deux heures après-midi.

Immédiatement après la signature, il sera donné des otages de part et d'autre.

L'artillerie, les munitions, plans et autres effets militaires, appartenant à la ville de Gênes et à son territoire, seront remis fidèlement, par les commissaires français, aux commissaires des troupes alliées.

Fait double sur le pont de Conegliano, le 4 mai 1800.

Signé, B. D'OTT, lieutenant-général;

KEITH, vice-amiral, commandant en chef.

MÉMOIRES DE NAPOLÉON.

MARENGO.

Armée de réserve. — Départ du premier consul. Revue de Dijon. — Le quartier-général à Genève. Lausanne. — Passage du Saint-Bernard. — L'armée française passe la Sésia, la Trebbia. Entrée à Milan. — Position de l'armée française, lorsqu'elle apprend la prise de Gênes. — Combat de Montebello. — Arrivée du général Desaix au grand-quartier-général. — Bataille de Marengo. — Armistice de Marengo. — Gênes remise aux Français. — Retour du premier consul en France.

§ Ier.

Le 7 janvier 1800, un arrêté des consuls ordonna la formation d'une armée de réserve. — Un appel fut fait à tous les anciens soldats, pour venir servir la patrie sous les ordres du premier consul. Une levée de 30,000 conscrits fut ordonnée pour recruter cette armée. Le général Berthier, ministre de la guerre, partit de Paris, le 2 avril, pour la commander; car les principes de la constitution de l'an VIII, ne permettaient pas au premier consul d'en prendre lui-même le commandement. La magistrature consulaire étant essentiellement civile, le principe de la division des pouvoirs et de la responsabilité des ministres, ne voulait pas que le premier magistrat de la république commandât immédiatement en chef une armée; mais aucune disposition, comme aucun principe, ne s'opposait à ce qu'il y fût présent. Dans le fait, le premier consul commanda l'armée de réserve, et Berthier, son major-général, eut le titre de général en chef.

Aussitôt que l'on eut des nouvelles du commencement des hostilités, en Italie, et de la tournure que prenaient les opérations de l'ennemi, le premier consul jugea indispensable de marcher directement au secours de l'armée d'Italie; mais il préféra déboucher par le grand Saint-Bernard, afin de tomber sur les derrières de l'armée de Mélas, enlever ses magasins, ses parcs, ses hôpitaux, et enfin lui présenter la bataille, après l'avoir coupé de l'Autriche. La perte d'une seule bataille devait entraîner la perte totale de l'armée autrichienne, et opérer la conquête de toute l'Italie. Un pareil plan exigeait, pour son exécution, de la célérité, un profond secret, et beaucoup d'audace : le secret était le plus difficile à conserver; comment tenir caché aux nombreux espions de l'Angleterre et de l'Autriche, le mouvement de l'armée? Le moyen que le premier consul jugea le plus propre, fut de le divulguer lui-même, d'y mettre une telle ostentation qu'il devînt un objet de raillerie par l'ennemi, et de faire en sorte que celui-ci considérât toutes ces pompeuses annonces comme un moyen de faire une diversion aux opérations de l'armée autrichienne qui bloquait Gênes. Il était nécessaire de donner aux observateurs et aux espions un point de direction précis : on déclara donc par des messages, au corps-législatif, au sénat, et par des décrets, par la publication dans les journaux, et enfin par des intimations de toute espèce, que le point de réunion de l'armée de réserve était Dijon; que le premier consul en passerait la revue, etc. Aussitôt tous les espions et les observateurs se dirigèrent sur cette ville : ils y virent, dans les premiers jours d'avril, un grand état-major sans armée; et dans le courant de ce mois, 5 à 6,000 conscrits et militaires retirés, dont même plusieurs estropiés consultaient plutôt leur zèle que leurs forces. Bientôt cette armée devint un objet de ridicule; et, lorsque le premier consul en passa lui-même la revue, le 6 mai, on fut étonné de n'y voir que 7 à 8,000 hommes, la plupart n'étant pas même habillés. On s'étonna comment le premier magistrat de la république quittait son palais pour passer une revue que pouvait faire un général de brigade. — Ces doubles rapports allèrent par la Bretagne, Genève, Bâle, à Londres, à Vienne et en Italie : l'Europe fut pleine de caricatures : l'une d'elles représentait un enfant de douze ans, et un invalide avec une jambe de bois; au bas on lisait : *Armée de réserve de Bonaparte*.

Cependant la véritable armée s'était formée en route; sous divers points de rendez-vous, les divisions s'étaient organisées. Ces lieux étaient isolés, et n'avaient point de rapports entre eux. — Les mesures conciliantes qui avaient été employées par le gouvernement consulaire, pendant l'hiver, jointes à la rapidité des opérations militaires, avaient pacifié la Vendée et la chouannerie.—Une grande partie des troupes qui composaient l'armée de réserve, avait été retirée de ce pays. Le directoire avait senti le besoin d'avoir à Paris plusieurs régiments pour sa garde, et pour comprimer les factieux. — Le gouvernement du premier consul étant éminemment national, la présence de ces troupes dans la capitale devenait tout-à-fait inutile : elles furent dirigées sur l'armée de réserve. — Bon nombre de ces régiments n'avaient pas fait la désastreuse campagne de 1799, et avaient tout entier le sentiment de leur supériorité et de leur gloire. — Le parc d'artillerie s'était formé avec des pièces, des caissons envoyés partiellement d'un grand nombre d'arsénaux et de places fortes. Le plus difficile à cacher, était le mouvement des vivres indispensables pour une armée qui doit faire un passage de montagnes arides, et où l'on ne peut rien trouver : l'ordonnateur Lambret fit confectionner à Lyon deux millions de rations de biscuits. On en expédia sur Toulon une centaine de mille, pour être envoyées à Gênes ; mais dix-huit cent mille rations furent dirigées sur Genève, embarquées sur le lac, et débarquées à Ville-Neuve, au moment où l'armée y arrivait.

En même temps que l'on annonçait, avec la plus grande ostentation, la formation de l'armée de réserve, on faisait faire à la main des petits bulletins, où, au milieu de beaucoup

d'anecdotes scandaleuses sur le premier consul, on prouvait que l'armée de réserve n'existait pas et ne pouvait pas exister; qu'au plus, on pourrait réunir 12 à 15,000 conscrits. On en donnait la preuve par les efforts qui avaient été faits, la campagne précédente, pour former les diverses armées qui avaient été battues en Italie, par ceux qu'on avait faits pour compléter cette formidable armée du Rhin; enfin, disait-on, laisserait-on l'armée d'Italie si faible, si on avait pu la renforcer? L'ensemble de tous ces moyens de donner le change aux espions, fut couronné du plus heureux succès. On disait à Paris, comme à Dijon, comme à Vienne : « Il n'y a point d'armée de réserve. » Au quartier-général de Mélas, on ajoutait : « L'armée
« de réserve dont on nous menace tant, est une
« bande de 7 à 8,000 conscrits ou invalides,
« avec laquelle on espère nous tromper pour
« nous faire quitter le siège de Gênes. Les Fran-
« çais comptent trop sur notre simplicité : ils
« voudraient nous faire réaliser la fable du
« chien qui quitte sa proie pour l'ombre. »

§ II.

Le 6 mai 1800, le premier consul partit de Paris; il se rendit à Dijon pour passer, comme nous venons de le dire, cette revue des militaires isolés, et des conscrits qui s'y trouvaient. Il arriva à Genève, le 8. Le fameux Necker qui était dans cette ville, brigua l'honneur d'être présenté au premier consul de la république française : il s'entretint une heure avec lui, parla beaucoup du crédit public, de la moralité nécessaire à un ministre des finances; il laissa percer, dans tout son discours, le desir et l'espoir d'arriver à la direction des finances de la France, et il ne connaissait pas même de quelle manière on faisait le service avec des obligations du trésor. Il loua beaucoup l'opération militaire qu'il voyait faire sous ses yeux. — Le premier consul fut médiocrement satisfait de sa conversation.

Le 13 mai, le premier consul passa, à Lausanne, la revue de la véritable avant-garde de l'armée de réserve; c'était le général Lannes qui la commandait : elle était composée de six vieux régiments d'élite, parfaitement habillés, équipés et munis de tout. Elle se dirigea aussitôt sur Saint-Pierre; les divisions suivaient en échelons : cela formait une armée de 36,000 combattants, en qui l'on pouvait avoir confiance; elle avait un parc de quarante bouches à feu. Les généraux Victor, Loison, Vatrin,

Boudet, Chambarlhac, Murat, Monnier, commandaient dans cette armée.

§ VII.

Le premier consul avait préféré le passage du Grand-Saint-Bernard, à celui du Mont-Cenis : l'un n'était pas plus difficile que l'autre. Il y a de Lausanne à Saint-Pierre, village au pied du Saint-Bernard, un chemin praticable pour l'artillerie ; et depuis le village de Saint-Remi à Aoste, on trouve également un chemin praticable aux voitures. La difficulté ne consistait donc que dans la montée et dans la descente du Saint-Bernard : cette difficulté était la même pour le passage du Mont-Cenis; mais, en passant par le Saint-Bernard, on avait l'avantage de laisser Turin sur sa droite, et d'agir dans un pays plus couvert et moins connu, et où les mouvements seraient plus cachés que sur la grande communication de la Savoie, où l'ennemi devait nécessairement avoir beaucoup d'espions. Le passage prompt de l'artillerie paraissait une chose impossible. On s'était pourvu d'un grand nombre de mulets; on avait fabriqué une grande quantité de petites caisses pour contenir les cartouches d'infanterie et les munitions des pièces. Ces caisses devaient être portées par les mulets, ainsi que des forges de montagne, de sorte que la difficulté réelle à vaincre, était le transport des pièces. Mais on avait préparé à l'avance une centaine de troncs d'arbre, creusés de manière à pouvoir recevoir les pièces qui y étaient fixées par les tourillons : à chaque bouche à feu ainsi disposée, 100 soldats devaient s'atteler; les affûts devaient être démontés et portés à dos de mulets. Toutes ces dispositions se firent avec tant d'intelligence, par les généraux d'artillerie, Gassendy et Marmont, que la marche de l'artillerie ne causa aucun retard : les troupes même se piquèrent d'honneur de ne point laisser leur artillerie en arrière, et se chargèrent de la traîner. Pendant toute la durée du passage, la musique des régiments se faisait entendre; ce n'était que dans les pas difficiles, que le pas de charge donnait une nouvelle vigueur aux soldats. Une division entière aima mieux, pour attendre son artillerie, bivouaquer sur le sommet de la montagne, au milieu de la neige et d'un froid excessif, que de descendre dans la plaine, quoiqu'elle en eût eu le temps avant la nuit. Deux demi-compagnies d'ouvriers d'artillerie avaient été établies dans les villages de Saint-Pierre et de Saint-Remi, avec quelques forges de campagne, pour le démontage et le remontage de diverses voitures d'artillerie. On parvint à passer une centaine de caissons.

Le 16 mai, le premier consul alla coucher au couvent de Saint-Maurice, et toute l'armée passa le Saint-Bernard, les 17, 18, 19 et 20 mai. Le premier consul passa lui-même le 20; il montait, dans les plus mauvais pas, le mulet d'un habitant de Saint-Pierre, désigné par le prieur du couvent, comme le mulet le plus sûr de tout le pays. Le guide du premier consul était un grand et vigoureux jeune homme de vingt-deux ans, qui s'entretint beaucoup avec lui, en s'abandonnant à cette confiance propre à son âge et à la simplicité des habitants des montagnes : il confia au premier consul toutes ses peines, ainsi que les rêves de bonheur qu'il faisait pour l'avenir. Arrivé au couvent, le premier consul qui jusque-là ne lui avait rien témoigné, écrivit un billet, et le donna à ce paysan, pour le remettre à son adresse; ce billet était un ordre qui prescrivait diverses dispositions qui eurent lieu immédiatement après le passage, et qui réalisaient toutes les espérances du jeune paysan; telles que la bâtisse d'une maison, l'achat d'un terrain, etc. Quelque temps après son retour, l'étonnement du jeune montagnard fut bien grand de voir tant de monde s'empresser de satisfaire ses desirs, et la fortune lui arriver de tous côtés.

Le premier consul s'arrêta une heure au couvent des hospitaliers, et opéra la descente à la Ramasse, sur un glacier presque perpendiculaire. Le froid était encore vif; la descente du Grand-Saint-Bernard fut plus difficile pour les chevaux, que ne l'avait été la montée; néanmoins on n'eut que peu d'accidents. Les moines du couvent étaient approvisionnés d'une grande quantité de vins, pains, fromages; et en passant, chaque soldat recevait de ces bons religieux une forte ration.

Le 16 mai, le général Lannes, avec les sixième demi-brigade légère, vingt-huitième et quarante-quatrième de ligne, onzième, douzième regiments de hussards, et vingt-unième de chasseurs, arriva à Aoste, ville qui fut pour l'armée, d'une grande ressource. Le 17, cette avant-garde arriva à Châtillon, où un corps autrichien de 4 à 5,000 hommes, que l'on avait cru suffisant pour défendre la vallée, était en position; il fut aussitôt attaqué et culbuté : on lui prit trois pièces et quelques centaines de prisonniers.

L'armée française croyait avoir franchi tous les obstacles; elle suivait une vallée assez belle, où elle retrouvait des maisons, de la verdure et le printemps, lorsque tout-à-coup elle fut arrêtée par le canon du fort de Bard.

Ce fort, entre Aoste et Ivrée, est situé sur un mamelon conique, et entre deux montagnes, à vingt-cinq toises l'une de l'autre; à son pied coule le torrent de la Doria, dont il ferme absolument la vallée; la route passe dans les fortifications de la ville de Bard, qui a une enceinte et est dominée par le feu du fort. Les officiers du génie, attachés à l'avant-garde, s'approchèrent pour reconnaître un passage, et firent le rapport qu'il n'en existait pas d'autre que celui de la ville. Le général Lannes ordonna, dans la nuit, une attaque pour tâter le fort; mais il était partout à l'abri d'un coup de main. Comme il arrive toujours, en pareille circonstance, l'alarme se communiqua rapidement dans toute l'armée, et reflua sur ses derrières. Des ordres même furent donnés pour arrêter le passage de l'artillerie sur le Saint-Bernard; mais le premier consul, déja arrivé à Aoste, se porta aussitôt devant Bard : il gravit sur la montagne de gauche, le rocher Albaredo, qui domine à la fois et la ville et le fort, et bientôt reconnut la possibilité de s'emparer de la ville. Il n'y avait pas un moment à perdre : le 25, à la nuit tombante, la cinquante-huitième demi-brigade, conduite par le chef Dufour, escalada l'enceinte, et s'empara de la ville qui n'est séparée du fort que par le torrent de la Doria. Vainement, toute la nuit, il plut une grêle de mitraille, à une demi-portée de fusil, sur les Français qui étaient dans la ville : ils s'y maintinrent, et enfin, par considération pour les habitants, le feu du fort cessa.

L'infanterie et la cavalerie passèrent un à un, par le sentier de la montagne de gauche, qu'avait gravie le premier consul, et où jamais n'avait passé aucun cheval : c'était un sentier connu seulement des chevriers.

Les nuits suivantes, les officiers d'artillerie, avec une rare intelligence, et les canonniers, avec la plus grande intrépidité, firent passer leurs pièces par la ville. Toutes les précautions avaient été prises pour en cacher la connaissance au commandant du fort: le chemin avait été couvert de matelats et de fumier; les pièces couvertes de branchages et de paille, étaient traînées, à la bricole, dans le plus grand silence. On traversait ainsi un espace de plusieurs centaines de toises, à la portée de pistolet des batteries du fort. La garnison ne se doutant de rien, faisait cependant des décharges de temps en temps, qui tuèrent ou blessèrent bon nombre de canonniers; mais cela ne ralentit en rien leur zèle : le fort ne se rendit que dans les premiers jours de juin. On était alors parvenu, avec des peines extrêmes, à monter plusieurs pièces sur l'Albaredo, d'où elles foudroyèrent les batteries du fort. S'il en eût fallu attendre la prise, pour faire passer l'artillerie, tout l'espoir de la campagne eût été perdu.

Cet obstacle fut plus considérable que celui du Grand-Saint-Bernard lui-même; et cependant ni l'un ni l'autre ne retardèrent d'un seul jour la marche de l'armée. Le premier consul connaissait bien l'existence du fort de Bard; mais tous les plans et tous les renseignements à ce sujet, permettaient de le supposer facile à enlever. Cette difficulté, une fois surmontée, eut un effet avantageux. L'officier autrichien qui commandait le fort, expédia lettre sur lettre à Mélas, pour l'instruire qu'il voyait passer plus de 30,000 hommes au moins, 3 ou 4,000 chevaux, et un nombreux état-major; que ces masses se dirigeaient sur sa droite, par un escalier dans le rocher Albarédo : mais qu'il promettait que ni un caisson, ni une pièce d'artillerie, ne pourraient passer; qu'il pouvait tenir un mois, et qu'ainsi, jusqu'à cette époque, il n'était pas probable que l'armée française osât se hasarder en plaine, n'ayant pas encore reçu son artillerie. Lors de la reddition du fort, tous les officiers de la garnison furent étrangement surpris d'apprendre que toute l'artillerie française avait passé de nuit, à trente ou quarante toises de leurs remparts.

S'il eût été tout-à-fait impossible de faire passer l'artillerie par la ville de Bard, l'armée française aurait-elle repassé le Grand-Saint-Bernard? Non : elle aurait également débouché jusqu'à Ivrée, mouvement qui eût nécessairement rappelé Mélas de Nice. Elle n'avait rien à craindre, même sans artillerie, dans les excellentes positions que lui offrait l'entrée des gorges, d'où, protégeant le siège du fort de Bard, elle en eût attendu la prise. — Ce fort est tombé naturellement au pouvoir des Français, le 1er juin; mais il est probable qu'il eût été pris plus tôt, s'il avait arrêté le passage de l'armée, et qu'il en eût attiré tous les efforts, au lieu de ceux d'une brigade de conscrits commandés par le général Chabran, qui avait été laissée pour en faire le siège. Ce dernier corps avait passé par le Petit-Saint-Bernard.

Cependant, depuis le 12 mai, Mélas avait fait refluer des troupes sur Turin et renforcé les divisions qui gardaient la vallée d'Aoste et celle du Mont-Cénis; lui-même, de sa personne, était arrivé le 22 à Turin. Le même jour, le général Turreau, qui commandait sur les Alpes, attaqua avec 3,000, hommes le Mont-

Cénis, s'en empara, fit des prisonniers, et prit position entre Suse et Turin : diversion qui inquiéta Mélas, et l'empêcha de porter tous ses efforts sur la Dora Baltéa.

Le 24, le général Lannes, avec l'avant-garde, arriva devant Ivrée; il y trouva une division de 5 à 6,000 hommes : depuis huit jours, on avait commencé l'armement de cette place et de la citadelle, quinze bouches à feu étaient déja en batterie; mais sur cette division de 6,000 hommes, il y en avait 3,000 de cavalerie qui n'étaient pas propres à la défense d'Ivrée, et l'infanterie était celle qui avait été déja battue à Châtillon. La ville, attaquée avec la plus grande intrépidité, d'un côté par le général Lannes et de l'autre par le général Vatrin, fut bientôt enlevée, ainsi que la citadelle, où l'on trouve de nombreux magasins de toutes espèces : l'ennemi se retira derrière la Chiusella, et prit position à Romano pour couvrir Turin, d'où il reçut des renforts considérables.

Le 26, le général Lannes marcha contre l'ennemi, il l'attaqua dans sa position; et, après un combat fort chaud, le culbuta et le rejeta en désordre sur Turin. L'avant-garde prit aussitôt la position de Chivasso, d'où elle intercepta le cours du Pô, et s'empara d'un grand nombre de barques chargées de vivres, de blessés, et enfin de toute l'évacuation de Turin. Le premier consul passa, le 28 mai, la revue de l'avant-garde à Chivasso, harangna les troupes, et distribua des éloges aux corps qui la composaient.

Cependant on disposa les barques prises sur le Pô pour la construction d'un pont; cette menace produisit l'effet qu'on en attendait : Mélas affaiblit les troupes qui couvraient Turin sur la rive gauche, et envoya ses principales forces pour s'opposer à la construction du pont.

C'était ce que souhaitait le premier consul, afin de pouvoir opérer sur Milan sans être inquiété.

Un parlementaire autrichien, choisi parmi les officiers de l'armée autrichienne, qui avait l'honneur de connaître le premier consul, fut envoyé aux avant-postes par le général Mélas. Son étonnement fut extrême en voyant le premier consul si près de l'armée autrichienne; cette nouvelle, rapportée par cet officier à Mélas, le remplit de terreur et de confusion. Toute l'armée de réserve, avec son artillerie, arriva à Ivrée les 26 et 27 mai.

§ VIII.

Le quartier-général de l'armée autrichienne était à Turin ; mais la moitié des forces ennemies était devant Gênes, et l'autre moitié était supposée, et était effectivement en chemin pour venir par le col de Tende, renforcer les corps qui étaient à Turin. Dans cette circonstance, quel parti prendra le premier consul? marchera-t-il sur Turin, pour en chasser Mélas, se réunir avec Turreau et se trouver ainsi assuré de ses communications avec la France et avec ses arsenaux de Grenoble et de Briançon? jettera-t-il un pont à Chivasso, profitant des barques que la fortune a fait tomber en son pouvoir ? et se dirigera-t-il à tire-d'aile sur Gênes pour débloquer cette place importante? ou bien, laissant Mélas sur ses derrières, passera-t-il la Sésia, le Tésin, pour se porter sur Milan et sur l'Adda, faire sa jonction avec le corps de Moncey, composé de 15,000 hommes, qui venaient de l'armée du Rhin, et qui avaient débouché par le Saint-Gothard?

De ces trois partis, le premier était contraire aux vrais principes de la guerre, puisque Mélas avait des forces assez considérables avec lui : l'armée française courait donc la

chance de livrer une bataille, n'ayant pas de
retraite assurée ; le fort de Bard n'étant pas
encore pris. D'ailleurs, si Mélas abandonnait
Turin et se portait sur Alexandrie, la campagne était manquée, chaque armée se trouvait
dans une position naturelle : l'armée française
appuyée au Mont-Blanc et au Dauphiné; et
celle de Mélas aurait eu sa gauche à Gênes:
et derrière elle les places de Mantoue, Plaisance
et Milan.

Le deuxième parti ne paraissait pas praticable : comment s'aventurer au milieu d'une
armée aussi puissante que l'armée autrichienne,
entre le Pô et Gênes, sans avoir aucune ligne
d'opération, aucune retraite assurée ?

Le troisième parti, au contraire, offrait tous
les avantages : l'armée française, maîtresse de
Milan, on s'emparait de tous les magasins, de
tous les dépôts, de tous les hôpitaux de l'armée ennemie; on se joignait à la gauche que
commandait le général Moncey; on avait une
retraite assurée par le Simplon et le Saint-
Gothard. Le Simplon conduisait sur le Valais
et sur Sion, où l'on avait dirigé tous les magasins de vivres pour l'armée. Le Saint-Gothard
conduisait sur la Suisse, dont nous étions en
possession depuis deux ans, et que couvrait
l'armée du Rhin alors sur l'Iller ? Dans cette

position, le général français pouvait agir selon sa volonté : Mélas marchait-il avec son armée réunie de Turin, sur la Sésia et le Tésin; l'armée française pouvait lui livrer bataille avec l'immense avantage que, si elle était victorieuse, Mélas, sans retraite, serait poursuivi et jeté en Savoie; et, dans le cas où l'armée française serait battue, elle se retirait par le Simplon et le Saint-Gothard. Si Mélas, comme il était naturel de le supposer, se dirigeait sur Alexandrie pour s'y réunir à l'armée qui venait de Gênes, on pouvait espérer, en se portant à sa rencontre, en passant le Pô, de le prévenir et de lui livrer bataille. L'armée française, ayant ses derrières assurés sur le fleuve et Milan, le Simplon et le Saint-Gothard; tandis que l'armée autrichienne, ayant sa retraite coupée, et n'ayant aucune communication avec Mantoue et l'Autriche, serait exposée à être jetée sur les montagnes de la rivière du Ponent, et entièrement détruite ou prise au pied des Alpes, au col de Tende et dans le comté de Nice. Enfin, en adoptant le troisième parti, si une fois maître de Milan, il convenait au général français de laisser passer Mélas, et de rester entre le Pô, l'Adda et le Tésin; il avait ainsi, sans bataille, reconquis la Lombardie et le Piémont, les Alpes maritimes, la rivière de Gênes, et fait lever le blocus de cette ville : c'étaient des résultats assez beaux.

Un corps de 2,000 Italiens réfugiés, commandé par le général Lecchi, s'était porté, le 21 mai, de Châtillon sur la haute Sésia. Ce corps eut un combat avec la légion de Rohan, la battit; et vint prendre position aux débouchés du Simplon, dans la vallée de Domo-d'Ossola, afin d'assurer les communications de l'armée par le Simplon.

Le 27, le général Murat se dirigea sur Verceil et passa la Sésia.

Le 31 mai, le premier consul se porta rapidement sur le Tésin; les corps d'observation, que le général Mélas avait laissés contre les débouchés de la Suisse, et les divisions de cavalerie et d'artillerie qu'il n'avait pas menées avec lui au siége de Gênes, se réunirent pour défendre le passage du fleuve et couvrir Milan. Le Tésin est extrêmement large et rapide.

L'adjudant-général Girard, officier du plus haut mérite et de la plus rare intrépidité, passa le premier le fleuve. Le combat fut chaud toute la journée sur la rive gauche. L'armée française n'avait pas de pont, elle passait sur quatre nacelles : mais comme le pays est très-coupé et boisé, et que l'on était favorisé par la position du Naviglio de Milan, la cavalerie ennemie ne s'engagea qu'avec répugnance sur un tel terrain.

Le 2 juin, le premier consul entra dans Milan; il fit aussitôt cerner la citadelle. Le général Lannes, avec l'avant-garde, s'était mis en marche forcée le 30; et, laissant un corps d'observation sur la gauche de la Dora Baltéa, et une garnison dans Ivrée, il marcha en toute hâte sur Pavie, où il entra le 1er juin. Il y trouva des magasins considérables et deux cents bouches à feu, dont trente de campagne.

Cependant, le 4, la division Duhesme entra à Lodi; le 15, elle cerna Pizzighitone, sa cavalerie légère occupa Crémone : l'alarme fut bientôt dans Mantoue, désapprovisionnée et sans garnison. Le corps de Moncey, avec 15,000 hommes de l'armée du Rhin, arriva à Belinzona le 31 mai.

On se peindrait difficilement l'étonnement et l'enthousiasme des Milanais, en voyant arriver l'armée française : le premier consul marchait avec l'avant-garde, de sorte qu'une des premières personnes qui s'offrit aux regards des Milanais, que l'enthousiasme et la curiosité faisaient arriver par tous les chemins détournés au-devant de l'armée française, fut le général Bonaparte. Le peuple de Milan ne voulait pas le croire : on avait dit qu'il était mort dans la mer Rouge, et que c'était un de ses frères qui commandait l'armée française.

Du 2 au 8 juin, c'est-à-dire, pendant six jours, le premier consul fut occupé à recevoir les députations, et à se montrer aux peuples accourus de tous les points de la Lombardie, pour voir leur libérateur. Le gouvernement de la république cisalpine fut réorganisé; mais un grand nombre des plus chauds patriotes italiens gémissaient dans les cachots de l'Autriche. Le premier consul adressa à l'armée la proclamation suivante.

ARMÉE DE RÉSERVE.

Milan, le 17 prairial an VIII.

LE PREMIER CONSUL A L'ARMÉE.

Soldats!

Un de nos départements était au pouvoir de l'ennemi; la consternation était dans tout le midi de la France.

La plus grande partie du territoire du peuple ligurien, le plus fidèle ami de la république, était envahie.

La république cisalpine, anéantie dès la campagne passée, était devenue le jouet du grotesque régime féodal.

Soldats! vous marchez...... et déja le territoire français est délivré! La joie et l'espérance succèdent, dans notre patrie, à la consternation et à la crainte.

Vous rendrez la liberté et l'indépendance au peuple de Gênes; il sera pour toujours délivré de ses éternels ennemis.

Vous êtes dans la capitale de la Cisalpine!

L'ennemi, épouvanté, n'aspire plus qu'à regagner les frontières. Vous lui avez enlevé ses hôpitaux, ses magasins, ses parcs de réserve.

Le premier acte de la campagne est terminé.

Des millions d'hommes, vous l'entendez tous les jours, vous adressent des actes de reconnaissance.

Mais aura-t-on donc impunément violé le sol français? Laisserez-vous retourner dans ses foyers l'armée qui a porté l'alarme dans vos familles? Vous courez aux armes!!... Eh bien! marchez à sa rencontre, opposez-vous à sa retraite; arrachez-lui les lauriers dont elle s'est parée, et par là apprenez au monde que la malédiction est sur les insensés qui osent insulter le territoire du grand peuple.

Le résultat de tous nos efforts sera, *Gloire sans nuage* et *paix solide.*

Le premier consul, *Signé*, BONAPARTE.

§ V.

Les 15,000 hommes, que conduisait le général Moncey, arrivaient lentement; leur marche ne se faisait que par régiment. Ce retard fut nuisible; le premier consul passa la revue de ces troupes, les 6 et 7 juin. Le 9, il partit pour se rendre à Pavie.

Le général Murat s'était porté, le 6 mai, devant Plaisance, l'ennemi y avait un pont et une tête de pont; Murat eut le bonheur de surprendre la tête de pont et de s'emparer de la presque totalité des bâteaux. Le même jour, il intercepta une dépêche du ministère de Vienne à M. de Mélas; cette dépêche contenait des renseignements curieux sur la prétendue armée de réserve de Bonaparte. Elle n'existait pas, et l'on prescrivait à Mélas de continuer avec vigueur ses opérations offensives en Provence. Le ministre espérait que Gênes aurait capitulé, et que l'armée anglaise serait arrivée. On lui mandait également qu'il fallait des succès; que l'armée française du Rhin était au cœur de l'Allemagne, et que des succès forceraient à la rappeler au secours de la Provence; que des mouvements, qui avaient eu lieu à Paris, avaient obligé le premier consul à retourner promptement de Genève en cette capitale; que la cour de Vienne mettait toute sa confiance dans les talents du général Mélas et dans l'intrépidité de sa victorieuse armée d'Italie.

Le corps d'observation, que nous avions sur la rive gauche de la Dora Baltéa, était tranquille, ainsi que la garnison d'Ivrée. Depuis le 1er juin, le fort de Bard était pris, et Ivrée se remplissait de toute espèce de munitions de guerre, de vivres et des embarras de l'armée. Mélas avait abandonné Turin, et paraissait se porter sur Alexandrie pour opérer sur la rive droite du Pô.

Le premier consul envoya la division Lapoype, du corps du général Moncey, pour border le Pô depuis Pavie jusqu'à la Dora Baltéa, et éclairer le mouvement de l'ennemi vis-à-vis Plaisance; et résolut de se porter à la Stradella, sur la rive droite du Pô, afin de couper à Mélas la route de Mantoue, et l'obliger à recevoir une bataille, ayant sa ligne d'opération coupée; débloquer à la fois Gênes, et poursuivre l'ennemi en l'acculant aux Alpes.

Le général Lannes, avec l'avant-garde, passa

le Pô vis-à-vis Pavie à Belgiojoso, dans la journée du 6. — Le 7, le général Murat passa le Pô à Nocetta, et s'empara de Plaisance, où il trouva des magasins considérables. Le lendemain, il battit un corps autrichien qui était venu l'attaquer, et lui fit 2,000 prisonniers. Le général Murat eut l'ordre de se porter sur la Stradella pour s'y joindre à l'avant-garde; toute l'armée se réunissait sur ce point important.

Cependant, au milieu de si grands succès, et l'esprit livré aux plus belles espérances, on apprit une fâcheuse nouvelle : Gênes avait capitulé le 4, et les troupes autrichiennes, du blocus, revenaient à marche forcée se joindre à l'armée de Mélas sur Alexandrie. Des refugiés milanais, qui avaient été renfermés dans Gênes, donnèrent des détails sur les opérations de ce siège. Masséna, après la capitulation, avait commis la faute impardonnable de s'embarquer de sa personne sur un corsaire pour se rendre à Antibes. Une partie de son armée avait été également embarquée pour la même destination; seulement un corps de 8,500 hommes se dirigeait par terre. — Les troupes avaient conservé leurs armes, munitions, etc. La capitulation ne pouvait pas être plus honorable; mais cette funeste disposition du général Masséna, d'autant moins excusable, qu'il connaissait l'arrivée de l'armée du premier consul sur le Pô, annula tout ce que les conditions de la capitulation avaient d'avantageux. Si, d'après la capitulation, Masséna était sorti à la tête de toutes ses troupes (et il avait encore 12,000 hommes disponibles, armés, et son artillerie), et qu'arrivé à Voltri, il eût repris ses opérations, il aurait contenu un pareil nombre de troupes autrichiennes; il eût été promptement joint par les troupes du général Suchet, qui étaient en marche sur Port-Maurice, et aurait alors manœuvré contre l'ennemi avec une vingtaine de mille hommes. Mais ces troupes sortirent sans leur général; elles se dirigèrent par la rivière de Gênes: leur mouvement ne fut arrêté que lorsqu'elles furent rencontrées par le général Suchet. Trois ou quatre jours avaient été ainsi perdus; ces troupes furent inutiles. La victoire de Marengo avait remédié à tout.

§ VI.

Le premier consul vit alors qu'il ne pouvait compter que sur ses propres forces, et qu'il allait avoir affaire à toute l'armée. Le 8, au soir, les coureurs ennemis vinrent observer les Français, qui avaient passé le Pô, et étaient bivouaqués sur la rive droite; ils les crurent peu nombreux, et une avant-garde de quatre à cinq mille Autrichiens vint les attaquer; mais toute l'avant-garde et une partie de l'armée française avaient déja passé. Le général Lannes mena battant cette avant-garde ennemie; et, à la nuit, il prit position devant l'armée autrichienne, qui occupait Montebello et Casteggio.

Cette armée était commandée par le général Ott, le même qui avait commandé le blocus de Gênes. Ce corps était venu en trois marches. L'observation des feux des bivouacs, le rapport des prisonniers et des déserteurs, faisaient monter cette partie de l'armée autrichienne à trente bataillons, formant 18,000 hommes. Les grenadiers d'Ott, l'élite de l'armée autrichienne, en faisaient partie.

Le général Lannes était en position, et, attendant à chaque instant des renforts, il n'avait pas intérêt d'attaquer; mais le général autrichien, à la pointe du jour, engagea la bataille. Le général Lannes n'avait avec lui que 8,000 hommes; mais la division Victor, qui avait passé le fleuve, n'était qu'à trois lieues. La bataille fut sanglante : Lannes s'y couvrit de gloire; ses troupes firent des prodiges d'intrépidité. Sur le midi, l'arrivée de la division Victor décida entièrement la victoire. Les Autrichiens se battirent en désespérés : ils étaient encore fiers des succès qu'ils avaient obtenus, la campagne précédente; ils sentaient que leur position les mettait dans la nécessité d'être vainqueurs.

Le premier consul, à la première nouvelle de l'attaque de l'ennemi contre l'avant-garde française, était accouru sur le champ de bataille; mais, à son arrivée, la victoire était déja décidée : les ennemis avaient perdu 3,000 hommes tués, et six mille prisonniers. Le champ de bataille était tout jonché de morts. Le général Lannes était couvert de sang : les troupes, qui avaient le sentiment de s'être bien comportées, étaient exténuées de fatigue, mais ivres de joie.

Les 10, 11 et 12, le premier consul resta à la position de la Stradella, employant ce temps à réunir son armée, à assurer sa retraite par l'établissement de deux ponts sur le Pô, avec des têtes de pont. Plus rien ne le pressait; Gênes était tombée.

Il envoya par des affidés, à travers les montagnes, l'ordre au général Suchet de marcher sur la Scrivia par le débouché du col de Cadibone.

L'ennemi avait une cavalerie formidable et une artillerie très-nombreuse. Ni l'une ni l'autre de ces armes n'avaient souffert, tandis que notre cavalerie et notre artillerie étaient très-inférieures en nombre : il était donc hasardeux de s'engager dans la plaine de Marengo. Si l'ennemi voulait rouvrir ses communications, et regagner Mantoue, c'était par la Stradella qu'il fallait qu'il passât, et qu'il marchât sur le ventre de l'armée française. Cette position de la Stradella semblait avoir été faite exprès pour l'armée française : la cavalerie ennemie ne pouvait rien contre elle, et la très-grande supériorité de son artillerie était moindre là que partout ailleurs. La droite de l'armée du premier consul s'appuyait au Pô et aux plaines marécageuses et impraticables qui l'avoisinaient : le centre, placé sur la chaussée, était appuyé de gros villages, ayant de grandes maisons en maçonnerie solide; et la gauche, sur de belles hauteurs.

§ VII.

Dans la journée du 11, Desaix, qui revenait d'Égypte, et qui avait fait la quarantaine à Toulon, arriva au quartier-général de Montebello avec ses aides-de-camp, Rapp et Savary. La nuit entière se passa en longues conférences entre le premier consul et Desaix sur tout ce qui s'était passé en Égypte depuis que le premier consul en était parti ; sur les détails de la campagne de la Haute-Égypte ; sur les négociations d'El-Arisch, et la composition de la grande-armée turque du grand-visir ; enfin sur la bataille d'Héliopolis, et la situation actuelle de l'armée française. « Comment, dit le « premier consul, avez-vous pu, vous, Desaix, « attacher votre nom à la capitulation d'El-« Arisch ? — Je l'ai fait, répondit Desaix ; je le « ferais encore, parce que le général en chef ne « voulait plus rester en Égypte ; et que, dans « une armée éloignée et hors de l'influence du « gouvernement, les dispositions du général en « chef, équivalent à celles des cinq sixièmes de « l'armée. J'ai toujours eu le plus grand mépris « pour l'armée du grand-visir, que j'ai observée « de près. J'ai écrit à Kléber que je me faisais « fort de la repousser avec ma seule division. Si « vous m'aviez laissé le commandement de l'ar-« mée d'Égypte, et que vous eussiez emmené « Kléber, je vous aurais conservé cette belle pro-« vince, et vous n'eussiez jamais entendu par-« ler de capitulation : mais enfin les choses ont « bien tourné ; et Kléber, à Héliopolis, a réparé « les fautes qu'il avait faites depuis six mois. »

Desaix brûlait de se signaler. Son cœur était ulcéré des mauvais traitements que lui avait fait éprouver, à Livourne, l'amiral Keith ; il avait soif de se venger. Le premier consul lui donna sur-le-champ le commandement de la division Boudet.

§ VIII.

Mélas avait son quartier-général à Alexandrie : toute son armée y était réunie depuis deux jours; sa position était critique, parce qu'il avait perdu sa ligne d'opération. Plus il tardait à prendre un parti, plus sa position s'empirait, parce que d'un côté le corps de Suchet arrivait sur les derrières, et que d'un autre côté l'armée du premier consul se fortifiait et se retranchait, chaque jour davantage, à sa position de la Stradella.

Cependant le général Mélas ne faisait aucun mouvement dans la situation où il se trouvait; il avait trois partis à prendre : le premier était de passer sur le ventre de l'armée du premier consul, l'armée autrichienne lui était très-supérieure en nombre, de gagner Plaisance, et de reprendre sa ligne d'opération sur Mantoue.

Le deuxième parti était de passer le Pô à Turin, ou entre cette ville et l'embouchure de la Sézia, de se porter ensuite à grandes marches sur le Tésin, de le passer; et, arrivant à Milan avant l'armée du premier consul, de lui couper sa ligne et le jeter derrière l'Adda.

Le troisième parti était de se jeter d'Alexandrie sur Novi, de s'appuyer à Gênes et à l'escadre anglaise de l'amiral Keith, de ne point prendre l'offensive jusqu'à l'arrivée de l'armée anglaise déjà réunie à Mahon. L'armée autrichienne était sûre de ne point manquer de vivres ni de munitions, et même de recevoir des renforts, puisque par sa droite elle eût communiqué avec Florence et Bologne; qu'en Toscane, il y avait une division napolitaine, et qu'en outre les communications par mer étaient en son pouvoir. De cette position le général Mélas pouvait, quand il le voulait, regagner Mantoue, en faisant transporter, par mer, en Toscane, une grande partie de sa grosse artillerie.

Le général Lapoype, qui était le long du Pô, avait l'ordre de se plier sur le Tésin dans le cas où l'ennemi se porterait sur la rive gauche; il y aurait été joint par cinq ou six mille hommes, que pouvait réunir le général Moncey qui commandait à Milan. Ces dix mille hommes étaient plus que suffisants pour retarder le passage, et donner le temps au premier consul de revenir par les deux ponts, derrière le Tésin.

Le 12, dans l'après midi, le premier consul, surpris de l'inaction du général Mélas, conçut des inquiétudes, et craignit que l'armée autrichienne ne se fût portée sur Gênes ou sur le Tésin, ou bien qu'elle n'eût marché contre Suchet, pour l'écraser et revenir ensuite contre le premier consul; ce dernier résolut de quitter la Stradella, et de se porter sur la Scrivia en forme d'une grande reconnaissance, afin de pouvoir agir selon le parti que prendrait l'ennemi. Le soir, l'armée française (1) prit position sur la Scrivia, Tortone était cernée, le quartier-général fut placé à Voghera : dans ce mouvement, on n'obtint aucune nouvelle de l'ennemi ; on n'aperçut que quelques coureurs de cavalerie, qui n'indiquaient pas la présence d'une armée dans les plaines de Marengo. — Le premier consul ne douta plus que l'armée autrichienne ne lui eût échappé.

---

(1) Armée française, les 12 et 13 juin.

Divisions Vatrin et Mainoni. Lannes; aile droite à Castelnovo di Scrivia.

Divisions Boudet et Monnier. Desaix; centre. Ponte Curone.

Division Lapoype; ordre de rejoindre Desaix.

La cavalerie sous Murat, entre Ponte-Curone et Tortone, ayant une avant-garde au delà de Tortone, sous Kellermann.

Divisions Gardanne et Chambarlhac. Victor; aile gauche en avant de Tortone, et soutenant l'avant-garde Kellermann.

Le 13, à la pointe du jour, il passa la Scrivia, et se porta à Saint-Juliano, au milieu de l'immense plaine de Marengo. La cavalerie légère ne reconnut pas d'ennemi; il n'y eut plus aucun doute qu'il ne fût en pleine manœuvre, puisque, s'il eût voulu attendre l'armée française, il n'eût pas négligé le beau champ de bataille que lui offrait la plaine de Marengo, si avantageuse au développement de son immense cavalerie : il parut probable que l'ennemi marchait sur Gênes.

Le premier consul, dans cette pensée, dirigea en toute hâte le corps de Desaix en forme d'avant-garde sur son extrême gauche, avec ordre d'observer la chaussée qui de Novi conduit à Alexandrie : il ordonna à la division Victor de se porter sur le village de Marengo, et d'envoyer des coureurs sur la Bormida, pour s'assurer si l'ennemi n'y avait point de pont. Victor arriva à Marengo : il y trouva une arrière-garde de trois à quatre mille Autrichiens; il l'attaqua, la mit en déroute, et s'empara du village. Ses coureurs arrivèrent sur la Bormida à la nuit tombante; ils mandèrent que l'ennemi n'y avait point de pont, et qu'il n'y avait qu'une simple garnison dans Alexandrie; ils ne donnèrent point de nouvelles de l'armée de Mélas.

Le corps de Lannes bivouaqua diagonalement en arrière de Marengo, sur la droite.

Le premier consul était fort inquiet; à la nuit, il résolut de se rendre à son quartier-général de la veille, afin d'aller à la rencontre des nouvelles du général Moncey, du général Lapoype et des agents qui avaient été envoyés du côté de Gênes, et qui avaient rendez-vous à ce quartier-général, mais la Scrivia était débordée. Ce torrent en peu d'heures grossit considérablement, et peu d'heures lui suffisent aussi pour le remettre en son premier état. Cela décida le premier consul à arrêter son quartier-genéral à Torre di Garafolo, entre Tortone et Alexandrie. La nuit se passa dans cette situation.

Cependant la plus horrible confusion régnait dans Alexandrie, depuis le combat de Montebello. Les plus sinistres pressentiments agitaient le conseil autrichien; il voyait l'armée autrichienne, coupée de sa ligne d'opération, de ses dépôts, et placée entre l'armée du premier consul et celle du général Suchet, dont les avant-postes avaient passé les montagnes, et commençaient à se faire sentir sur les derrières du flanc droit des Autrichiens. La plus grande irrésolution agitait les esprits.

Après bien des hésitations, le 11, Mélas se décida à faire un gros détachement sur Suchet, le reste de l'armée autrichienne restant couvert par la Bormida et la citadelle d'Alexandrie; mais, dans la nuit du 11 au 12, Mélas apprit le mouvement du premier consul sur la Scrivia. Il rappela, le 12, son détachement, et passa, tout le 13 et la nuit du 13 au 14, en délibérations : enfin, après de vives et orageuses discussions, le conseil de Mélas décida que l'existence de l'armée de réserve lui avait été inconnue; que les ordres et les instructions du conseil aulique n'avaient mentionné que l'armée de Masséna; que la fâcheuse position où l'on se trouvait devait donc être attribuée au ministère, et non au général; que dans cette circonstance imprévue, de braves soldats devaient faire leur devoir; qu'il fallait donc passer sur le ventre de l'armée du premier consul, et rouvrir ainsi les communications avec Vienne; que si l'on réussissait, tout était gagné, puisque l'on était maître de la place de Gênes, et qu'en retournant très-vite sur Nice, on exécuterait le plan d'opérations arrêté à Vienne; et qu'enfin, si l'on échouait et que l'on perdît la bataille, la position serait affreuse sans doute, mais que la responsabilité en tomberait tout entière sur le ministère.

Ce raisonnement fixa toutes les opinions; il n'y eut plus qu'un cri : Aux armes! aux armes!

TABLEAU

Faisant connaître la composition et la force de l'armée de réserve au 14 juin 1[...]

BONAPARTE Ier CONSUL,
COMMANDANT EN PERSONNE.

ALEX. BERTHIER,
GÉNÉRAL EN CHEF.

DUPONT,
CHEF DE L'ÉTAT-MAJOR-GÉNÉRAL

MARESCOT,
COMMANDANT LE GÉNIE.

MARMONT,
COMMANDANT L'ARTILLERIE.

EN LIGNE A MARENGO.

DEVANT LES PLACES ET EN POSITION SUR LES RIVES

INFANTERIE.

LIEUTENANS-GÉNÉRAUX.	GÉNÉRAUX DE DIVISION.	DE BRIGADE.	NOMBRE des Bataillons ou Escadrons.	TOTAUX par DIVISION.
TOR.....	Gardanne.....	» »	6	3,691
	Chambarlhac..	Herbin....... Rivaud......	9	5,287
NES.....	Watrin.....	Malher....... Gency....... Mainony.....	12	5,083
AIX.....	Monnier.....	Cara St-Cyr... Shilt........	8	3,614
	Boudet.....	Musnier...... Guesneau.....	9	5,316
	Grenadiers et Chasseurs de la garde du Consul, commandés par Soulès................		1	800
	TOTAL de l'Infanterie.....		45	23,791

INFANTERIE.

LIEUTENANS-GÉNÉRAUX.	GÉNÉRAUX DE DIVISION.	DE BRIGADE.	NOMBRE des Bataillons ou Escadrons.	T[...]
DUHESME.....	Loison.......	Broussier..... Gobert.......	9	
	Lapoype......	» »	7	
MONCEY.....	Lorge........	Lecchy....... »	6	
	Gilly........	» »	4	
	Chabran......	» »	7	
	Turreau......	Dawin....... »	10	
	Bethencourt...	»	1	
	TOTAL de l'Infanterie.....		44	

CAVALERIE.

	GÉNÉRAUX		NOMBRE	TOTAUX
AT......	Cés. Berthier, adjud.-général.	Kellermann... Champeaux... » Rivaud...... »	6 11 10 8 3	470 998 800 759 301
	Grenadiers et Chasseurs de la garde du Consul, commandés par Bessières................		2	360
	TOTAL de la Cavalerie.....		40	3,688

CAVALERIE.

	Harville.....	Dumoulin.....	4	
	Chabran.....	»	1	
	»	»	10	
	Loison.......	Broussier..... Gobert.......	10	
	Turreau......	Kister........	6	
	TOTAL de la Cavalerie.....		31	

POSITIONS

OCCUPÉES EN ITALIE, LE JOUR DE LA BATAILLE DE MARENGO, PAR LES ARMÉES

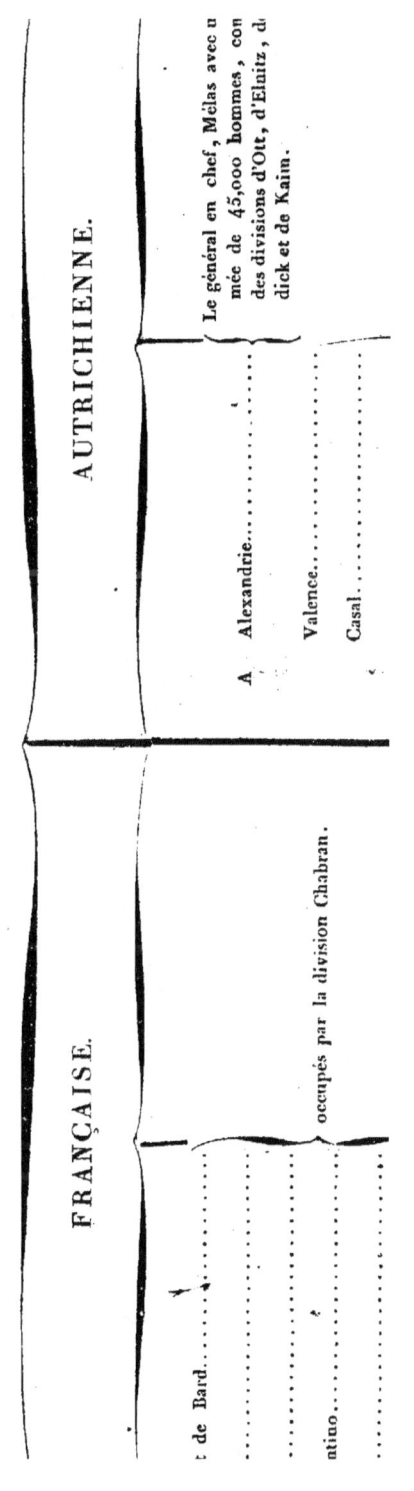

AUTRICHIENNE.

Le général en chef, Mélas avec u mée de 45,000 hommes, con des divisions d'Ott, d'Elnitz, d dick et de Kaim.

A Alexandrie..........
Valence..........
Casal..........

FRANÇAISE.

occupés par la division Chabran.

t de Bard..........
....
ntino..........
....

et chacun alla faire ses dispositions pour la bataille du lendemain.

Toutes les chances, pour le succès de la bataille, étaient en faveur de l'armée autrichienne; cette armée était très-nombreuse; sa cavalerie était au moins triple de celle de l'armée française. On ne savait pas positivement quelle était la force de celle-ci; mais l'armée autrichienne, malgré la perte éprouvée à la bataille de Montebello, malgré celles essuyées du côté de Gênes et du côté de Nice depuis la retraite, l'armée autrichienne devait être encore bien supérieure à l'armée de réserve. (*Voyez* le tableau ci-contre.)

Le 14, à l'aube du jour, les Autrichiens défilèrent sur les trois ponts de la Bormida, et attaquèrent avec fureur le village de Marengo. La résistance fut opiniâtre et longue.

Le premier consul, instruit par la vivacité de la canonnade, que l'armée autrichienne attaquait, expédia sur-le-champ l'ordre au général Desaix de revenir avec son corps sur San-Juliano. Il était à une demi-marche de distance, sur la gauche.

Le premier consul arriva sur le champ de bataille à dix heures du matin, entre San-Juliano et Marengo. L'ennemi avait enfin emporté Marengo, et la division Victor, après la plus vive résistance, ayant été forcée, s'était mise dans une complète déroute. La plaine sur la gauche était couverte de nos fuyards, qui répandaient par-tout l'alarme, et même plusieurs faisaient entendre ce cri funeste : Tout est perdu !

Le corps du général Lannes, un peu en arrière de la droite de Marengo, était aux mains avec l'ennemi, qui, après la prise de ce village, se déployant sur sa gauche, se mettait en bataille devant notre droite qu'elle débordait déja. Le premier consul envoya aussitôt son bataillon de la garde consulaire, composé de huit cents grenadiers, l'élite de l'armée, se placer à cinq cents toises sur la droite de Lannes, dans une bonne position, pour contenir l'ennemi. Le premier consul se porta lui-même, avec la soixante-douzième demi-brigade au secours du corps de Lannes, et dirigea la division de réserve Cara Saint-Cyr sur l'extrême droite à Castel-Cériolo, pour prendre en flanc toute la gauche de l'ennemi.

Cependant, au milieu de cette immense plaine, l'armée reconnaît le premier consul, entouré de son état-major et de deux cents grenadiers à cheval, avec leurs bonnets à poil; ce seul aspect suffit pour rendre aux troupes l'espoir de la victoire : la confiance renaît ; les fuyards se rallient sur San-Juliano, en arrière de la gauche du général Lannes. Celui-ci, attaqué par une grande partie de l'armée ennemie, opérait sa retraite au milieu de cette vaste plaine, avec un ordre et un sang-froid admirables. Ce corps mit trois heures pour faire en arrière trois-quarts de lieue, exposé en entier au feu de mitraille de quatre-vingts bouches à feu, dans le temps que, par un mouvement inverse, Cara Saint-Cyr marchait en avant sur l'extrême droite, et tournait la gauche de l'ennemi.

Sur les trois heures après midi, le corps de Desaix arriva : le premier consul lui fit prendre position sur la chaussée, en avant de San-Juliano.

Mélas qui croyait la victoire décidée, accablé de fatigue, repassa les ponts et rentra dans Alexandrie, laissant au général Zach, son chef d'état-major, le soin de poursuivre l'armée française. Celui-ci croyant que la retraite de cette armée s'opérait sur la chaussée de Tortone, cherchait à arriver sur cette chaussée derrière San-Juliano; mais, au commencement de l'action, le premier consul avait changé sa ligne de retraite, et l'avait dirigée entre Sale et Tortone, de sorte que la chaussée de Tortone n'était d'aucune importance pour l'armée française.

En opérant sa retraite, le corps de Lannes refusait constamment sa gauche, se dirigeant ainsi sur le nouveau point de retraite ; et Cara Saint-Cyr, qui était à l'extrémité de la droite, se trouvait presque sur la ligne de retraite dans le temps que le général Zach croyait ses deux corps coupés.

Cependant la division Victor s'était ralliée et brûlait d'impatience d'en venir de nouveau aux mains. Toute la cavalerie de l'armée était massée en avant de San-Juliano, sur la droite de Desaix, et en arrière de la gauche du général Lannes. Les boulets et les obus tombaient sur San-Juliano ; une colonne de six mille grenadiers de Zach en avait déja gagné la gauche. Le premier consul envoya l'ordre au général Desaix de se précipiter, avec sa division toute fraîche, sur cette colonne ennemie. Desaix fit aussitôt ses dispositions pour exécuter cet ordre ; mais, comme il marchait à la tête de deux cents éclaireurs de la neuvième légère, il fut frappé d'une balle au cœur, et tomba roide mort au moment où il venait d'ordonner la charge : ce coup enleva à l'empereur l'homme qu'il jugeait le plus digne de devenir son lieutenant.

Ce malheur ne dérangea en rien le mouvement, et le général Boudet fit passer facilement dans l'ame de ses soldats ce vif desir dont il était lui-même pénétré, **de venger** à l'instant un chef tant aimé. La neuvième légère, qui, là, mérita le titre d'incomparable, se couvrit de gloire. En même temps le général Kellermann, avec 800 hommes, grosse cavalerie, faisait une charge intrépide sur le milieu du flanc gauche de la colonne : en moins d'une demi-heure, ces six mille grenadiers furent enfoncés, culbutés, dispersés ; ils disparurent.

Le général Zach et tout son état-major furent faits prisonniers.

Le général Lannes marcha sur-le-champ en avant au pas de charge. Cara Saint-Cyr, qui à notre droite se trouvait en potence sur le flanc gauche de l'ennemi, était beaucoup plus près des ponts sur la Bormida que l'ennemi lui-même. Dans un moment, l'armée autrichienne fut dans la plus épouvantable confusion. Huit à dix mille hommes de cavalerie, qui couvraient la plaine, craignant que l'infanterie de Saint-Cyr n'arrivât au pont avant eux, se mirent en retraite au galop, en culbutant tout ce qui se trouvait sur leur passage. La division Victor se porta en toute hâte pour reprendre son champ de bataille au village de Marengo. L'armée ennemie était dans la plus horrible déroute ; chacun ne pensait plus qu'à fuir. L'encombrement devint extrême sur les ponts de la Bormida, où la masse des fuyards était obligée de se resserrer ; et à la nuit tout ce qui était resté sur la rive gauche tomba au pouvoir de la république.

§ IX.

Il serait difficile de se peindre la confusion et le désespoir de l'armée autrichienne. D'un côté, l'armée française était sur les bords de la Bormida, et il était à croire qu'à la pointe du jour elle la passerait; d'un autre côté, le général Suchet, avec son armée, était sur ses derrières, dans la direction de sa droite.

Où opérer sa retraite? En arrière, elle se trouverait acculée aux Alpes et aux frontières de France ; sur la droite, vers Gênes, elle eût pu faire ce mouvement avant la bataille : mais elle ne pouvait plus espérer pouvoir le faire après sa défaite, et pressée par l'armée victorieuse. Dans cette position désespérée, le général Mélas résolut de donner toute la nuit pour rallier et faire reposer ses troupes, de profiter pour cela du rideau de la Bormida et de la protection de la citadelle d'Alexandrie, et ensuite, s'il le fallait, de repasser le Tanaro, et de se maintenir ainsi dans cette position ; que cependant on chercherait, en ouvrant des négociations, à sauver l'armée par une capitulation.

Le 15, à la pointe du jour, un parlementaire autrichien vint proposer une suspension d'armes; ce qui donna lieu le même jour à la convention suivante, par laquelle la place de Gênes, toutes celles du Piémont, de la Lombardie, des légations, furent remises à l'armée française ; et l'armée autrichienne obtint ainsi la permission de retourner derrière Mantoue, sans être prisonnière de guerre. Par là toute l'Italie fut conquise.

CONVENTION

Entre les généraux en chef des armées française et impériale.

Art. 1er Il y aura armistice et suspension d'hostilités entre l'armée de sa majesté impériale et celle de la république française en Italie, jusqu'à la réponse de la cour de Vienne.

2. L'armée de sa majesté impériale occupera tous les pays compris entre le Mincio, la Fossa-Maestra et le Pô: c'est-à-dire, Peschiera, Mantoue, Borgo-Forte, et depuis là, la rive gauche du Pô; et, à la rive droite, la ville et citadelle de Ferrare.

3. L'armée de sa majesté impériale occupera également la Toscane et Ancône.

4. L'armée française occupera le pays compris entre la Chiesa, l'Oglio et le Pô.

5. Le pays, entre la Chiesa et le Mincio, ne sera occupé par aucune des deux armées. L'armée de sa majesté impériale pourra tirer des vivres des pays qui faisaient partie du duché de Mantoue. L'armée française tirera des vivres des pays qui faisaient partie de la province de Brescia.

6. Les châteaux de Tortone, d'Alexandrie, de Milan, de Turin, de Pizzighettone, d'Arona, de Plaisance, seront remis à l'armée française, du 27 prairial au 1er messidor (ou du 16 juin au 20 du même mois).

7. La place de Coni, les châteaux de Ceva, Savone, la ville de Gênes, seront remis à l'armée française, du 16 au 24 juin (ou du 27 prairial au 5 messidor).

8. Le fort Urbin sera remis le 26 juin (7 messidor).

9. L'artillerie des places sera classée de la manière suivante : 1° toute l'artillerie des calibres et fonderies autrichiennes appartiendra à l'armée autrichienne; 2° celle des calibres et fonderies italiennes, piémontaises et françaises, à l'armée française; 3° les approvisionnements de bouche seront partagés; moitié sera à la disposition du commissaire ordonnateur de l'armée française, et moitié à celle du com-

missaire ordonnateur de l'armée autrichienne.

10. Les garnisons sortiront avec les honneurs militaires, et se rendront, avec armes et bagages, par le plus court chemin, à Mantoue.

11. L'armée autrichienne se rendra à Mantoue par Plaisance en trois colonnes : la première, du 27 prairial au 1er messidor (du 16 au 20 juin); la seconde, du 1er messidor au 5 messidor (ou du 20 au 24 juin); la troisième, du 5 au 7 messidor (ou du 24 au 26 juin).

12. Messieurs *le général St.-Julien*, *de Schvertinck*, de l'artillerie; *de Brun*, du génie; *Telsiegé*, commissaire des vivres; et les citoyens *Dejean*, conseiller d'état, et *Daru*, inspecteur des revues; l'adjudant-général *Léopold Stabedrath*, et le chef de brigade d'artillerie *Mossel*, sont nommés commissaires, à l'effet de pourvoir à l'exécution des articles de la présente convention, soit à la formation des inventaires, aux subsistances et aux transports, soit pour tout autre objet.

13. Aucun individu ne pourra être maltraité pour raison de services rendus à l'armée autrichienne, ou pour opinions politiques. Le général en chef de l'armée autrichienne fera relâcher les individus qui auraient été arrêtés dans la république cisalpine, pour opinions politiques, et qui se trouveraient dans les forteresses sous son commandement.

14. Quelle que soit la réponse de Vienne, aucune des deux armées ne pourra attaquer l'autre qu'en se prévenant dix jours d'avance.

15. Pendant la suspension d'armes, aucune armée ne fera des détachements pour l'Allemagne.

Alexandrie, le 26 prairial an VIII de la république française (15 juin 1800).

signé, ALEXANDRE BERTHIER ;

MÉLAS, général de cavalerie.

Le général Mélas agit conformément aux intérêts de son souverain, en sauvant le fond de l'armée autrichienne; et rendant des places, qui, mal approvisionnées, mal pourvues de garnisons, ne pouvaient pas faire de longues résistances, et être d'ailleurs d'aucune utilité, l'armée étant détruite.

De l'autre part, le premier consul considérait qu'une armée de vingt mille Anglais allait arriver à Gênes; ce qui, avec les dix mille Autrichiens qui étaient restés dans cette place, formait une armée; que, sans aucune place forte en Italie, la position des Français était chanceuse; qu'ils avaient beaucoup souffert aux batailles de Montebello et de Marengo; que l'armée française de Gênes et celle de Suchet avaient également fait de grandes pertes, tant avant le siége, que pendant sa durée, tant pendant les mouvements sur Nice, qu'à la poursuite des Autrichiens; que le général Mélas, en passant le Tanaro était pour plusieurs jours à l'abri de toute attaque; qu'il pouvait donc parfaitement se rallier, se remettre, et qu'une fois l'armée autrichienne réorganisée, il suffirait qu'il surprît une marche d'avance, pour se dégager, soit en se jetant sur Gênes, soit en gagnant par une marche de nuit la Stradella; que sa grande supériorité en cavalerie lui donnait beaucoup d'avantages pour cacher ses mouvements; et que, enfin, si l'armée autrichienne, perdant même son artillerie et ses bagages, parvenait à se dégager, il faudrait bien du temps et bien des peines pour reprendre tant de places fortes.

§ X.

Le général Suchet, avec son corps, se dirigea sur Gênes, et entra le 24 juin dans cette ville, que lui remit le prince Hohenzollern, au grand déplaisir des Anglais, dont l'avant-garde venant de Mahon, était arrivée à la vue du port, pour prendre possession de cette place. Les places de Tortone, Alexandrie, Coni, Fenestrelles, Milan, Pizzighitone, Peschiera, Urbin et Ferrare furent successivement remises à l'armée française, avec toute leur artillerie. L'armée de Mélas traversa la Stradella et Plaisance, par divisions, et reprit sa position derrière Mantoue.

La joie des Piémontais, des Génois, des Italiens, ne peut s'exprimer ; ils se voyaient rendus à la liberté, sans passer par les horreurs d'une longue guerre, que déja ils voyaient reportée sur leurs frontières, et sans éprouver les inconvénients de siège de places fortes, toujours si désastreux pour les villes et les campagnes environnantes.

En France, cette nouvelle parut d'abord incroyable. Le premier courrier, arrivé à Paris, fut un courrier du commerce : il portait la nouvelle que l'armée française avait été battue ; il était parti le 14 juin entre dix heures et midi, au moment où le premier consul arrivait sur le champ de bataille. La joie n'en fut que plus grande, quand on apprit la victoire remportée par le premier consul, et tout ce que ses suites avaient d'avantageux pour la république. Les soldats de l'armée du Rhin furent honteux du peu qu'ils avaient fait ; et une noble émulation les poussa à ne conclure d'armistice, que lorsqu'ils seraient maîtres de toute la Bavière.

Les troupes anglaises entassées sur le rocher de Mahon, furent en proie à de nombreuses maladies, et perdirent beaucoup de soldats.

Peu de jours après cette célèbre journée du 14 juin, tous les patriotes italiens sortirent des cachots de l'Autriche, et entrèrent en triomphe dans la capitale de leur patrie, au milieu des acclamations de tous leurs compatriotes, et des *Viva el liberatore dell' Italia !*

§ XI.

Le premier consul partit le 17 juin, de Marengo, et se rendit à Milan, où il arriva de nuit : il trouva la ville illuminée, et dans la plus vive allégresse ; il déclara le rétablissement de la république cisalpine ; mais la constitution qui l'avait gérée, étant susceptible de modification, il établit un gouvernement provisoire, qui laissait plus de facilités pour terminer, à la paix, l'organisation complète et définitive de cette république. Il chargea l'ordonnateur Petiet, qui avait été ministre de la guerre, en France, de remplir les fonctions de ministre de France, près la république cisalpine, d'en diriger l'administration, et de pourvoir aux besoins de l'armée française, en surveillant et en s'opposant à tous les abus.

La république ligurienne fut aussi réorganisée, et réacquit son indépendance. Les Autrichiens, lorsqu'ils étaient maîtres du Piémont, n'y avaient pas rétabli le roi de Sardaigne, et avaient administré ce pays à leur profit. Ils avaient en cela différé de sentiment avec les Russes, qui auraient voulu le rétablissement du roi dans le Piémont : ce prince qui avait débarqué de la Sardaigne, était en Toscane, et n'avait pas eu la permission de se rendre à Turin.

Le premier consul établit un gouvernement provisoire en Piémont, et nomma le général Jourdan, ministre de la république française près de ce gouvernement. Il était chargé de le diriger, et de concilier les intérêts des peuples du Piémont avec ceux de la république française. Ce général, dont la conduite avait été douteuse, lors du 18 brumaire, fut reconnaissant de voir que le premier consul, non-seulement avait oublié entièrement les évènements passés, mais encore qu'il lui donnait une si haute marque de confiance. Il consacra tout son zèle au bien public.

Quoique le général Masséna eût commis une faute, en s'embarquant de Gênes, au lieu de conduire son armée par terre, il avait toutefois montré beaucoup de caractère et d'énergie : les services qu'il avait rendus dans les premières campagnes, et dernièrement à Zurich, parlaient aussi en sa faveur. Le premier consul le nomma au commandement en chef de l'armée d'Italie.

Les affaires de la république française nécessitaient la présence du premier consul, à Paris. Il partit le 5 messidor (24 juin), passa à Turin, et ne s'y arrêta que deux heures, pour en visiter la citadelle ; il traversa le Mont-Cénis, et arriva à Lyon, où il s'arrêta pour donner une consolation à cette ville, et poser la première pierre de la reconstruction de la place Bellecour ; cette cérémonie fut belle par le concours et l'enthousiasme d'un peuple immense. Il arriva à Paris, le 13 messidor (2 juillet) au milieu de la nuit, et sans être attendu ; mais aussitôt que, le lendemain, la nouvelle en fut répandue dans les divers quartiers de cette vaste capitale, toute la ville et les faubourgs accoururent dans les cours et les jardins du palais des Tuileries : les ouvriers quittaient leurs ateliers, simultanément ; toute la population se pressait sous les fenêtres, dans l'espoir de voir celui à qui la France devait tant. Dans le jardin, les cours et sur les quais, partout les acclamations de la joie se faisaient entendre. Le soir, riche ou pauvre, chacun à l'envi illumina sa maison.

Ce fut un bien beau jour.

PIÈCES JUSTIFICATIVES.

Lettre de Barras et Fréron, représentants du peuple, près l'armée sous Toulon,

A leurs collègues composant le comité de salut public.

Marseille, 11 frimaire, l'an II de la république française, une et indivisible. (1793.)

Citoyens nos collègues, dans ce moment, nous renonçons à tout autre objet, pour vous entretenir exclusivement de notre position dans les départements du Var et des Bouches-du-Rhône; vous qui êtes au timon de la république, vous avez reconnu que l'arme la plus meurtrière des despotes coalisés contre notre liberté, c'est l'espoir de nous affamer. Malheureusement nos greniers, dans l'intérieur, ne nous laissent pas sans inquiétudes; nos efforts, depuis long-temps, se sont réunis ainsi que ceux de tous les députés dans les départements, au zèle des bons citoyens, pour trouver des mesures qui nous procurassent du blé. Depuis l'entrée des troupes de la république dans le pays rebelle, nous vivons au jour le jour, et c'est avec une peine excessive que nous faisons vivre et notre armée en Italie, et celle sous Toulon. Ces deux départements étaient déja affamés par la longue présence des escadres combinées, avant même que la ville sacrilège tombât en leur pouvoir; nous nous flattions de parvenir à tirer considérablement des grains de l'Italie et du Levant; il faut y renoncer depuis que Naples et la Toscane sont entrés dans la ligue. Tunis, selon toutes les apparences, vient d'être gagnée par les forces et l'or des Anglais; tout annonce que le Dey devient notre ennemi; le convoi immense qui s'y trouvait est perdu pour la république, trois frégates seulement ont échappé et ont pu se refugier en Corse; mais y seront-elles long-temps en sûreté, et de quels secours pour nous?

D'un autre côté, les esclaves s'accumulent à Toulon; d'après le rapport de tous nos espions, il y sont en force de trente-cinq mille hommes, et en attendent encore trente mille; les Portugais y paraissent fournir. Il est certain que s'ils se déployaient, ils forceraient nos lignes; mais ils craignent l'armée de Nice, qui pourrait les mettre entre deux feux, et il y a un plan de la couper. La valeur de nos troupes et la surveillance de nos généraux déjoueront sans doute ces combinaisons; mais nos défenseurs courent risque d'être affamés. Le mauvais temps dégrade les chemins, les greniers y sont vides, tout y est transporté à dos de mulet; avec les pluies, ces braves gens sont exposés. Robespierre jeune est ici, et nous confirme ces tristes détails. Quinze jours de pluies pourraient nous jeter dans le plus grand malheur. Dès le second, la rivière de la Durance déborde et nous tue ; elle nous retient des bestiaux depuis long-temps.

Il faut observer en outre que le vent d'Est, qui nous prive de tout secours par mer, soit d'Arles, soit de Cette, est presque continuel, et ce même vent mène tout à nos ennemis. Enfin, ne recevraient-ils pas d'autres forces, avec la position de Toulon, ils sont plus que suffisants pour ne pas craindre nos attaques. Il faudrait mieux de la moitié de monde que nous sommes; faire des tentatives avec ce nombre, c'est sacrifier inutilement nos frères; attendre d'être renforcés, nos ennemis peuvent l'être proportionnellement, et la famine est certaine.

Qu'est-ce qui fait la force de la ci-devant Provence? c'est exclusivement Toulon. Pourquoi ne leur abandonnerions-nous pas tout le terrain stérile jusqu'à la Durance, après avoir enlevé les provisions en tout genre? Les égoïstes de Marseille ont déjà payé de leur bourse; alors il se forme un boulevard immense sur les bords de cette rivière; vous y accumulez deux cent mille hommes, et les y nourrissez avec aisance; vous laissez aux infâmes Anglais le soin de nourrir toute la Provence. La belle saison revient, le temps des moissons approche, les végétaux rendent déja ; comme un torrent les républicains repoussent la horde esclave, et les rendent à la mer qui les vomit. Ce serait la façon de penser des généraux ; la crainte de manquer de vivres enlève le courage aux soldats. Pesez ces réflexions en comité, et délibérez. Nous ferons exécuter les ordres qui nous seront donnés; mais il n'y a pas un instant à perdre. Salut et fraternité.

Vos coopérateurs, BARRAS, FRÉRON.

Séance du 7 nivose.

Carnot, au nom du comité de salut public, donne lecture des lettres suivantes :

Fréron et Paul Barras, représentants du peuple près l'armée sous Toulon,

A leurs collègues composant le comité de salut public.

Au quartier-général de Toulon, ce 30 frimaire, l'an II de la république, une et indivisible.

Nous avons lu avec indignation, citoyens collègues, la lettre fausse qui nous était attribuée, et dont le comité n'a pas été la dupe. Ce trait est parti de Marseille, dans le même temps que cette ville a tenté de produire un mouvement contre-révolutionnaire que nous avons étouffé.

Remarquez que c'est au moment que nous allions nous réunir à Ollioule, avec nos collègues, pour frapper le grand coup, que l'on a voulu nous perdre; que nos calomniateurs, que nos dénonciateurs continuaient à nous noircir, à nous prêter des crimes.

Nous avons contribué à prendre Toulon, nous avons répondu.

Signé, Barras et Fréron.

P. S. Un patriote de Toulon, qui n'était sorti de prison que depuis quinze jours, et qui, depuis cinq mois n'a pas lu les papiers publics, nous a dit qu'on avait répandu le bruit ici pendant le siége, et que l'on disait publiquement que les représentants du peuple avaient décidé de faire rétrograder l'armée française jusqu'aux bords de la Durance, et que c'était Robespierre aîné qui avait fait prédominer cet avis au comité de salut public. Ce fut pour nous un trait de lumière ; il est évident que ce sont les émissaires de Pitt qui sont les auteurs de cette calomnie et de la lettre où nos signatures ont été contrefaites.

Adresse de la Convention nationale,

A l'armée de la république, sous les murs de Toulon.

30 frimaire, l'an II de la république, une et indivisible.

Soldats républicains, vous avez trop long-temps différé la vengeance nationale ; trop long-temps vous avez ajourné votre gloire. Les infâmes traîtres de Toulon sont debout ; nos ennemis nous bravent ; la tyrannie nous menace, et vous demeurez les tranquilles témoins.

de ce spectacle honteux : n'existeriez-vous donc plus, puisqu'ils vivent encore !

A vos yeux flotte le drapeau du royalisme ; il défie votre courage et vous dérobe la vue de la Méditerranée. L'étendard tricolore a-t-il donc perdu ses couleurs ? ne rallie-t-il plus les défenseurs de la patrie ?

Un vil troupeau d'esclaves, parqué dans des murs odieux, insulte à la république, et ses nombreux bataillons cernent en vain les brigands de Londres et de Madrid.

Le Nord a triomphé; les rebelles sont vaincus dans la Sarthe. Le Midi serait-il seul deshérité de la portion qu'il doit avoir dans la gloire nationale ?

Habitants des contrées méridionales, vous, dans l'ame de qui un ciel de feu a versé des passions généreuses et cet enthousiasme brûlant qui fait les grands succès, non, vous n'avez pas été assez fortement indignés des trahisons toulonnaises, de la corruption anglaise et de la lâcheté espagnole. Les travaux du siége languissent. Faudra-t-il donc appeler le Nord pour vous défendre? Faudra-t-il d'autres bras pour remuer la terre qui doit former les retranchements protecteurs de la vie du soldat, et garants de la victoire ? Direz-vous que la conquête de Toulon est votre gloire, si le Nord doit l'émouvoir pour l'obtenir ? Laisserez-vous moissonner par d'autres mains les lauriers que la liberté a fait naître à côté de vous ?

Oseriez-vous rentrer dans vos foyers, si la victoire ne vous en ouvre bientôt la route glorieuse ? Souffrirez-vous qu'on dise en France, en Europe, dans l'avenir : La république leur commanda de vaincre, ils craignirent de mourir.

Ombre malheureuse et respectable des représentants du peuple victimes de la barbarie anglaise ! apparais à nos troupes, et montre-leur le chemin de la gloire. Que le bruit des chaînes des patriotes français déportés à Gibraltar retentisse à vos oreilles; ils demandent vengeance, ils doivent l'obtenir.

Oui, braves républicains, la convention nationale la confie à votre courage ; vous rendrez à la France le domaine de la Méditerranée, aux subsistances leur circulation, au commerce ses ports, à la marine ses vaisseaux, et à la politique les routes de l'Italie et des Dardanelles.

Marchez, soldats de la patrie, que le crime de Toulon ne reste plus impuni ! La république vous commande la victoire.

Soldats, vous êtes Français, vous êtes libres : voilà des Espagnols, des Anglais, des esclaves ; la liberté vous observe !

Séance du 4 nivose an II.

Les représentants du peuple auprès de l'armée dirigée contre Toulon,

Au comité de salut public.

Au quartier-général d'Ollioule, le 28 frimaire, l'an II de la république, une et indivisible.

Nous vous avions annoncé, citoyens collègues, que le résultat de l'affaire du 10, n'était que l'avant-coureur de plus grands succès. L'évènement vient de justifier notre prédiction.

En conformité de votre arrêté, toutes les mesures avaient été prises pour que les brigands qui s'étaient lâchement emparés de l'infâme Toulon, en fussent bientôt chassés avec ignominie.

Nous n'avons pas perdu un seul instant, et avant même que toutes les forces attendues fussent réunies, nous avons commencé notre attaque ; elle a été principalement dirigée sur la redoute anglaise, dominant les forts de l'Aiguillette et de Balaguier, défendue par plus de trois mille hommes, vingt pièces de canon et plusieurs mortiers.

Les ennemis avaient épuisé les ressources de l'art pour la rendre imprenable; et nous vous assurons qu'il est peu de forts qui présentent une défense aussi inexpugnable que cette redoute, cependant elle n'a pu tenir à l'ardeur et au courage des braves défenseurs de la patrie. Les forces de cette division, sous les ordres du général Laborde, et où le général Dugommier s'est honorablement distingué, ont attaqué la redoute à cinq heures du matin, et à six heures le pavillon de la république y flottait. Si ce premier succès coûte à la patrie environ deux cents hommes tués et plus de cinq cents blessés, l'ennemi y a perdu toute la garnison dont 500 hommes sont prisonniers, parmi lesquels on compte huit officiers et un principal napolitain.

La malveillance n'avait rien négligé pour faire manquer cette importante expédition; mais, distribués dans les différentes colonnes, nous avons rallié ceux qu'on avait effrayés un instant. A notre voix, au nom de la liberté, au nom de la république, tous ont volé à la victoire, et la redoute anglaise et les forts de l'Aiguillette et de Balaguier ont été emportés de vive force.

La prise de cette redoute, dans laquelle les ennemis mettaient tout leur espoir, et qui était pour ainsi dire le boulevard de toutes les puissances coalisées, les a déroutés; effrayés de ce succès, ils ont abondonné, pendant la nuit, les forts de *Malbosquet* et du *Tomet*; ils ont fait sauter le dernier de désespoir; ils ont évacué aussi les redoutes *rouge* et *blanche*, la redoute et le fort *Pharon*; ils ont pris des mesures pour mettre leur flotte à l'abri de nos canons et de nos bombes, qui n'ont cessé de les accabler.

La flotte est dans ce moment hors de la grande

rade : les ennemis ont embarqué beaucoup de Toulonnais et la plus grande partie de leurs forces ; ils ont pourtant laissé des troupes au fort *Lamalgue*, et dans la ville, pour protéger leur retraite. Nous sommes maîtres de la croix des signaux, du fort l'*Artigue* et du cap *Brun*. Nous espérons que dans la nuit nous serons maîtres du fort *Lamalgue*, et demain nous serons dans Toulon, occupés à venger la république.

Plus de quatre cents bœufs, des moutons, des cochons, seules troupes que le pape ait envoyées avec quelques moines, des fourrages, des provisions de toutes espèces, des tentes, tous les équipages que les ennemis avaient dans leurs forts et redoutes, et plus de cent pièces de gros calibre sont en notre pouvoir; nous vous donnerons, sous peu de jours, l'état de ceux qui se sont le plus distingués, et à qui nous aurons accordé des récompenses. Vous verrez par cet état que nous avions tiré de la diversion de Nice toutes les forces qui se trouvaient disponibles, et que nous n'avons rien négligé pour prendre cette ville à jamais exécrable. Notre première lettre sera datée des ruines de Toulon. Nous ne vous avons pas écrit plutôt, par la raison qu'étant à cheval depuis plusieurs jours et plusieurs nuits, tous nos moments ont été tellement employés, que nous n'avons pu disposer d'un seul pour vous écrire.

Signés, Ricord, Fréron et Robespierre jeune.

P. S. Notre collègue Barras, qui se trouve à la

division commandée par le général Lapoype, nous a annoncé la prise de vive force de toutes les hauteurs de la montagne du Pharon, et de l'évacuation de la redoute du fort de ce nom, et de quatre-vingt prisonniers, y compris un lieutenant anglais. Il vous fera part des succès que cette division a obtenus, et qui sont le résultat de l'exécution du plan arrêté par le comité de salut public.

En un mot, l'attaque générale a été si bien combinée, que, dans vingt-quatre heures, tous les postes ont été attaqués et occupés par les deux divisions de l'armée de la république.

Salut et fraternité.

Lettre du général en chef Dugommier, au ministre de la guerre.

Du quartier-général d'Ollioule, le 10 frimaire, l'an II de la république, une et indivisible.

Citoyen ministre,

Cette journée a été chaude, mais heureuse; depuis deux jours une batterie essentielle faisait feu sur Malbosquet et inquiétait beaucoup, vraisemblablement, ce poste et ses environs. Ce matin, à cinq heures, l'ennemi a fait une sortie vigoureuse, qui l'a rendu maître d'abord, de tous nos avant-postes de la gauche et de cette batterie, à la première fusillade. Nous nous sommes transportés avec célérité à l'aile gauche, je trouvai presque toutes ses forces en déroute; le général Garnier se plaignant que ses troupes l'avaient abandonné, je lui ordonnai de les rallier et de se porter à la reprise de notre batterie; je me mis à la tête du troisième bataillon de l'Isère, pour me porter de même par un autre chemin à la même batterie. Nous avons eu le bonheur de réussir; bientôt ce poste est repris; les ennemis vivement repoussés se replient de tous côtés, en laissant sur le terrain un grand nombre de morts et de blessés; cette sortie enlève à leur armée plus de douze cents hommes, tant tués que blessés et faits prisonniers; parmi ces derniers, plusieurs officiers d'un grade supérieur; et enfin, leur général en chef, M. Ohara, blessé d'un coup de feu au bras droit; les deux généraux devaient être touchés dans cette action, car j'ai reçu deux fortes contusions, dont une au bras droit, et l'autre à l'épaule, mais sans danger. Après avoir renvoyé vivement l'ennemi d'où il revenait, nos républicains, par un élan généreux, mais désordonné, ont marché vers Malbosquet, sous le feu vraiment formidable de ce fort; ils ont enlevé les tentes d'un camp qu'ils avaient fait évacuer par leur intrépidité; cette action, qui est un **vrai triomphe** pour les armes de la république, est d'un excellent augure pour nos opérations ultérieures; car, que ne devons-nous pas attendre d'une attaque concertée et bien mesurée, lorsque nous faisons bien à l'improviste.

Je ne saurais trop louer la bonne conduite de tous ceux de nos frères d'armes qui ont voulu se battre; parmi ceux qui se sont le plus distingués, et qui m'ont le plus aidé à rallier et pousser en avant, ce sont les citoyens Buonaparte, commandant l'artillerie; Arena et Gervoni, adjudants-généraux.

DUGOMMIER, *général en chef*.

Lettre adressée au ministre de la guerre par le général en chef de l'armée d'Italie.

Du quartier-général d'Ollioule, le 29 frimaire an II
de la république, une et indivisible.

Citoyen ministre, Toulon est rendu à la république, et le succès de nos armes est complet. Le promontoire de l'Aiguillette devant décider le sort de la ville infâme, comme je vous l'avais mandé, les positions qu'il présente devant assurer la retraite des ennemis, ou le brûlement de leurs vaisseaux par l'effet de nos bombes, le 26 frimaire, tous les moyens furent réunis pour la conquête de cette position; le temps nous contraria et nous persécuta jusqu'à près d'une heure du matin; mais rien ne put éteindre l'ardeur des hommes libres combattant des tyrans. Ainsi, malgré tous les obstacles du temps, nos frères s'élancèrent dans le chemin de la gloire aussitôt l'ordre donné.

Les représentants du peuple, Robespierre, Salicetti, Ricord et Fréron, étaient avec nous; ils donnaient à nos frères l'exemple du dévouement le plus signalé. Cet ensemble fraternel et héroïque était bien fait pour mériter la victoire; aussi ne tarda-t-elle pas à se déclarer pour nous, et nous livra bientôt, par un prodige à citer dans l'histoire, la redoute anglaise défendue par une double enceinte, un camp retranché de buissons composé des chevaux de frise, des abattis, des ponts, treize pièces de canons de 36, 24, etc., cinq mortiers, et deux mille hommes de troupes choisies; elle était soutenue en outre par les feux croisés de trois autres redoutes qui renfermaient trois mille hommes.

L'impétuosité des républicains et l'enlèvement subit de cette terrible redoute, qui paraissait à ses hauteurs un volcan inaccessible, épouvantèrent tellement l'ennemi, qu'il nous abandonna bientôt le reste du promontoire, et répandit dans Toulon une terreur panique qui acquit son dernier degré, lorsqu'on apprit que les escadres venaient d'évacuer les rades.

Je fis continuer, dans la même journée, les attaques de Malbosquet et autres postes; alors Toulon perdit tout espoir, et les redoutes rouges, celles des Pommets, de Pharon, et plusieurs autres, furent abandonnées dans la nuit suivante.

Enfin, Toulon fut aussi évacué à son tour; mais l'ennemi, en se retirant, eut l'adresse de couvrir sa fuite, et nous ne pûmes le poursuivre. Il était garanti par les remparts de la ville, dont les portes, fermées avec le plus grand soin, rendaient impossible le moindre avis.

Le feu qui parut à la tête du port fut le seul indice de son départ; nous nous approchâmes aussitôt de Toulon, et ce ne fut qu'après minuit, que nous fûmes assurés qu'il était abandonné par ses vils habitants, et l'infâme coalition qui prétendait follement nous soumettre à son révoltant régime.

Le précipitation avec laquelle l'évacuation générale a été faite, nous a sauvé presque toutes nos propriétés et la plus grande partie des vaisseaux. Toulon nous rend par la force tout ce que sa trahison nous avait ravi. Je vous enverrai incessamment l'état que je fais dresser de tous les objets qui méritent attention.

Tandis que la division de l'ouest de notre armée préparait ce grand évènement, celle de l'est, commandée par le général Lapoype, s'était portée avec le citoyen Barras, représentant du peuple, sur la montagne de Pharon, et avait enlevé la première redoute; toutes les autres, ainsi que le fort Pharon, furent évacués par l'ennemi comme celles de l'ouest. Nous avons perdu soixante-quinze à quatre-vingt de nos frères, et le nombre des blessés est d'environ deux cent cinquante. Il n'est guère possible de connaître la perte de l'ennemi que par leurs blessés arrivés dans notre ambulance; mais on peut assurer qu'en y ajoutant les morts et les prisonniers, nous lui avons enlevé dans cette journée plus de douze mille combattants.

Ainsi se termine, citoyen ministre, la contre-révolution du Midi : nous le devons aux braves républicains formant cette armée, qui toute entière a bien mérité de la patrie, et dont quelques individus doivent être distingués par la reconnaissance nationale. Je vous en envoie la liste, et vous prie de bien accueillir mes demandes ; elle vous fera connaître tous ceux qui ont été les plus saillants dans l'action, et j'attends avec confiance l'avancement que je sollicite pour eux.

   Salut et fraternité , Dugommier.

Lettre de Fouché à Collot-d'Herbois son collègue et son ami, membre du comité de salut public.

   Toulon, 28 frimaire l'an II de la république, une et indivisible.

Et nous aussi, mon ami, nous avons contribué à la prise de Toulon, en portant l'épouvante parmi les lâches qui y sont entrés en offrant à leurs regards des milliers de cadavres de leurs complices.

La guerre est terminée, si nous savons mettre à profit cette mémorable victoire. Soyons terribles, pour ne pas craindre de devenir faibles ou cruels; anéantissons dans notre colère et d'un seul coup tous les rebelles, tous les conspirateurs, tous les traîtres, pour nous épargner la douleur, le long supplice de les punir en rois. Exerçons la justice à l'exemple de la nature, vengeons-nous en peuple; frappons comme la foudre, et que la cendre même de nos ennemis disparaisse du sol de la liberté.

Que de toutes parts les perfides et féroces Anglais soient assaillis; que la république entière ne forme qu'un volcan qui lance sur eux la lave dévorante; que l'île infâme qui produisit ces monstres, qui n'appartiennent plus à l'humanité, soit à jamais ensevelie sous les flots de la mer!

Adieu, mon ami, les larmes de la joie coulent de mes yeux, elles inondent mon ame. Le courrier part, je t'écrirai par le courrier ordinaire.

Signé, Fouché.

P. S. Nous n'avons qu'une manière de célébrer la victoire; nous envoyons ce soir deux cent treize rebelles sous le feu de la foudre. Des courriers extraordinaires vont partir dans le moment pour donner la nouvelle aux armées.

Salicetti, Ricord, Fréron, Robespierre, Barras, représentants du peuple près l'armée dirigée contre Toulon,

A leurs collègues composant le comité de salut public.

Toulon, au quartier-général, le 30 frimaire l'an II
de la république, une et indivisible.

L'armée de la république, chers collègues, est entrée dans Toulon, le 29 frimaire, à sept heures du matin, après cinq jours et cinq nuits de combats et de fatigues ; elle brûlait d'impatience de donner l'assaut; quatre mille échelles étaient prêtes : mais la lâcheté des ennemis, qui avaient évacué la place après avoir encloué tous les canons des remparts, a rendu l'escalade inutile.

Quand ils surent la prise de la redoute anglaise et de tout le promontoire, et que, d'un autre côté, ils virent toutes les hauteurs du Pharon occupées par la division du général Lapoype, l'épouvante les saisit ; ils étaient entrés ici en traîtres, ils s'y sont maintenus en lâches, ils en sont sortis en scélérats. Ils ont fait sauter en l'air le *Thémistocle*, qui servait de prison aux patriotes : heureusement ces derniers, à l'exception de six, ont trouvé le moyen de se sauver pendant l'incendie. Ils nous ont brûlé neuf vaisseaux, et en ont emmené trois ; quinze sont conservés à la république, parmi lesquels ils faut remarquer le superbe sans-culotte, de cent trente pièces de canon ; des canots s'en sont approchés jusque dans le port, tandis que nous étions dans Toulon ; deux pièces de campagne, placées sur le quai, les ont écartés. Déja quatre frégates brûlaient, quand les galériens, qui sont les plus honnêtes gens qu'il y ait à Toulon, ont coupé les câbles et éteint le feu. La corderie et le magasin de bois ne sont pas endommagés ; des flammes menaçaient de dévorer le magasin général, nous avons commandé cinq cents travailleurs qui ont coupé la communication. Il nous reste encore des frégates, de manière que la république a encore ici des forces navales respectables. Nous avons trouvé des provisions de toute espèce; on travaille à en faire un état que nous vous enverrons.

La vengeance nationale se déploie, l'on fusille à force; déja tous les officiers de la marine sont exterminés; la république sera vengée d'une manière digne d'elle : les mânes des patriotes seront apaisés.

Comme quelques soldats, dans l'ivresse de la victoire, se portèrent au pillage, nous avons fait proclamer dans toute la ville que le butin de tous les rebelles était la propriété de l'armée triomphante, mais qu'il fallait déposer tous les meubles et effets dans un vaste local que nous avons indiqué, pour être estimés et vendus sur-le-champ au profit de nos braves défenseurs, et nous avons promis en sus un million à l'armée. Cette proclamation a produit le plus heureux effet. Beauvais a été délivré de son cachot; il est méconnaissable; nous l'avons fait transférer dans une maison commode ; il nous a embrassés avec attendrissement ; quand il a passé au travers des rangs, l'armée a fait en l'air un feu général en signe d'allegresse. Le père de Pierre Bagle est aussi délivré. Une de nos batteries a coulé bas une frégate anglaise.

A demain d'autres détails : vous concevez facilement nos occupations et nos fatigues.

Salut et fraternité.

Signé, Salicetti, Fréron, Ricord, Robespierre et Barras.

Extrait du Moniteur universel, du 20 brumaire an VIII de la république française, une et indivisible.

Le 19 brumaire, à neuf heures du matin, le directoire ignorait encore ce qui se passait : Gohier, Moulins et Barras étaient réunis : Siéyes se promenait dans le jardin du Luxembourg, et Roger-Ducos était chez lui ; Siéyes ayant été instruit du décret du conseil des anciens, se rendit aux Tuileries. Roger-Ducos demanda à ses trois autres collègues quelle foi on devait ajouter aux bruits qui se répandaient ? Ceux-ci n'ayant pu lui donner d'éclaircissements, se rendirent au conseil des anciens.

A dix heures, Gohier, Barras et Moulin formant

la majorité du directoire, ont mandé le général Lefèvre, commandant la dix-septième division militaire, pour rendre compte de sa conduite et de ce qui se passait : Lefèvre répondit que, d'après le décret que venait de rendre le conseil des anciens, il n'avait plus de compte à rendre qu'à Bonaparte, qui était devenu son général.

A cette nouvelle, les trois directeurs furent consternés. Moulin entra en fureur et voulait envoyer un bataillon pour cerner la maison Bonaparte : mais il n'y avait plus moyen de faire exécuter aucun ordre ; la garde du directoire l'avait quitté pour se rendre aux Tuileries. Cependant les barrières furent fermées pendant quelques instants, et l'on croit que l'ordre en fut donné par les trois directeurs.

Dans la matinée, on vit venir au conseil des anciens, Bellot, secrétaire de Barras, qui venait parler à Bonaparte. Il entretint le général pendant quelque temps en particulier, puis Bonaparte élevant la voix, lui dit en présence d'une foule d'officiers et de soldats : « Qu'avez-vous fait de cette France que je vous ai lais« sée si brillante ? Je vous ai laissé la paix, j'ai re« trouvé la guerre ; je vous ai laissé des victoires, j'ai « trouvé partout des lois spoliatrices et la misère. Qu'a« vez-vous fait de cent mille Français que je connais« sais, tous mes compagnons de gloire ? ils sont morts !

« Cet état de choses ne peut durer. Avant trois ans « il nous menerait au despotisme. Mais nous voulons « la république, la république assise sur les bases de « l'égalité, de la morale, de la liberté civile, et de la « tolérance politique : avec une bonne administration,

« tous les individus oublieront les factions dont on les
« fit membres, pour leur permettre d'être Français.
« Il est temps enfin que l'on rende aux défenseurs de
« la patrie la confiance à laquelle ils ont tant de droits.
« A entendre quelques factieux, bientôt nous serions
« tous des ennemis de la république, nous qui l'avons
« affermie par nos travaux et notre courage. Nous ne
« voulons pas de gens plus patriotes que les braves
« qui sont mutilés au service de la république. »

Lettre de Barras, adressée au conseil des Cinq-Cents.

18 brumaire.

Engagé dans les affaires publiques, uniquement par ma passion pour la liberté, je n'ai consenti à accepter la première magistrature de l'état que pour la soutenir dans les périls par mon dévouement; pour préserver des atteintes de ses ennemis les patriotes compromis dans sa cause, et pour assurer aux défenseurs de la patrie ces soins particuliers qui ne pouvaient leur être plus constamment donnés que par un citoyen anciennement témoin de leurs vertus héroïques, et toujours touché de leurs besoins.

La gloire qui accompagne le retour du guerrier illustre à qui j'ai eu le bonheur d'ouvrir le chemin de la gloire, les marques éclatantes de confiance que lui donne le corps législatif, et le décret de la représentation nationale, m'ont convaincu que quelque soit le poste où m'appelle désormais l'intérêt public, les périls de la liberté sont surmontés et les intérêts des armées garantis. Je rentre avec joie dans les rangs de simple citoyen; heureux, après tant d'orages, de remettre entiers et plus respectables que jamais les destins de la république, dont j'ai partagé le dépôt !

Salut et respect, Barras.

PROCLAMATION

Du ministre de la police générale,

A ses concitoyens.

18 brumaire.

La république était menacée d'une dissolution prochaine.

Le corps législatif vient de saisir la liberté sur le penchant du précipice, pour la replacer sur d'inébranlables bases.

Les évènements sont enfin préparés pour notre bonheur et pour celui de la postérité.

Que tous les républicains soient calmes, puisque leurs vœux doivent être remplis ; qu'ils résistent aux suggestions perfides de ceux qui ne cherchent dans les évènements politiques que les moyens de troubles, et dans les troubles que la perpétuité des mouvements et des vengeances.

Que les faibles se rassurent, ils sont avec les forts ; que chacun suive avec sécurité le cours de ses affaires et de ses habitudes domestiques.

Ceux-là seuls ont à craindre et doivent s'arrêter, qui sèment les inquiétudes, égarent les esprits et préparent le désordre. Toutes les mesures de répression sont prises et assurées ; les instigateurs des troubles, les provocateurs à la royauté, tous ceux qui pourraient attenter à la sûreté publique ou particulière, seront saisis et livrés à la justice.

Signé, Fouché.

Séance du conseil des Anciens.

18 brumaire.

Le conseil des anciens s'assembla le 19 brumaire, à deux heures, dans la grande galerie du château de Saint-Cloud. A quatre heures, le général Bonaparte fut introduit, et ayant reçu du président le droit de parler, il s'exprima ainsi :

Représentants du peuple, vous n'êtes point dans des circonstances ordinaires ; vous êtes sur un volcan.

Permettez-moi de vous parler avec la franchise d'un soldat, avec celle d'un citoyen zélé pour le bien de son pays, et suspendez, je vous en prie, votre jugement jusqu'à ce que vous m'ayez entendu jusqu'à la fin.

J'étais tranquille à Paris, lorsque je reçus le décret du conseil des anciens, qui me parla de ses dangers, de ceux de la république. A l'instant j'appelai, je retrouvai mes frères d'armes, et nous vînmes vous donner notre appui ; nous vînmes vous offrir les bras de la nation, parce que vous en étiez la tête. Nos intentions furent pures, désintéressées ; et pour prix du dévouement que nous avons montré hier, aujourd'hui déja on nous abreuve de calomnies. On parle d'un nouveau César, d'un nouveau Cromwel ; on répand que je veux établir un gouvernement militaire.

Représentants du peuple, si j'avais voulu opprimer la liberté de mon pays, si j'avais voulu usurper l'autorité suprême, je ne me serais pas rendu aux ordres que vous m'avez donnés, je n'aurais pas eu besoin de recevoir cette autorité du sénat. Plus d'une fois, et dans des circonstances très-favorables, j'ai été appelé à la prendre. Après nos triomphes en Italie, j'y ai été appelé par le vœu de mes camarades, par celui de ces soldats qu'on a tant maltraités depuis qu'ils ne sont plus sous mes ordres ; de ces soldats qui sont obligés, encore aujourd'hui, d'aller faire dans les déserts de l'ouest une guerre horrible, que la sagesse et le retour aux principes avaient calmée, et que l'ineptie ou la trahison vient de rallumer.

Je vous le jure, représentants du peuple, la patrie n'a pas de plus zélé défenseur que moi ; je me dévoue tout entier pour faire exécuter vos ordres ; mais c'est sur vous seuls que repose son salut : car il n'y a plus de directoire ; quatre des membres qui en faisaient partie ont donné leur démission, et le cinquième a été mis en surveillance pour sa sûreté. Les dangers sont pressants, le mal s'accroît ; le ministre de la police vient de m'avertir que dans la Vendée plusieurs places étaient tombées entre les mains des chouans. Représentants du peuple, le conseil des anciens est investi d'un grand pouvoir ; mais il est encore animé d'une plus grande sagesse : ne consultez qu'elle et l'imminence du danger, prévenez les déchirements ; évitons de perdre ces deux choses pour lesquelles nous avons fait tant de sacrifices, la liberté et l'égalité !....

(Interrompu par un membre qui lui rappelait la constitution, Bonaparte continua de cette manière) :

La constitution ! vous l'avez violée au 18 fructidor ; vous l'avez violée au 22 floréal ; vous l'avez violée au 30 prairial. La constitution ! elle est invoquée par toutes les factions, et elle a été violée par toutes ; elle est méprisée par toutes ; elle ne peut plus être pour nous un moyen de salut, parce qu'elle n'obtient plus le respect de personne. Représentants du peuple, vous ne voyez pas en moi un misérable intrigant qui se couvre d'un masque hypocrite. J'ai fait mes preuves de dévouement à la république, et toute dissimulation m'est inutile. Je ne vous tiens ce langage que parce que je desire que tant de sacrifices ne soient pas perdus. La constitution, les droits du peuple ont été violés plusieurs fois : et puisqu'il ne nous est plus permis de rendre à cette constitution le respect qu'elle devait avoir, sauvons les bases sur lesquelles elle se repose; sauvons l'égalité, la liberté; trouvons des moyens d'assurer à chaque homme la liberté qui lui est due et que la constitution n'a pas su lui garantir. Je vous déclare qu'aussitôt que les dangers qui m'ont fait confier des pouvoirs extraordinaires seront passés, j'abdiquerai ces pouvoirs. Je ne veux être, à l'égard de la magistrature que vous aurez nommée, que le bras qui la soutiendra et fera exécuter ses ordres.

(Un membre demande que le général Bonaparte fournisse des preuves des dangers qu'il annonce.)

Bonaparte. S'il faut s'expliquer tout-à-fait; s'il faut nommer les hommes, je les nommerai; je dirai que les directeurs Barras et Moulin m'ont proposé de me mettre à la tête d'un parti tendant à renverser tous les hommes qui ont des idées libérales....

(On discute si Bonaparte continuera de s'énoncer publiquement et si l'assemblée ne se formera pas en comité secret. Il est décidé que le général sera entendu en public.)

Bonaparte. Je vous le répète, représentants du peuple; la constitution, trois fois violée, n'offre plus de garantie aux citoyens; elle ne peut entretenir l'harmonie, parce qu'elle n'est respectée de personne. Je le répète encore, qu'on ne croie point que je tiens ce langage pour m'emparer du pouvoir après la chute des autorités; le pouvoir, on me l'a offert encore depuis mon retour à Paris. Les différentes factions sont venues sonner à ma porte, je ne les ai pas écoutées, parce que je ne suis d'aucune cotterie, parce que je ne suis que du grand parti du peuple français.

Plusieurs membres du conseil des anciens savent que je les ai entretenus des propositions qui ont été faites, et je n'ai accepté l'autorité que vous m'avez confiée que pour soutenir la cause de la république. Je ne vous le cache pas, représentants du peuple, en prenant le commandement, je n'ai compté que sur le conseil des anciens. Je n'ai point compté sur le conseil des cinq-cents qui est divisé, sur le conseil des cinq-cents où se trouvent des hommes qui voudraient nous rendre la convention, les comités révolutionnaires et les échafauds; sur le conseil des cinq-cents où les chefs de ce parti viennent de prendre séance en ce moment; sur le conseil des cinq-cents, d'où viennent de partir des émissaires chargés d'aller organiser un mouvement à Paris.

Que ces projets criminels ne vous effraient point, représentants du peuple : environné de mes frères d'armes, je saurai vous en préserver; j'en atteste votre courage, vous mes braves camarades, vous aux yeux de qui l'on voudrait me peindre comme un ennemi de la liberté; vous grenadiers dont j'aperçois les bonnets, vous braves soldats dont j'aperçois les baïonnettes que j'ai si souvent fait tourner à la honte de l'ennemi, à l'humiliation des rois, que j'ai employées à fonder des républiques : et si quelque orateur, payé par l'étranger, parlait de me mettre *hors la loi*, qu'il prenne garde de porter cet arrêt contre lui-même! S'il parlait de me mettre *hors la loi*, j'en appellerais à vous, mes braves compagnons d'armes; à vous, braves soldats que j'ai tant de fois menés à la victoire ; à vous, braves défenseurs de la république avec lesquels j'ai partagé tant de périls pour affermir la liberté et l'égalité : je m'en remettrais, mes braves amis, au courage de vous tous et à ma fortune.

Je vous invite, représentants du peuple, à vous former en comité général, et à y prendre des mesures salutaires que l'urgence des dangers commande impérieusement. Vous trouverez toujours mon bras pour faire exécuter vos résolutions.

(Le président invite le général, au nom du conseil, à dévoiler dans toute son étendue le complot dont la république était menacée.)

Bonaparte. J'ai eu l'honneur de dire au conseil que la constitution ne pouvait sauver la patrie, et qu'il fallait arriver à un ordre de choses tel que nous puissions la retirer de l'abyme où elle se trouve. La première partie de ce que je viens de vous répéter, m'a été dite par deux membres du directoire que je vous ai nommés, et qui ne seraient pas plus coupables qu'un très-grand nombre d'autres Français, s'ils n'eussent fait qu'articuler une chose qui est connue de la France entière. Puisqu'il est reconnu que la constitution ne peut pas sauver la république, hâtez-vous donc de prendre des moyens pour la retirer du danger, si vous ne voulez pas recevoir de sanglants et d'éternels reproches du peuple français, de vos familles et de vous-mêmes.

Décret de déportation du 29 brumaire an VIII de la république française, une et indivisible.

Les consuls de la république, en exécution de l'article III de la loi du 19 de ce mois, qui les charge spécialement de rétablir la tranquillité intérieure, ont arrêté, le 25 brumaire :

Art. Ier Les individus ci-après nommés : Destrem, ex-député; Aréna, ex-député; Marquesi, ex-député; Truc, ex-député; Félix Lepelletier; Charles Hesse; Scipion-du-Roure; Gagny; Massard; Fournier; Giraud; Fiquet; Basch; Marchand; Gabriel; Manin; J. Sabathier; Clémence; Marné; Jourdeuil; Metge; Mourgoing; Corchaut; Maignant (de Marseille); Henriot; Lebois; Soulavie; Dubrueil; Didier; Lamberté; Daubigny; Xavier Audouin, sortiront du territoire continental de la république française. Ils seront à cet effet tenus de se rendre à Rochefort pour être ensuite conduits et retenus dans le département de la Guyane française.

II. Les individus ci-après nommés : Briot; Antonelle, Lachevardière; Poulain-Grandpré; Grandmaison;

Talot ; Quirot; Daubermesnil ; Frison ; Declercq; Jourdan (de la Haute - Vienne) ; Lesage - Sénault ; Prudhon ; Groscassand-Dorimond ; Guesdon ; Julien (de Toulouse); Sonthonax; Tilly, ex-chargé des affaires de Gênes ; Stévenette, Castaing ; Bouvier et Delbrel, seront tenus de se rendre dans la commune de la Rochelle, département de la Charente-Inférieure, pour être ensuite conduits et retenus dans tel lieu de ce département qui sera indiqué par le ministre de la police générale.

III. Immédiatement après la publication du présent arrêté, les individus compris dans les deux articles précédents, seront déssaisis de l'exercice de tout droit de propriété, et la remise ne leur en sera faite que sur la preuve authentique de leur arrivée au lieu fixé par le présent arrêté.

IV. Seront pareillement déssaisis de ce droit, ceux qui quitteront le lieu où ils se seront rendus, ou celui où ils auront été conduits en vertu des dispositions précédentes.

V. Le présent arrêté sera inséré au bulletin des lois; les ministres de la police générale, de la marine et des finances seront chargés, chacun en ce qui le concerne, d'en surveiller et d'en assurer l'exécution.

Par les consuls de la république,

SIÉYES, ROGER-DUCOS, BONAPARTE.

Arrêté du directoire exécutif, en date du 26 vendémiaire.

Le directoire exécutif, sur le rapport du ministre des relations extérieures ; considérant, 1° Que l'emprisonnement dans les cachots de Hambourg, des citoyens Napper-Tandy et Blackwell, naturalisés français, et attachés au service de la république, ainsi que celui des citoyens Morris et Corbett, et leur extradition dans les mains des agens de l'Angleterre, est un attentat contre le droit des gens, un crime contre l'humanité, une grave offense faite à la république française ;

2° Que les lois de la neutralité imposent aux états qui jouissent de ses bienfaits, des devoirs qui tiennent à tout ce que les principes de la sociabilité et ceux du droit public ont de plus sacré ;

3° Que le plus impérieux de ces devoirs est d'éloigner tout acte d'hostilité du territoire neutre, et par-là, d'offrir à la personne de tous les citoyens et sujets des nations belligérantes, une protection assurée et un asyle égal contre toute violence exercée en vertu des lois de la guerre ;

4° Considérant que depuis que l'orgueil et le fanatisme de quelques gouvernements sont parvenus à rallumer le feu de la guerre, les attentats contre le droit des gens, se multiplient d'une manière effrayante ; que c'est surtout le chef d'un empire reculé au nord de l'Europe et de l'Asie, qui, sans provocation de la part des Français, s'est fait l'instrument de la haine du gouvernement anglais contre la république française, et contre les principes libéraux et philanthropiques sur lesquels elle est fondée; que ce chef prodigua les menaces et les insultes à tous les gouvernements qui ne partagent pas sa politique aveugle et passionnée;

5° Que si le cours de cette corruption morale et politique n'était pas arrêté par un appel à tous les gouvernements qui n'ont pas encore participé à cet état de dégradation, et par la punition de ceux qui en ont partagé la honte; si, enfin, ces attentats n'étaient pas signalés à l'opinion publique avec la réprobation qu'ils méritent, on pourrait craindre qu'un jour les lois de la guerre fussent sans frein, et les droits de la paix sans garantie; qu'il n'existât plus de barrières contre les progrès d'une dissolution générale, et que l'Europe rétrogradât rapidement vers l'état de barbarie;

Considérant enfin que la déférence d'un gouvernement à des ordres atroces, ne peut être excusée par la considération de sa faiblesse, surtout quand ce gouvernement s'est rendu coupable de la dépendance de la position dans laquelle il s'est volontairement placé, et que tel est le cas où se sont mis les magistrats de Hambourg, en ordonnant l'incarcération des citoyens Napper-Tandy, Blackwel, Moris et Corbett, et en refusant leur délivrance sur la preuve officielle qu'ils étaient citoyens et officiers français;

A arrêté, le 17 vendémiaire :

Art. Ier L'attentat commis par le gouvernement

de Hambourg, sera-dénoncé à tous les gouvernements alliés et neutres, par les ministres de la république, en résidence auprès de ces gouvernements.

II. Les agents consulaires et diplomatiques, en résidence auprès du sénat de Hambourg, quitteront sur le champ la ville et son territoire.

III. Tout agent du gouvernement Hambourgeois, résidant en France, recevra l'ordre de quitter le lieu de sa résidence dans les vingt-quatre heures, et le territoire français dans huit jours.

IV. Un embargo général sera mis sur tous les bâtiments et vaisseaux portant pavillon Hambourgeois, et existants dans les ports de la république.

PROCLAMATION

De Bonaparte, général en chef,

Aux citoyens composant la garde nationale sédentaire de Paris.

18 brumaire, an VIII de la république, une et indivisible.

Citoyens, le conseil des anciens, dépositaire de la sagesse nationale, vient de rendre le décret ci-joint; il est autorisé par les articles 102 et 103 de l'acte constitutionnel.

Il me charge de prendre les mesures nécessaires pour la sûreté de la représentation nationale. Sa translation est nécessaire et momentanée. Le corps législatif se trouvera à même de tirer la représentation du danger imminent où la désorganisation nous conduit.

Il a besoin, dans cette circonstance essentielle, de l'union et de la confiance des patriotes. Ralliez-vous autour de lui : c'est le seul moyen d'asseoir la république sur les bases de la liberté civile, du bonheur intérieur, de la victoire et de la paix.

BONAPARTE.

PROCLAMATION

De Bonaparte général en chef,

A l'armée.

Le général Lefebvre conserve le commandement de la dix-septième division militaire.

Les troupes rentreront dans leurs quartiers respectifs; le service se fera comme à l'ordinaire.

Le général Bonaparte est très-satisfait de la conduite des troupes de ligne, des invalides, des gardes nationales sédentaires, qui, dans la journée d'hier, si heureuse pour la république, se sont montrés les vrais amis du peuple; il témoigne sa satisfaction particulière aux braves grenadiers près la représentation nationale, qui se sont couverts de gloire en sauvant la vie à leur général près de tomber sous les coups de représentants armés de poignards.

BONAPARTE.

PROCLAMATION

Des consuls de la république,

Au peuple français.

La constitution de l'an III périssait; elle n'avait su, ni garantir vos droits, ni se garantir elle-même. Des atteintes multipliées lui ravissaient sans retour le respect du peuple; des factions haineuses et cupides se partageaient la république. La France approchait enfin du dernier terme d'une désorganisation générale.

Les patriotes se sont entendus. Tout ce qui pouvait vous nuire a été écarté; tout ce qui pouvait vous servir, tout ce qui était resté pur dans la représentation nationale, s'est réuni sous les bannières de la liberté.

Français, la république, affermie et replacée dans l'Europe au rang qu'elle n'aurait jamais dû perdre, verra se réaliser toutes les espérances des citoyens, et accomplira ses glorieuses destinées.

Prêtez avec nous le serment que nous faisons *d'être*

fidèles à la république, une et indivisible, fondée sur l'égalité, la liberté et le système représentatif.

Par les consuls de la république,

Roger-Ducos, Bonaparte, Siéyes.

Les consuls de la République,

A la commission législative du conseil des cinq-cents.

24 brumaire.

Citoyens représentants,

Par un rapport joint au présent message, le ministre des finances vient d'exposer aux consuls de la république la nécessité de rapporter la loi sur l'emprunt forcé, et de lui substituer une subvention de guerre, réglée dans la proportion des vingt-cinq centimes des contributions foncière, mobilière et somptuaire.

En conformité de l'art. 9 de la loi du 19 de ce mois, les consuls de la république vous font la proposition formellement nécessaire de statuer sur cet objet.

Par les consuls de la république,

Roger-Ducos, Bonaparte, Siéyes.

Bonaparte, premier consul de la république,

Aux Français.

Rendre la république chère aux citoyens, respectable aux étrangers, formidable aux ennemis, telles sont les obligations que nous avons contractées en acceptant la première magistrature.

Elle sera chère aux citoyens, si les lois, si les actes de l'autorité sont toujours empreints de l'esprit d'ordre, de justice, de modération.

Sans l'ordre, l'administration n'est qu'un chaos ; point de finances, point de crédit public ; et avec la fortune de l'état s'écroulent les fortunes particulières. Sans justice, il n'y a que des partis, des oppresseurs et des victimes.

La modération imprime un caractère auguste aux gouvernements comme aux nations. Elle est toujours la compagne de la force et de la durée des institutions sociales.

La république sera imposante aux étrangers, si elle sait respecter dans leur indépendance le titre de sa propre indépendance; si ses engagements préparés par la sagesse, formés par la franchise, sont gardés par la fidélité.

Elle sera enfin formidable aux ennemis, si ses armées de terre et de mer sont fortement constituées, si chacun de ses défenseurs trouve une famille dans le corps auquel il appartient, et dans cette famille un héritage de vertus et de gloire; si l'officier formé par de longues études, obtient par un avancement régulier la récompense due à ses talents et à ses services.

A ces principes tiennent la stabilité du gouvernement, les succès du commerce et de l'agriculture, la grandeur et la prospérité des nations.

En les développant, nous avons tracé la règle qui doit nous juger. Français, nous avons dit nos devoirs; ce sera vous qui nous direz si nous les avons remplis.

BONAPARTE.

Le premier consul,

Au sénat conservateur.

6 nivose.

Sénateurs,

Les consuls de la république s'empressent de vous faire connaître que le gouvernement est installé. Ils emploieront dans toutes les circonstances, tous leurs moyens pour détruire l'esprit de faction, créer l'esprit public, et consolider la constitution qui est l'objet des espérances du peuple français. Le sénat conservateur sera animé du même esprit, et par sa réunion avec les consuls, seront déjoués les mal intentionnés, s'il pouvait en exister dans les premiers corps de l'état.

Le premier consul, BONAPARTE.

PROCLAMATION

Du premier consul,

Aux habitants des départements de l'Ouest.

Une guerre impie menace d'embraser une seconde fois les départements de l'Ouest. Le devoir des premiers magistrats de la république est d'en arrêter les progrès et de l'éteindre dans son foyer; mais ils ne veulent déployer la force qu'après avoir épuisé les voies de la persuasion et de la justice.

Les artisans de ces troubles sont des traîtres vendus à l'Anglais, et instruments de ses fureurs, ou des brigands qui ne cherchent dans les discordes civiles que l'aliment et l'impunité de leurs forfaits.

A de tels hommes, le gouvernement ne doit ni ménagement, ni déclaration de ses principes.

Mais il est des citoyens chers à la patrie qui ont été séduits par leurs artifices; c'est à ces citoyens que sont dues les lumières et la vérité.

Des lois injustes ont été promulguées et exécutées; des actes arbitraires ont alarmé la sécurité des citoyens et la liberté des consciences; partout des inscriptions hasardées sur des listes d'émigrés, ont frappé des citoyens qui n'avaient jamais abandonné ni leur patrie, ni même leurs foyers; enfin, de grands principes d'ordre social ont été violés.

C'est pour réparer ces injustices et ces erreurs qu'un gouvernement, fondé sur les bases sacrées de la liberté, de l'égalité, du système représentatif, a été proclamé et reconnu par la nation. La volonté constante, comme l'intérêt et la gloire des premiers magistrats qu'elle s'est donnés, sera de fermer toutes les plaies de la France, et déja cette volonté est garantie par des actes qui sont émanés d'eux.

Ainsi la loi désastreuse de l'emprunt forcé, la loi plus désastreuse des ôtages, ont été révoquées; des individus déportés sans jugement préalable, sont rendus à leur patrie et à leur famille. Chaque jour est et sera marqué par des actes de justice ; et le conseil d'état travaille sans relâche à préparer la réformation des mauvaises lois, et une combinaison plus heureuse des contributions publiques.

Les consuls déclarent encore que la liberté des cultes est garantie par la constitution; qu'aucun magistrat ne peut y porter atteinte ; qu'aucun homme ne peut dire à un autre : *Tu exerceras un tel culte, tu ne l'exerceras qu'un tel jour.*

La loi du 11 prairial an III qui laisse aux citoyens l'usage des édifices destinés au culte religieux, sera exécutée.

Tous les départements doivent être également soumis à l'empire des lois générales ; mais les premiers magistrats accorderont toujours et des soins et un intérêt plus marqué à l'agriculture, aux fabriques et au commerce, dans ceux qui ont éprouvé de plus grandes calamités.

Le gouvernement pardonnera ; il fera grace au repentir ; l'indulgence sera entière et absolue : mais il frappera quiconque, après cette déclaration, oserait encore résister à la souveraineté nationale.

Français habitants des départements de l'Ouest, ralliez-vous autour d'une constitution qui donne aux magistrats qu'elle a créés, la force comme le devoir de protéger les citoyens, qui les garantit également et de l'instabilité et de l'intempérance des lois !

Que ceux qui veulent le bonheur de la France, se séparent des hommes qui persisteraient à vouloir les égarer pour les livrer au fer de la tyrannie, ou à la domination de l'étranger !

Que les bons habitants des campagnes rentrent dans leurs foyers et reprennent leurs utiles travaux; qu'ils se défendent des insinuations de ceux qui voudraient les ramener à la servitude féodale !

Si, malgré toutes les mesures que vient de prendre le gouvernement, il était encore des hommes qui osassent provoquer la guerre civile, il ne resterait aux premiers magistrats qu'un devoir triste, mais nécessaire a remplir, celui de les subjuguer par la force.

Mais non : tous ne connaîtront qu'un seul sentiment, l'amour de la patrie. Les ministres d'un Dieu de paix seront les premiers moteurs de la réconciliation et de la concorde; qu'ils parlent aux cœurs le langage qu'ils apprirent à l'école de leur maître; qu'ils aillent dans ces temples qui se rouvrent pour eux, offrir, avec leurs concitoyens, le sacrifice qui expiera les crimes de la guerre et le sang qu'elle a fait verser.

Le premier consul, BONAPARTE.

PROCLAMATION

Du premier consul,

A l'armée de l'Ouest.

15 nivose.

Soldats !

Le gouvernement a pris les mesures pour éclairer les habitants égarés des départements de l'Ouest ; avant de prononcer, il les a entendus. Il a fait droit à leurs griefs, parce qu'ils étaient raisonnables. La masse des bons habitants a posé les armes. Il ne reste plus que des brigands, des émigrés, des stipendiés de l'Angleterre.

Des Français stipendiés de l'Angleterre! ce ne peut être que des hommes sans aveu, sans cœur et sans honneur. Marchez contre eux ; vous ne serez pas appelés à déployer une grande valeur.

L'armée est composée de plus de soixante mille braves : que j'apprenne bientôt que les chefs des rebelles ont vécu. Que les généraux donnent l'exemple de l'activité ! La gloire ne s'acquiert que par les fatigues, et si l'on pouvait l'acquérir en tenant son quartier-général dans les grandes villes, ou en restant dans de bonnes casernes, qui n'en aurait pas ?

Soldats, quel que soit le rang que vous occupiez dans l'armée, la reconnaissance de la nation vous attend. Pour en être dignes, il faut braver l'intempérie des saisons, les glaces, les neiges, le froid excessif des nuits; surprendre vos ennemis à la pointe du jour, et exterminer ces misérables, le déshonneur du nom français.

Faites une campagne courte et bonne. Soyez inexorables pour les brigands; mais observez une discipline sévère.

BONAPARTE.

PROCLAMATION

Du premier consul,

Aux habitants des départements de l'Ouest.

21 nivose an VIII.

Tout ce que la raison a pu conseiller, le gouvernement l'a fait pour ramener le calme et la paix au sein de vos foyers; après de longs délais, un nouveau délai a été donné pour le repentir. Un grand nombre de citoyens a reconnu ses erreurs et s'est rallié au gouvernement qui, sans haine et sans vengeance, sans crainte et sans soupçon, protége également tous les citoyens, et punit ceux qui en méconnaissent les devoirs.

Il ne peut plus rester armés contre la France que des hommes sans foi comme sans patrie, des perfides instruments d'un ennemi étranger, ou des brigands noircis de crimes, que l'indulgence même ne saurait pardonner.

La sûreté de l'état et la sécurité des citoyens veulent que de pareils hommes périssent par le fer, et tombent sous le glaive de la force nationale; une plus longue patience ferait le triomphe des ennemis de la république.

Des forces redoutables n'attendent que le signal pour disperser et détruire ces brigands, que le signal soit donné.

Gardes nationales, joignez les efforts de vos bras à celui des troupes de ligne! Si vous connaissez parmi vous des hommes partisans des brigands, arrêtez-les; que nulle part ils ne trouvent d'asyle contre le soldat qui va les poursuivre; et s'il était des traîtres qui osassent les recevoir et les défendre, qu'ils périssent avec eux !

Habitants de l'Ouest, de ce dernier effort dépend la tranquillité de votre pays, la sécurité de vos familles, la sûreté de vos propriétés; d'un même coup vous terrasserez et les scélérats qui vous dépouillent, et l'ennemi qui achète et paie leurs forfaits !

Le premier consul, BONAPARTE.

Proclamation de la constitution.

18 pluviose an VIII.

Les consuls de la république, en conformité de

l'art. 5 de la loi du 23 frimaire, qui règle la manière dont la constitution sera présentée au peuple français, après avoir entendu le rapport des ministres de la justice, de l'intérieur, de la guerre et de la marine,

Proclament le résultat des votes émis par les citoyens français sur l'acte constitutionnel.

Sur trois millions douze mille cinq cent soixante-neuf votants, 1562 ont rejeté; trois millions onze mille sept cents ont accepté la constitution.

Le premier consul, BONAPARTE.

Extrait du rapport du ministre de la police générale, sur les naufragés de Calais.

Je suis loin d'atténuer le délit d'hommes coupables envers la patrie, et d'affaiblir le sentiment d'une juste indignation qu'ils inspirent; mais les émigrés naufragés à Calais ont subi plusieurs fois la peine portée contre le crime de l'émigration : car la mort n'est pas dans le coup qui frappe et qui nous enlève à la vie, elle est dans les angoisses et les tourments qui la précèdent. Depuis quatre années révolues, ces individus, jetés par la tempête sur le sol de leur patrie, n'y ont respiré que l'air des tombeaux. Quel que soit leur désir, ils l'ont donc expié, et ils en sont absous par le naufrage. A la suite de ce rapport, les consuls ont adopté l'arrêté suivant :

Les consuls de la république, chargés spécialement du rétablissement de l'ordre dans l'intérieur, après avoir entendu le rapport du ministre de la police générale;

Considérant 1°, que les émigrés détenus au château de Ham, ont fait naufrage sur les côtes de Calais ;

2° Qu'ils ne sont dans aucun cas prévu par les lois sur les émigrés ;

3° Qu'il est hors du droit des nations policées de profiter de l'accident d'un naufrage, pour livrer, même au juste courroux des lois, des malheureux échappés aux flots, arrêtent :

Art. 1er. Les émigrés français, naufragés à Calais le 23 brumaire an IV, et dénommés dans le jugement de la commission militaire établie à Calais le 9 nivôse an IV, *seront déportés hors du territoire de la république.*

II. Les ministres de la police générale et de la guerre sont chargés, chacun en ce qui le concerne, de l'exécution du présent arrêté, qui sera imprimé au bulletin des lois.

Signé, Roger-Ducos, Siéyes et Bonaparte.

Le ministre de la police générale ,

Signé, Fouché.

*Lettre du ministre des relations extérieures de
la république française,*

Au lord Grenville, ministre des affaires étrangères.

Paris, 5 nivose, an VIII de la république.

Milord,

J'expédie, par l'ordre du général Bonaparte, premier consul de la république française, un courrier à Londres. Il est porteur d'une lettre du premier consul de la république, pour Sa Majesté le roi d'Angleterre. Je vous prie de donner les ordres nécessaires pour qu'il puisse vous la remettre sans intermédiaire. Cette démarche annonce d'elle-même l'importance de son objet.

Recevez, milord, l'assurance de ma plus haute considération.

Ch. Mau. Talleyrand.

République française. — Souveraineté du peuple. — Liberté. — Égalité.

Bonaparte, premier consul de la république,

A S. M. le roi de la Grande-Bretagne et d'Irlande.

Appelé par les vœux de la nation française à occuper

la première magistrature de la république, je crois convenable, en entrant en charge, d'en faire directement part à votre majesté.

La guerre qui, depuis huit ans, ravage les quatre parties du monde, doit-elle être éternelle? N'est-il donc aucun moyen de s'entendre?

Comment les deux nations les plus éclairées de l'Europe, puissantes et fortes plus que ne l'exigent leur sûreté et leur indépendance, peuvent-elles sacrifier à des idées de vaine grandeur le bien du commerce, la prospérité intérieure, le bonheur des familles? Comment ne sentent-elles pas que la paix est le premier des besoins comme la première des gloires?

Ces sentiments ne peuvent pas être étrangers au cœur de votre majesté qui gouverne une nation libre et dans le seul but de la rendre heureuse.

Votre majesté ne verra dans cette ouverture que mon desir sincère de contribuer efficacement, pour la seconde fois, à la pacification générale, par une démarche prompte, toute de confiance, et dégagée de ces formes qui, nécessaires peut-être pour déguiser la dépendance des états faibles, ne décèlent dans les états forts que le désir mutuel de se tromper.

La France, l'Angleterre, par l'abus de leurs forces, peuvent long-temps encore, pour le malheur de tous les peuples, en retarder l'épuisement; mais, j'ose le dire, le sort de toutes les nations civilisées est attaché à la fin d'une guerre qui embrase le monde entier.

De votre majesté, etc., etc.

BONAPARTE.

Réponse de lord Grenville,

Au Ministre des relations extérieures, à Paris.

Monsieur,

J'ai reçu et remis sous les yeux de sa majesté les deux lettres que vous m'avez adressées. Sa majesté ne voyant point de raison pour se départir des formes depuis long-temps établies en Europe, au sujet des affaires qui se transigent entre les états, m'a ordonné de vous rendre, en son nom, la réponse officielle qui se trouve incluse dans cette note.

J'ai l'honneur d'être, avec une haute considération, monsieur, votre très-humble serviteur,

GRENVILLE.

Note au ministre des relations extérieures, à Paris.

Downing-Street, 4 janvier 1800.

Le roi a donné des preuves fréquentes de son désir sincère pour le rétablissement d'une tranquillité sûre et permanente en Europe. Il n'est, ni n'a été engagé dans aucune contestation pour une vaine et fausse gloire. Il n'a eu d'autres vues que celles de maintenir, contre toute agression, les droits et le bonheur de ses sujets.

C'est pour ces objets que jusqu'ici il a lutté contre une attaque non provoquée; c'est pour les mêmes objets qu'il est forcé de lutter encore ; et il ne saurait espérer, dans le moment actuel, qu'il pût écarter cette nécessité, en négociant avec ceux qu'une révolution nouvelle a si récemment investis du pouvoir en France. En effet, il ne peut résulter d'une telle négociation aucun avantage réel, pour ce grand objet si desirable d'une paix générale, jusqu'à ce qu'il paraisse distinctement qu'elles ont cessé d'agir, ces causes qui originairement ont produit la guerre, qui en ont depuis prolongé la durée, et qui, plus d'une fois, en ont renouvelé les effets.

Ce même système, dont la France accuse à juste titre l'influence dominante, comme la cause de ses malheurs présents, est aussi celui qui a enveloppé le reste de l'Europe dans une guerre longue et destructive, et d'une nature inconnue, depuis bien des années, aux usages des nations civilisées.

C'est pour étendre ce système et exterminer tous les gouvernements établis, que, d'année en année, les ressources de la France ont été prodiguées et épuisées, au milieu même d'une détresse sans exemple.

A cet esprit de destruction qui ne savait rien distinguer, on a sacrifié les Pays-Bas, les Provinces-Unies, et les Cantons Suisses, ces anciens amis et alliés de sa majesté. L'Allemagne a été ravagée ; l'Italie, maintenant arrachée à ses envahisseurs, a été le théâtre de rapines et d'anarchie sans bornes. Sa majesté s'est vue elle-même dans la nécessité de soutenir une lutte difficile et onéreuse, pour garantir l'indépendance et l'existence de ses royaumes.

Et ces calamités ne sont pas bornées à l'Europe seule ; elles se sont étendues aux parties les plus reculées du monde, et même jusqu'à des pays si éloignés de la contestation présente, tant par leur situation que par leurs intérêts, que l'existence même de la guerre était peut-être inconnue à ceux qui se sont trouvés subitement enveloppés dans toutes ses horreurs.

Tant que dominera un système pareil, et que le sang et les trésors d'une nation populeuse et puissante peuvent être prodigués pour soutenir ce système, l'expérience a démontré qu'on ne pouvait s'en garantir efficacement d'aucune autre manière que par des hostilités ouvertes et fermes. Les traités les plus solennels n'ont fait que préparer la voie à de nouvelles agressions. C'est uniquement à une résistance déterminée que l'on doit aujourd'hui la conservation de ce qui reste en Europe, de stabilité pour les propriétés, pour la liberté personnelle, l'ordre social, et le libre exercice de la religion.

En veillant donc à la garantie de ces objets essentiels, sa majesté ne peut placer sa confiance dans le simple renouvellement de profession générale, annonçant des dispositions pacifiques. Ces professions ont été réitérativement proclamées par tous ceux qui ont successivement dirigé les ressources de la France vers la destruction de l'Europe ; par ceux-là mêmes que les gouvernants actuels de la France ont déclarés, depuis le commencement et dans tous les temps, être tous incapables de maintenir les rapports d'amitié et de paix.

Sa majesté ne pourra que ressentir un plaisir particulier, dès qu'elle s'apercevra qu'il n'existe plus réellement, ce danger qui a si long-temps menacé et ses propres domaines, et ceux de ses alliés ; dès qu'elle pourra se convaincre que la résistance n'est plus une nécessité; qu'enfin, après l'expérience de tant d'années de crimes et de malheurs, elle verra régner en France de meilleurs principes; en un mot, quand on aura totalement abandonné ces projets gigantesques d'ambition, et les plans inquiets de destruction qui ont mis en problème jusqu'à l'existence de la société civile.

Mais la conviction d'un pareil changement, quelque agréable qu'il doive être au vœu de sa majesté, ne peut résulter que de l'expérience et de l'évidence des faits.

Le garant le plus naturel et le meilleur, en même temps, et de la réalité et de la stabilité de ce changement, se trouverait dans le rétablissement de cette race de princes qui, durant tant de siècles, surent maintenir au dedans la prospérité de la nation française, et lui assurer de la considération et du respect au dehors. Un tel évènement aurait écarté à l'instant, et dans tous les temps il écartera les obstacles qui s'opposeraient aux négociations de paix. Il assurerait à la France la jouissance incontestée de son ancien territoire, et donnerait à toutes les nations de l'Europe, par des moyens tranquilles et paisibles, la sécurité qu'elles sont maintenant forcées de chercher par d'autres moyens.

Mais, quelque desirable que puisse être un pareil évènement, et pour la France et pour le monde entier, sa majesté n'y attache pas exclusivement la possibilité d'une pacification solide et durable. Sa majesté ne prétend pas prescrire à la France quelle sera la forme de son gouvernement, ni dans quelles mains elle déposera l'autorité nécessaire pour conduire les affaires d'une grande et puissante nation.

Sa majesté ne regarde que la sécurité de ses propres états, de ceux de ses alliés, ainsi que celle de l'Europe en général. Dès qu'elle jugera que cette sécurité peut s'obtenir d'une manière quelconque, soit qu'elle résulte de la situation intérieure de ce pays-là, dont la situation intérieure a causé le danger primitif; soit qu'elle provienne de toute autre circonstance qui mène à la même fin, sa majesté embrassera avec ardeur l'occasion de se concerter avec ses alliés sur les moyens d'une pacification immédiate et générale.

Malheureusement jusque ici il n'existe point une telle sécurité : nulle garantie des principes qui doivent diriger le nouveau gouvernement; nul motif raisonnable pour juger de sa stabilité.

Dans cette situation, il ne reste pour le présent à sa majesté, qu'à poursuivre de concert avec les autres puissances une guerre juste et défensive; que son zèle pour le bonheur de ses sujets ne lui permettra jamais, ni de continuer au-delà de la nécessité à laquelle elle doit son origine, ni de cesser à d'autres conditions que celles qu'elle croira devoir contribuer à leur garantir la jouissance de leur tranquillité, de leur constitution et de leur indépendance.

GRENVILLE.

PROCLAMATION

Du premier consul de la république,

Aux Français.

Français !

Vous desirez la paix; votre gouvernement la desire avec plus d'ardeur encore. Ses premiers vœux, ses démarches constantes ont été pour elle. Le ministère anglais la repousse; le ministère anglais a trahi le secret de son horrible politique. Déchirer la France, détruire sa marine et ses ports, l'effacer du tableau de l'Europe, ou l'abaisser au rang des puissances secondaires, tenir toutes les nations du continent divisées, pour s'emparer du commerce de toutes et s'enrichir de leurs dépouilles ; c'est pour obtenir ces affreux succès que l'Ahgleterre répand l'or, prodigue les promesses, et multiplie les intrigues.

Mais ni l'or, ni les promesses, ni les intrigues de l'Angleterre n'enchaîneront à ses vues les puissances du continent. Elles ont entendu le vœu de la France ; elles connaissent la modération des principes qui la dirigent ; elles écouteront la voix de l'humanité et la voix puissante de leur intérêt.

S'il en était autrement, le gouvernement, qui n'a pas craint d'offrir et de solliciter la paix, se souviendra que c'est à vous de la commander. Pour la commander, il faut de l'argent, du fer et des soldats.

Que tous s'empressent de payer le tribut qu'ils doivent à la défense commune ; que les jeunes citoyens marchent ; ce n'est plus pour le choix des tyrans qu'ils vont s'armer : c'est pour la garantie de ce qu'ils ont de plus cher ; c'est pour l'honneur de la France ; c'est pour les intérêts sacrés de l'humanité et de la liberté. Déja les armées ont repris cette attitude, présage de la victoire ; à leur aspect, à l'aspect de la nation entière, réunie dans les mêmes intérêts et dans les mêmes vœux, n'en doutez point, Français, vous n'aurez plus d'ennemis sur le continent. Que si quelque puissance encore veut tenter le sort des combats, le premier consul a promis la paix ; il ira la conquérir à la tête de ces guerriers qu'il a plus d'une fois conduits à la victoire. Avec eux il saura retrouver ces champs encore pleins du souvenir de leurs exploits ; mais, au milieu des batailles, il invoquera la paix, et il jure de ne combattre que pour le bonheur de la France et le repos du monde.

Le premier consul, BONAPARTE.

CONSTITUTION CONSULAIRE
DE 1799.

Loi qui supprime le directoire exécutif, et organise un gouvernement provisoire.

19 brumaire an VIII (10 novembre 1799).

Le conseil des anciens, adoptant les motifs de la déclaration d'urgence qui précède la résolution ci-après, approuve l'acte d'urgence.

(*Teneur de la déclaration d'urgence et de la résolution du 19 brumaire.*)

Le conseil des cinq-cents, considérant la situation de la république, déclare l'urgence, et prend la résolution suivante :

ART. 1er. Il n'y a plus de directoire; et ne sont plus membres de la représentation nationale, pour les excès et les attentats auxquels ils se sont constamment portés, et notamment le plus grand nombre d'entre eux, dans la séance de ce matin, les individus ci-après nommés (1).

2. Le corps législatif crée provisoirement une commission consulaire exécutive, composée des citoyens *Siéyes*, *Roger-Ducos*, ex-directeurs, et *Bonaparte*, général, qui porteront le nom de *consuls de la république française*.

3. Cette commission est investie de la plénitude du pouvoir directorial, et spécialement chargée d'organiser l'ordre dans toutes les parties de l'administration, de rétablir la tranquillité intérieure, et de procurer une paix honorable et solide.

4. Elle est autorisée à envoyer des délégués, avec un pouvoir déterminé, et dans les limites du sien.

5. Le corps législatif s'ajourne au premier ventôse prochain; il se réunira de plein droit à cette époque, à Paris, dans ses palais.

6. Pendant l'ajournement du corps législatif, les membres ajournés conservent leur indemnité, et leur garantie constitutionnelle.

7. Ils peuvent, sans perdre leur qualité de représentants du peuple, être employés comme ministres, agents diplomatiques, délégués de la commission consulaire exécutive, et dans toutes les autres fonctions civiles. Ils sont même invités, au nom du bien public, à les accepter.

---

(1) Dénommés dans l'article, au nombre de soixante-un députés du conseil des cinq-cents.

8. Avant sa séparation, et séance tenante, chaque conseil nommera dans son sein une commission composée de vingt-cinq membres.

9. Les commissions nommées par les deux conseils, statueront, avec la proposition formelle et nécessaire de la commission consulaire exécutive, sur tous les objets urgents de police, de législation et de finances.

10. La commission des cinq-cents exercera l'initiative; la commission des anciens, l'approbation.

11. Les deux commissions sont encore chargées de préparer dans le même ordre de travail et de concours, les changements à apporter aux dispositions organiques de la constitution, dont l'expérience a fait sentir les vices et les inconvénients.

12. Ces changements ne peuvent avoir pour but que de consolider, garantir et consacrer inviolablement la souveraineté du peuple français, la république une et indivisible, le système représentatif, la division des pouvoirs, la liberté, l'égalité, la sûreté, et la propriété.

13. La commission consulaire exécutive pourra leur présenter ses vues à cet égard.

14. Enfin, les deux commissions sont chargées de préparer un code civil.

15. Elles siégeront à Paris, dans les palais du corps législatif, et elles pourront le convoquer extraordinairement pour la ratification de la paix, ou dans un plus grand danger public.

16. La présente sera imprimée, envoyée par des courriers extraordinaires dans les départements, et

solennellement publiée et affichée dans toutes les communes de la république.

Après une seconde lecture, le conseil des anciens approuve la résolution ci-dessus.

A Saint-Cloud, le 19 brumaire an VIII de la république française.

Les consuls de la république ordonnent que la loi ci-dessus sera publiée, exécutée, et qu'elle sera munie du sceau de la république.

Fait au palais national des consuls de la république française, le 20 brumaire an VIII de la république.

Roger-Ducos, Bonaparte, Siéyes.

CONSTITUTION DE LA RÉPUBLIQUE FRANÇAISE,

DÉCRÉTÉE PAR LES COMMISSIONS LÉGISLATIVES DES DEUX CONSEILS, ET PAR LES CONSULS.

22 frimaire an VIII (13 décembre 1799).

TITRE Ier.

De l'Exercice des Droits de cité.

Art. 1er. La république française est une et indivisible.

Son territoire européen est distribué en départements et arrondissements communaux.

2. Tout homme né et résidant en France, qui, âgé de vingt-un ans accomplis, s'est fait inscrire sur le registre civique de son arrondissement communal, et qui a demeuré depuis pendant un an sur le territoire de la république, est citoyen français.

3. Un étranger devient citoyen français, lorsque après avoir atteint l'âge de vingt-un ans accomplis, et avoir déclaré l'intention de se fixer en France, il y a résidé pendant dix années consécutives.

4. La qualité de citoyen français se perd,

Par la naturalisation en pays étranger;

Par l'acceptation de fonctions ou de pensions offertes par un gouvernement étranger;

Par l'affiliation à toute corporation étrangère qui supposerait des distinctions de naissance;

Par la condamnation à des peines afflictives ou infamantes.

5. L'exercice des droits de citoyen français est suspendu, par l'état de débiteur failli, ou d'héritier immédiat détenteur à titre gratuit de la succession totale ou partielle d'un failli;

Par l'état de domestique à gages, attaché au service de la personne ou du ménage;

Par l'état d'interdiction judiciaire, d'accusation ou de contumace.

6. Pour exercer les droits de cité dans un arrondissement communal, il faut y avoir acquis domicile par une année de résidence, et ne l'avoir pas perdu par une année d'absence.

7. Les citoyens de chaque arrondissement communal désignent par leurs suffrages ceux d'entre eux qu'ils croient les plus propres à gérer les affaires publiques. Il en résulte une liste de confiance, contenant un nombre de noms égal au dixième du nombre des citoyens ayant droit d'y coopérer. C'est dans cette première liste communale que doivent être pris les fonctionnaires publics de l'arrondissement.

8. Les citoyens compris dans les listes communales d'un département, désignent également un dixième d'entre eux. Il en résulte une seconde liste départementale, dans laquelle doivent être pris les fonctionnaires publics du département.

9. Les citoyens portés dans la liste départementale, désignent pareillement un dixième d'entre eux : il en résulte une troisième liste qui comprend les citoyens de ce département éligibles aux fonctions publiques nationales.

10. Les citoyens ayant droit de coopérer à la formation de l'une des listes mentionnées aux trois articles précédents, sont appelés tous les trois ans à pourvoir au remplacement des inscrits décédés, ou absents pour toute autre cause que l'exercice d'une fonction publique.

11. Ils peuvent, en même temps, retirer de la liste les inscrits qu'ils ne jugent pas à propos d'y maintenir, et les remplacer par d'autres citoyens dans lesquels ils ont une plus grande confiance.

12. Nul n'est retiré d'une liste que par les votes de la majorité absolue des citoyens ayant droit de coopérer à sa formation.

13. On n'est point retiré d'une liste d'éligibles par cela seul qu'on n'est pas maintenu sur une autre liste d'un degré inférieur ou supérieur.

14. L'inscription sur une liste d'éligibles n'est nécessaire qu'à l'égard de celles des fonctions publiques pour lesquelles cette condition est expressément exigée par la constitution ou par la loi. Les listes d'éligibles seront formées pour la première fois dans le cours de l'an IX.

Les citoyens qui seront nommés pour la première formation des autorités constituées, feront partie nécessaire des premières listes d'éligibles.

TITRE II.

Du Sénat conservateur.

15. Le sénat conservateur est composé de quatre-vingts membres, inamovibles et à vie, âgés de quarante ans au moins.

Pour la formation du sénat, il sera d'abord nommé soixante membres : ce nombre sera porté à soixante-deux dans le cours de l'an VIII, à soixante-quatre en l'an IX, et s'élevera ainsi graduellement à quatre-vingts par l'addition de deux membres en chacune des dix premières années.

16. La nomination à une place de sénateur se fait par le sénat, qui choisit entre trois candidats présentés : le premier, par le corps législatif; le second, par le tribunat; et le troisième, par le premier consul.

Il ne choisit qu'entre deux candidats, si l'un d'eux est proposé par deux des trois autorités présentantes : il est tenu d'admettre celui qui serait proposé à la fois par les trois autorités.

17. Le premier consul sortant de place, soit par l'expiration de ses fonctions, soit par démission, devient sénateur de plein droit et nécessairement.

Les deux autres consuls, durant le mois qui suit l'expiration de leurs fonctions, peuvent prendre place dans le sénat, et ne sont pas obligés d'user de ce droit.

Ils ne l'ont point quand ils quittent leurs fonctions consulaires par démission.

18. Un sénateur est à jamais inéligible à toute autre fonction publique.

19. Toutes les listes faites dans les départements en vertu de l'art. 9, sont adressées au sénat : elles composent la liste nationale.

20. Il élit dans cette liste les législateurs, les tribuns, les consuls, les juges de cassation, et les commissaires à la comptabilité.

21. Il maintient ou annulle tous les actes qui lui sont déférés comme inconstitutionnels par le tribunat ou par le gouvernement. Les listes d'éligibles sont comprises parmi ces actes.

22. Des revenus de domaines nationaux déterminés sont affectés aux dépenses du sénat. Le traitement annuel de chacun de ses membres se prend sur ces revenus, et il est égal au vingtième de celui du premier consul.

23. Les séances du sénat ne sont pas publiques.

24. Les citoyens *Siéyes* et *Roger-Ducos*, consuls sortants, sont nommés membres du sénat conservateur; ils se réuniront avec le second et le troisième consul nommés par la présente constitution. Ces quatre citoyens nomment la majorité du sénat, qui se complète ensuite lui même, et procède aux élections qui lui sont confiées.

TITRE III.

Du Pouvoir législatif.

25. Il ne sera promulgué des lois nouvelles que lorsque le projet en aura été proposé par le gouvernement, communiqué au tribunat, et décrété par le corps législatif.

26. Les projets que le gouvernement propose, sont rédigés en articles. En tout état de la discussion de ces projets, le gouvernement peut les retirer; il peut les reproduire modifiés.

27. Le tribunat est composé de cent membres, âgés de vingt-cinq ans au moins, ils sont renouvelés par cinquième tous les ans, et indéfiniment rééligibles tant qu'ils demeurent sur la liste nationale.

28. Le tribunat discute les projets de loi; il en vote l'adoption ou le rejet.

Il envoie trois orateurs pris dans son sein, par lesquels les motifs du vœu qu'il a exprimé sur chacun de ces projets, sont exposés et défendus devant le corps législatif.

Il défère au sénat, pour cause d'inconstitutionnalité seulement, les listes d'éligibles, les actes du corps législatif, et ceux du gouvernement.

29. Il exprime son vœu sur les lois faites et à faire, sur les abus à corriger, sur les améliorations à entreprendre dans toutes les parties de l'administration publique, mais jamais sur les affaires civiles ou criminelles portées devant les tribunaux.

Les vœux qu'il manifeste, en vertu du présent article, n'ont aucune suite nécessaire, et n'obligent aucune autorité constituée à une délibération.

30. Quand le tribunat s'ajourne, il peut nommer une commission de dix à quinze membres, chargée de le convoquer si elle le juge convenable.

31. Le corps législatif est composé de trois cents membres, âgés de trente ans au moins : ils sont renouvelés par cinquième tous les ans.

Il doit toujours s'y trouver un citoyen au moins de chaque département de la république.

32. Un membre sortant du corps législatif ne peut y rentrer qu'après un an d'intervalle; mais il peut être immédiatement élu à toute autre fonction publique y compris celle de tribun, s'il y est d'ailleurs éligible.

33. La session du corps législatif commence chaque année le 1er frimaire, et ne dure que quatre mois; il peut être extraordinairement convoqué durant les huit autres par le gouvernement.

34. Le corps législatif fait la loi en statuant par scrutin secret, et sans aucune discussion de la part de ses membres, sur les projets de loi débattus de-

vant lui par les orateurs du tribunat et du gouvernement.

35. Les séances du tribunat et celles du corps législatif sont publiques; le nombre des assistants, soit aux unes, soit aux autres, ne peut excéder deux cents.

36. Le traitement annuel d'un tribun est de quinze mille francs; celui d'un législateur, de dix mille francs.

37. Tout décret du corps législatif, le dixième jour après son émission, est promulgué par le premier consul, à moins que, dans ce délai, il n'y ait eu recours au sénat pour cause d'inconstitutionnalité. Ce recours n'a point lieu contre les lois promulguées.

38. Le premier renouvellement du corps législatif et du tribunat, n'aura lieu que dans le cours de l'an X.

TITRE IV.

Du Gouvernement.

39. Le gouvernement est confié à trois consuls nommés pour dix ans et indéfiniment rééligibles.

Chacun d'eux est élu individuellement, avec la qualité distincte ou de premier, ou de second, ou de troisième consul.

La constitution nomme premier consul le citoyen *Bonaparte*, ex-consul provisoire; second consul, le citoyen *Cambacérès*, ex-ministre de la justice; et troisième consul, le citoyen *Lebrun*, ex-membre de la commission du conseil des anciens.

Pour cette fois, le troisième consul n'est nommé que pour cinq ans.

40. Le premier consul a des fonctions et des attributions particulières, dans lesquelles il est momentanément suppléé, quand il y a lieu, par un de ses collègues.

41. Le premier consul promulgue les lois; il nomme et révoque à volonté les membres du conseil d'état, les ministres, les ambassadeurs et les autres agents extérieurs en chef, les officiers de l'armée de terre et de mer, les membres des administrations locales, et les commissaires du gouvernement près les tribunaux. Il nomme tous les juges criminels et civils, autres que les juges de paix et les juges de cassation, sans pouvoir les révoquer.

42. Dans les autres actes du gouvernement, le second et le troisième consul ont voix consultative; ils signent le registre de ces actes pour constater leur présence; et s'ils le veulent, ils y consignent leurs opinions: après quoi la décision du premier consul suffit.

43. Le traitement du premier consul sera de cinq cent mille francs en l'an VIII. Le traitement de chacun des deux autres consuls est égal aux trois dixièmes de celui du premier.

44. Le gouvernement propose les lois, et fait les réglements nécessaires pour assurer leur exécution.

45. Le gouvernement dirige les recettes et les dépenses de l'état, conformément à la loi annuelle qui détermine le montant des unes et des autres; il sur-

veille la fabrication des monnaies, dont la loi seule ordonne l'émission, fixe le titre, le poids, et le type.

46. Si le gouvernement est informé qu'il se trame quelque conspiration contre l'état, il peut décerner des mandats d'amener et des mandats d'arrêt contre les personnes qui en sont présumées les auteurs ou les complices; mais si, dans un délai de dix jours après leur arrestation, elles ne sont mises en liberté ou en justice réglée, il y a de la part du ministre signataire du mandat, crime de détention arbitraire.

47. Le gouvernement pourvoit à la sûreté intérieure et à la défense extérieure de l'état; il distribue les forces de terre et de mer, et en règle la direction.

48. La garde nationale en activité est soumise aux réglements d'administration publique : la garde nationale sédentaire n'est soumise qu'à la loi.

49. Le gouvernement entretient des relations politiques au-dehors, conduit les négociations, fait les stipulations préliminaires, signe, fait signer et conclut tous les traités de paix, d'alliance, de trêve, de neutralité, de commerce, et autres conventions.

50. Les déclarations de guerre et les traités de paix, d'alliance et de commerce, sont proposés, discutés, décrétés et promulgués comme des lois.

Seulement les discussions et délibérations sur ces objets, tant dans le tribunat que dans le corps législatif, se font en comité secret quand le gouvernement le demande.

51. Les articles secrets d'un traité ne peuvent être destructifs des articles patents.

52. Sous la direction des consuls, le conseil d'état est chargé de rédiger les projets de lois et les réglements d'administration publique, et de résoudre les difficultés qui s'élèvent en matière administrative.

53. C'est parmi les membres du conseil d'état que sont toujours pris les orateurs chargés de porter la parole au nom du gouvernement devant le corps législatif.

Ces orateurs ne sont jamais envoyés au nombre de plus de trois pour la défense d'un même projet de loi.

54. Les ministres procurent l'exécution des lois et des réglements d'administration publique.

55. Aucun acte du gouvernement ne peut avoir d'effet, s'il n'est signé par un ministre.

56. L'un des ministres est spécialement chargé de l'administration du trésor public: il assure les recettes, ordonne les mouvements de fonds et les paiements autorisés par la loi. Il ne peut rien faire payer qu'en vertu, 1° d'une loi, et jusqu'à la concurrence des fonds qu'elle a déterminés pour un genre de dépenses; 2° d'un arrêté du gouvernement; 3° d'un mandat signé par un ministre.

57. Les comptes détaillés de la dépense de chaque ministre, signés et certifiés par lui, sont rendus publics.

58. Le gouvernement ne peut élire ou conserver pour conseillers d'état, pour ministres, que des citoyens dont les noms se trouvent inscrits sur la liste nationale.

59. Les administrations locales établies, soit pour chaque arrondissement communal, soit pour des portions plus étendues du territoire, sont subordonnées aux ministres. Nul ne peut devenir ou rester membre de ces administrations, s'il n'est porté ou maintenu sur l'une des listes mentionnées aux art. 7 et 8.

TITRE V.

Des Tribunaux.

60. Chaque arrondissement communal a un ou plusieurs juges de paix, élus immédiatement par les citoyens pour trois années.

Leur principale fonction consiste à concilier les parties, qu'ils invitent, dans le cas de non-conciliation, à se faire juger par des arbitres.

61. En matière civile, il y a des tribunaux de première instance et des tribunaux d'appel. La loi détermine l'organisation des uns et des autres, leur compétence, et le territoire formant le ressort de chacun.

62. En matière de délits emportant peine afflictive ou infamante, un premier jury admet ou rejette l'accusation : si elle est admise, un second jury reconnaît le fait, et les juges, formant un tribunal criminel, appliquent la peine. Leur jugement est sans appel.

63. La fonction d'accusateur public près un tribunal criminel est remplie par le commissaire du gouvernement.

64. Les délits qui n'emportent pas peine afflictive

ou infamante, sont jugés par des tribunaux de police correctionnelle, sauf l'appel aux tribunaux criminels.

65. Il y a, pour toute la république, un tribunal de cassation, qui prononce sur les demandes en cassation contre les jugements en dernier ressort rendus par les tribunaux, sur les demandes en renvoi d'un tribunal à un autre pour cause de suspicion légitime ou de sûreté publique, sur les prises à partie contre un tribunal entier.

66. Le tribunal de cassation ne connaît point du fond des affaires; mais il casse les jugements rendus sur des procédures dans lesquelles les formes ont été violées, ou qui contiennent quelque contravention expresse à la loi, et il renvoie le fond du procès au tribunal qui doit en connaître.

67. Les juges composant les tribunaux de première instance, et les commissaires du gouvernement établis près ces tribunaux, sont pris dans la liste communale ou dans la liste départementale.

Les juges formant les tribunaux d'appel, et les commissaires placés près d'eux, sont pris dans la liste départementale.

Les juges composant le tribunal de cassation, et les commissaires établis près ce tribunal, sont pris dans la liste nationale.

68. Les juges, autres que les juges de paix, conservent leurs fonctions toute leur vie, à moins qu'ils ne soient condamnés pour forfaiture, ou qu'ils ne soient pas maintenus sur les listes d'éligibles.

TITRE VI.

De la Responsabilité des fonctionnaires publics.

69. Les fonctions des membres soit du sénat, soit du corps législatif, soit du tribunat, celles des consuls et des conseillers d'état, ne donnent lieu à aucune responsabilité.

70. Les délits personnels emportant peine afflictive ou infamante, commis par un membre, soit du sénat, soit du tribunat, soit du corps législatif, soit du conseil d'état, sont poursuivis devant les tribunaux ordinaires, après qu'une délibération du corps auquel le prévenu appartient, a autorisé cette poursuite.

71. Les ministres prévenus de délits privés emportant peine afflictive ou infamante, sont considérés comme membres du conseil d'état.

72. Les ministres sont responsables, 1° de tout acte de gouvernement signé par eux, et déclaré inconstitutionnel par le sénat; 2° de l'inexécution des lois et des réglements d'administration publique; 3° des ordres particuliers qu'ils ont donnés, si ces ordres sont contraires à la constitution, aux lois, et aux réglements.

73. Dans les cas de l'article précédent, le tribunat dénonce le ministre par un acte sur lequel le corps législatif délibère dans les formes ordinaires, après avoir entendu ou appelé le dénoncé. Le ministre mis

en jugement par un décret du corps législatif, est jugé par une haute-cour, sans appel et sans recours en cassation.

La haute-cour est composée de juges et de jurés. Les juges sont choisis par le tribunal de cassation, et dans son sein; les jurés sont pris dans la liste nationale : le tout suivant les formes que la loi détermine.

74. Les juges civils et criminels sont, pour les délits relatifs à leurs fonctions, poursuivis devant les tribunaux auxquels celui de cassation les renvoie après avoir annulé leurs actes.

75. Les agents du gouvernement, autres que les ministres, ne peuvent être poursuivis pour des faits relatifs à leurs fonctions, qu'en vertu d'une décision du conseil d'état : en ce cas, la poursuite a lieu devant les tribunaux ordinaires.

TITRE VII.

Dispositions générales.

76. La maison de toute personne habitant le territoire français, est un asyle inviolable.

Pendant la nuit, nul n'a le droit d'y entrer que dans le cas d'incendie, d'inondation, ou de réclamation faite de l'intérieur de la maison.

Pendant le jour, on peut y entrer pour un objet spécial déterminé, ou par une loi, ou par un ordre émané d'une autorité publique.

77. Pour que l'acte qui ordonne l'arrestation d'une personne puisse être exécuté, il faut, 1° qu'il exprime

formellement le motif de l'arrestation, et la loi en exécution de laquelle elle est ordonnée; 2° qu'il émane d'un fonctionnaire à qui la loi ait donné formellement ce pouvoir; 3° qu'il soit notifié à la personne arrêtée, et qu'il lui en soit laissé copie.

78. Un gardien ou geolier ne peut recevoir ou détenir aucune personne qu'après avoir transcrit sur son registre l'acte qui ordonne l'arrestation : cet acte doit être un mandat donné dans les formes prescrites par l'article précédent, ou une ordonnance de prise de corps, ou un décret d'accusation, ou un jugement.

79. Tout gardien ou geolier est tenu sans qu'aucun ordre puisse l'en dispenser, de représenter la personne détenue à l'officier civil ayant la police de la maison de détention, toutes les fois qu'il en sera requis par cet officier.

80. La représentation de la personne détenue ne pourra être refusée à ses parents et amis porteurs de l'ordre de l'officier civil, lequel sera toujours tenu de l'accorder, à moins que le gardien ou geolier ne représente une ordonnance du juge pour tenir la personne au secret.

81. Tous ceux qui, n'ayant point reçu de la loi le pouvoir de faire arrêter, donneront, signeront, exécuteront l'arrestation d'une personne quelconque; tous ceux qui, même dans le cas de l'arrestation autorisée par la loi, recevront ou retiendront la personne arrêtée, dans un lieu de détention non publiquement et légalement désigné comme tel, et tous les gardiens ou geoliers qui contreviendront aux dis-

positions des trois articles précédents, seront coupables du crime de détention arbitraire.

82. Toutes rigueurs employées dans les arrestations, détentions ou exécutions, autres que celles autorisées par les lois, sont des crimes.

83. Toute personne a le droit d'adresser des pétitions individuelles à toute autorité constituée, et spécialement au tribunat.

84. La force publique est essentiellement obéissante; nul corps armé ne peut délibérer.

85. Les délits des militaires sont soumis à des tribunaux spéciaux, et à des formes particulières de jugement.

86. La nation française déclare qu'il sera accordé des pensions à tous les militaires blessés à la defense de la patrie, ainsi qu'aux veuves et enfants des militaires morts sur le champ de bataille ou des suites de leurs blessures.

87. Il sera décerné des récompenses nationales aux guerriers qui auront rendu des services éclatants en combattant pour la république.

88. Un institut national est chargé de recueillir les découvertes, de perfectionner les sciences et les arts.

89. Une commission de comptabilité nationale règle et vérifie les comptes des recettes et des dépenses de la république. Cette commission est composée de sept membres choisis par le sénat dans la liste nationale.

90. Un corps constitué ne peut prendre de délibération que dans une séance où les deux tiers au moins de ses membres se trouvent présents.

91. Le régime des colonies françaises est déterminé par des lois spéciales.

92. Dans le cas de révolte à main armée, ou de troubles qui menacent la sûreté de l'état, la loi peut suspendre, dans les lieux et pour le temps qu'elle détermine, l'empire de la constitution.

Cette suspension peut être provisoirement déclarée dans les mêmes cas, par un arrêté du gouvernement, le corps législatif étant en vacance, pourvu que ce corps soit convoqué au plus court terme par un article du même arrêté.

93. La nation française déclare qu'en aucun cas elle ne souffrira le retour des Français qui, ayant abandonné leur patrie depuis le 14 juillet 1789, ne sont pas compris dans les exceptions portées aux lois rendues contre les émigrés; elle interdit toute exception nouvelle sur ce point.

Les biens des émigrés sont irrévocablement acquis au profit de la république.

94. La nation française déclare qu'après une vente légalement consommée de biens nationaux, quelle qu'en soit l'origine, l'acquéreur légitime ne peut en être dépossédé, sauf aux tiers réclamants à être, s'il y a lieu, indemnisés par le trésor public.

95. La présente constitution sera offerte de suite à l'acceptation du peuple français.

Fait à Paris, le 22 frimaire an VIII de la république française, une et indivisible.

Loi qui règle la manière dont la constitution sera présentée au peuple français.

23 frimaire an VIII (14 décembre 1799).

La commission du conseil des anciens, créée par la loi du 19 brumaire, adoptant les motifs de la déclaration d'urgence qui précède la résolution ci-après, approuve l'acte d'urgence.

(*Teneur de la déclaration d'urgence et de la résolution du 23 frimaire.*)

La commission du conseil des cinq-cents, créée par la loi du 19 brumaire dernier;

Délibérant sur la proposition formelle contenue dans le message des consuls en date de ce jour, de régler par une loi la manière dont la constitution sera présentée au peuple français;

Considérant que la constitution qui doit substituer à un gouvernement provisoire un ordre de choses définitif et invariable, doit être sans délai présentée à l'acceptation des citoyens;

Que le mode d'acceptation le plus convenable et le plus populaire est celui qui répond le plus promptement et le plus facilement aux besoins et à la juste impatience de la nation,

Déclare qu'il y a urgence.

La commission, après avoir déclaré l'urgence, prend la résolution suivante:

Art. Ier. Il sera ouvert dans chaque commune des

registres d'acceptation et de non-acceptation: les citoyens sont appelés à y consigner ou y faire consigner leur vote sur la constitution.

II. Les registres seront ouverts au secrétariat de toutes les administrations, aux greffes de tous les tribunaux, entre les mains des agents communaux, des juges de paix, et des notaires : les citoyens ont droit de choisir à leur gré entre ces divers dépôts.

III. Le délai pour voter dans chaque département est de quinze jours, à dater de celui où la constitution est parvenue à l'administration centrale : il est de trois jours pour chaque commune, à dater de celui où l'acte constitutionnel est arrivé au chef-lieu du canton.

IV. Les consuls de la république sont chargés de régulariser et d'activer la formation, l'ouverture, la tenue, la clôture, et l'envoi des registres.

V. Les consuls sont pareillement chargés d'en proclamer le résultat.

VI. La présente résolution sera imprimée.

Après une seconde lecture, la commission du conseil des anciens approuve la résolution ci-dessus (23 frimaire an VIII).

Les consuls de la république ordonnent que la loi ci-dessus sera publiée, exécutée, et qu'elle sera munie du sceau de la république.

Fait au palais national des consuls de la république, le 23 frimaire an VIII de la république.

ROGER-DUCOS, BONAPARTE, SIEYES.

PROCLAMATION

Des consuls de la république.

24 frimaire an VIII (15 décembre 1799).

Les consuls de la république, aux Français.

Une constitution vous est présentée.

Elle fait cesser les incertitudes que le gouvernement provisoire mettait dans les relations extérieures, et dans la situation intérieure et militaire de la république.

Elle place dans les institutions qu'elle établit, les premiers magistrats dont le dévouement a paru nécessaire à son activité.

La constitution est fondée sur les vrais principes du gouvernement représentatif, sur les droits sacrés de la propriété, de l'égalité, de la liberté.

Les pouvoirs qu'elle institue, seront forts et stables, tels qu'ils doivent être pour garantir les droits des citoyens et les intérêts de l'état.

Citoyens, la révolution est fixée aux principes qui l'ont commencée : elle est finie.

Roger-Ducos, Bonaparte, Sieyes.

Loi concernant les opérations et communications respectives des autorités chargées par la constitution de concourir à la formation de la loi.

19 nivose an VIII (9 janvier 1800).

Au nom du peuple français, Bonaparte, premier consul, proclame loi de la république le décret suivant, rendu par le corps législatif le 19 nivôse an VIII, sur la proposition faite par le gouvernement le 12 dudit mois, communiquée au tribunat le 13 du même mois.

Décret.

Le corps législatif, réuni au nombre des membres prescrit par l'art. 90 de la constitution;

Lecture faite du projet de loi concernant les opérations et communications respectives des autorités chargées par la constitution de concourir à la formation de la loi, proposé par le gouvernement le 12 nivose présent mois, et communiqué au tribunat le lendemain;

Les orateurs du tribunat et ceux du gouvernement entendus dans la séance du 19 nivose; les suffrages recueillis au scrutin secret,

Décrète :

Art. 1er. Quand le gouvernement a arrêté qu'un projet de loi sera proposé, il en prévient le corps législatif par un message.

2. Le gouvernement indique le jour auquel il croit

que doit être ouverte la discussion sur le projet de loi.

3. Après qu'un orateur du conseil d'état a lu au corps législatif le projet de loi, et en a exposé les motifs, il en dépose sur le bureau trois expéditions.

4. Sur l'une de ces expéditions mention est faite de la proposition de la loi; et elle est remise, signée du président et des secrétaires, à l'orateur ou aux orateurs du gouvernement.

5. Une des autres expéditions est déposée aux archives du corps législatif.

6. La troisième expédition est adressée, sans délai, par le corps législatif au tribunat.

7. Au jour indiqué par le gouvernement, le tribunat envoie au corps législatif ses orateurs pour faire connaître son vœu sur la proposition de loi.

8. Si, au jour indiqué, le tribunat demande une prorogation de délai, le corps législatif, après avoir entendu l'orateur ou les orateurs du gouvernement, prononce s'il y a eu lieu ou non à la prorogation demandée.

9. Si le corps législatif décide qu'il y a lieu à prorogation, le gouvernement propose un nouveau délai.

10. Si le corps législatif décide qu'il n'y a pas lieu à prorogation, la discussion est ouverte.

11. Si le tribunat ne fait pas connaître son vœu sur le projet de loi, il est censé en consentir la proposition.

12. Le bureau du corps législatif ne peut fermer la discussion ni sur les propositions de loi, ni sur les demandes de nouveau délai, qu'après que chacun

des orateurs du gouvernement ou du tribunat aura été entendu au moins une fois, s'il le demande.

13. Pour mettre le gouvernement en état de délibérer s'il y a lieu ou non à retirer le projet de loi, les orateurs du gouvernement peuvent toujours demander l'ajournement, et l'ajournement ne peut leur être refusé.

14. Le Corps législatif vote, dans tous les cas, de la manière suivante : deux urnes sont placées sur le bureau; un secrétaire fait l'appel nominal des votants; à mesure qu'ils se présentent au bureau, un autre secrétaire remet à chacun une boule blanche destinée à exprimer le *oui*, et une boule noire destinée à exprimer le *non* : une des urnes seulement est destinée à recevoir les votes; dans l'autre sont jetées les boules inutiles. Quand l'appel est achevé, les secrétaires ouvrent, à la vue de l'assemblée, l'urne du scrutin, et font le compte des voix; le président proclame le résultat.

Soit la présente loi revêtue du sceau de l'état, insérée au bulletin des lois, inscrite dans les registres des autorités judiciaires et administratives, et le ministre de la justice chargé d'en surveiller la publication.

A Paris, le 29 nivose an VIII de la république.

BONAPARTE, premier consul.

PROCLAMATION.

Des consuls de la république.

18 pluviose an VIII (7 février 1800)

LES CONSULS DE LA RÉPUBLIQUE, en conformité de

l'article 5 de la loi du 23 frimaire, qui règle la manière dont la constitution sera présentée au peuple français ; après avoir entendu le rapport des ministres de la justice, de l'intérieur, de la guerre, et de la marine,

Proclament le résultat des votes émis par les citoyens français sur l'acte constitutionnel :

Sur trois millions douze mille cinq cent soixante-neuf votants, quinze cent soixante - deux ont rejeté, trois millions onze mille sept ont accepté la constitution.

Les consuls de la république, arrêtent :

Art. 1er. Le résultat des votes émis, sur la constitution, sera proclamé, publié et affiché dans toutes les communes de la république.

2. Il sera célébré dans toutes les communes, pour l'acceptation de la constitution, une fête nationale consacrée à l'union des citoyens français.

3. Cette fête sera célébrée dans la décade qui suivra l'entière pacification des départements de l'Ouest.

Paris, 29 ventose an VIII (20 mars).

Aux jeunes Français.

Le premier consul reçoit beaucoup de lettres de jeunes citoyens empressés de lui témoigner leur attachement à la république et le desir qu'ils ont de s'associer aux efforts qu'il va faire pour conquérir la paix. Touché de leur dévouement, il en reçoit l'assurance avec un vif intérêt; la gloire les attend à Dijon.

C'est lorsqu'il les verra réunis sous les drapeaux de l'armée de réserve, qu'il se propose de les remercier et d'applaudir à leur zèle.
BONAPARTE.

Paris, le 12 germinal an VIII (2 avril 1800).

Au général Berthier, ministre de la guerre.

Les talents militaires dont vous avez donné tant de preuves, citoyen général, et la confiance du gouvernement vous appellent au commandement d'une armée (1). Vous avez pendant l'hiver réorganisé le ministère de la guerre; vous avez pourvu, autant que les circonstances l'ont permis, aux besoins de nos armées; il vous reste à conduire pendant le printemps et l'été, nos soldats à la victoire, moyen efficace d'arriver à la paix et de consolider la république.

Recevez, je vous prie, citoyen général, les témoignages de satisfaction du gouvernement sur votre conduite au ministère.
BONAPARTE.

Au quartier-général de Martigni, le 28 floréal an VIII (18 mai 1800).

Au ministre de l'intérieur.

Citoyen ministre,

Je suis au pied des grandes Alpes, au milieu du Valais.

---

(1) Celui de l'armée de réserve, auquel il était nommé par un arrêté transmis avec la lettre.

Le grand Saint-Bernard a offert bien des obstacles qui ont été surmontés avec ce courage héroïque qui distingue les troupes françaises dans toutes les circonstances. Le tiers de l'artillerie est déjà en Italie; l'armée descend à force; Berthier est en Piémont; dans trois jours tout sera passé.

BONAPARTE.

Au quartier-général de Milan, le 20 prairial an VIII (9 juin 1800).

Aux deux consuls restés à Paris.

Vous aurez vu, citoyens consuls, par les lettres de M. de Mélas, qui étaient jointes à ma précédente lettre, que le même jour que l'ordre de lever le blocus de Gênes arrivait au général Ott, le général Masséna, forcé par le manque absolu de vivres, a demandé à capituler. Il paraît que le général Masséna a dix mille combattants; le général Suchet en a à peu près autant; si ces deux corps se sont, comme je le pense, réunis entre Oneille et Savonne, ils pourront entrer rapidement en Piémont par le Tanaro, et être fort utiles, dans le temps que l'ennemi serait obligé de laisser quelques troupes dans Gênes.

La plus grande partie de l'armée est dans ce moment à Stradella. Nous avons un pont à Plaisance, et plusieurs trailles vis-à-vis Pavie. Orsi, Novi, Brescia et Crémone sont à nous.

Vous trouverez ci-joints plusieurs bulletins et différentes lettres interceptées, qu'il vous paraîtra utile de rendre publiques.

Je vous salue. BONAPARTE.

Au quartier-général de Broui, le 21 prairial an VIII (10 juin 1800).

Au citoyen Petiet, conseiller d'état.

Nous avons eu hier une affaire fort brillante. Sans exagération, l'ennemi a eu quinze cents hommes tués, deux fois autant de blessés; nous avons fait quatre mille prisonniers et pris cinq pièces de canon. C'est le corps du lieutenant-général Ott, qui est venu de Gênes à marches forcées; il voulait rouvrir la communication avec Plaisance.

Comme je n'ai pas le temps d'expédier un courrier à Paris, je vous prie de donner ces nouvelles aux consuls par un courrier extraordinaire.

L'armée continue sa marche sur Tortone et Alexandrie.

La division de l'armée du Rhin est arrivée en entier; il y en a déja une partie au-delà du Pô.

BONAPARTE.

Au quartier-général de Torre de Garofola, le 7 prairial an VII (16 juin 1800).

Aux consuls de la république.

Le lendemain de la bataille de Marengo, citoyens consuls, le général Mélas a fait demander aux avant-postes qu'il lui fût permis de m'envoyer le général Zach. On a arrêté, dans la journée, la convention dont vous trouverez ci-joint la copie (1). Elle a été signée dans la nuit, par le général Berthier et le général Mélas. J'espère que le peuple français sera content de son armée.   BONAPARTE.

Lyon, le 10 messidor an VIII (29 juin 1800).

Aux consuls de la république.

J'arrive à Lyon, citoyens consuls; je m'y arrête pour poser la première pierre des façades de la place Bellecourt, que l'on va rétablir. Cette seule circonstance pouvait retarder mon arrivée à Paris; mais je n'ai pas tenu à l'ambition d'accélérer le rétablissement de cette place que j'ai vue si belle et qui est aujourd'hui si hideuse. On me fait espérer que dans deux ans elle sera entièrement achevée.

J'espère qu'avant cette époque, le commerce de cette ville, dont s'énorgueillissait l'Europe entière, aura repris sa première prospérité.

Je vous salue.   BONAPARTE.

---

(1) C'est la fameuse capitulation du général Mélas à Alexandrie. Voyez page 246.

FIN DU PREMIER VOLUME DES MÉMOIRES.

ERRATA

DU TOME PREMIER DES MÉMOIRES.

(Nota. M. le général Gourgaud se trouvant hors de France lors de l'impression de ce volume, et le manuscrit étant très-difficile à lire, il s'est glissé plusieurs erreurs ou omissions que nous nous empressons de rétablir.)

Page 2, ligne 21, un pont, *lisez* : un point.
— 11, ligne 4, après *de l'intérieur*, il doit y avoir (.) un point et l'alinéa suivant commencera par ces mots : *douze à quinze jours après, etc... Napoléon.*
— 18, ligne 23, considérations, *lisez* : dénonciations.
— 19, dernière ligne, des......, *lisez* : des peintres.
— 26, ligne 10, caissons, *lisez* : camions.
— 36, ligne 21, il ne fut rien épargné, *lisez* : il ne faut rien épargner.
— 43, ligne 11, le 20 avril, *lisez* : le 29 avril.
— 47, ligne 9, Malague, *lisez* : Melogno.
— 79, ligne 24, Moreau marcherait, *ajoutez* : droit.
— 86, ligne 7, nommèrent, *lisez* : nommeraient sans difficulté, disaient-ils.
— 86, ligne 10, laissaient, *lisez* : laissèrent.
— 109, ligne 7, incertitude, *lisez* : incertitude ;
— *ib.*, ligne 9, activité ; *lisez* : activité,
— 130, ligne 16, marches, *lisez* : mesures.
— 145, ligne 4, noms, *lisez* : opinions.

Page 166, ligne 16, supprimer *y*.
— 172, ligne 5, Fellichel, *lisez :* Saint-Michel.
— 173, ligne 3, point, *lisez :* pont.
— 177, ligne 10, après 20 juin, *lisez :* 40 jours.
— 177, ligne 21, environ, *lisez :* renvoya.
— 179, ligne 2, (deux mille cinq cents) *lisez :* vingt-cinq mille.
— 187, lignes 10 et 11, étant fâcheuse, l'armée pressait, *lisez :* était fâcheuse, l'armée prêtait.
— 189, lignes 25 et 26, passer le Lech etc., *lisez :* et arriver en deux jours, au plus en trois à Augsbourg passer le Lech.
— 190, ligne 5, pour l'attendre, *lisez :* atteindre.
— 191, ligne 12, au-dessus, *lisez :* au-dessous.
— 199, ligne 9, sa droite, *lisez :* **sa gauche**.
— 209, ligne 13, par moi, *lisez :* par mer.
— 212, ligne 25, de la ville, *ajoutez :* à la garde nationale.
— 235, ligne 17, après *offert*, *ajoutez :* à **Masséna**.
— 254, ligne 19, sous, *lisez :* sur.
— 256, ligne 2, consul, *ajoutez :* et sa cour.
— 266, ligne 18, trouve, *lisez :* trouva.
— 283, ligne 15, mouvement dans, *lisez :* mouvement ; dans
— id., ligne id., se trouvait ; *lisez :* se trouvait

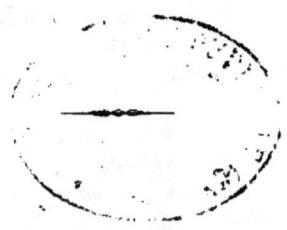

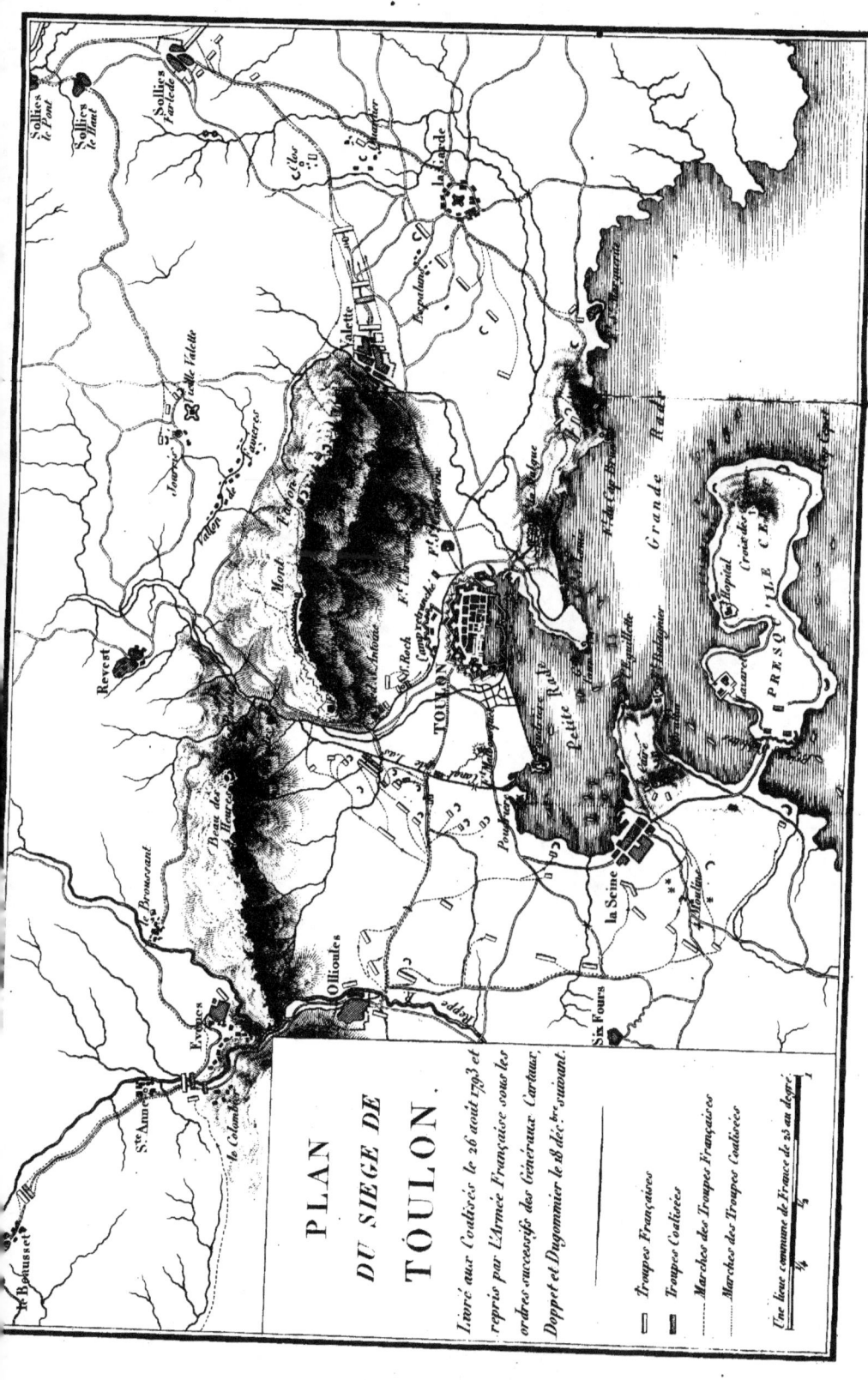

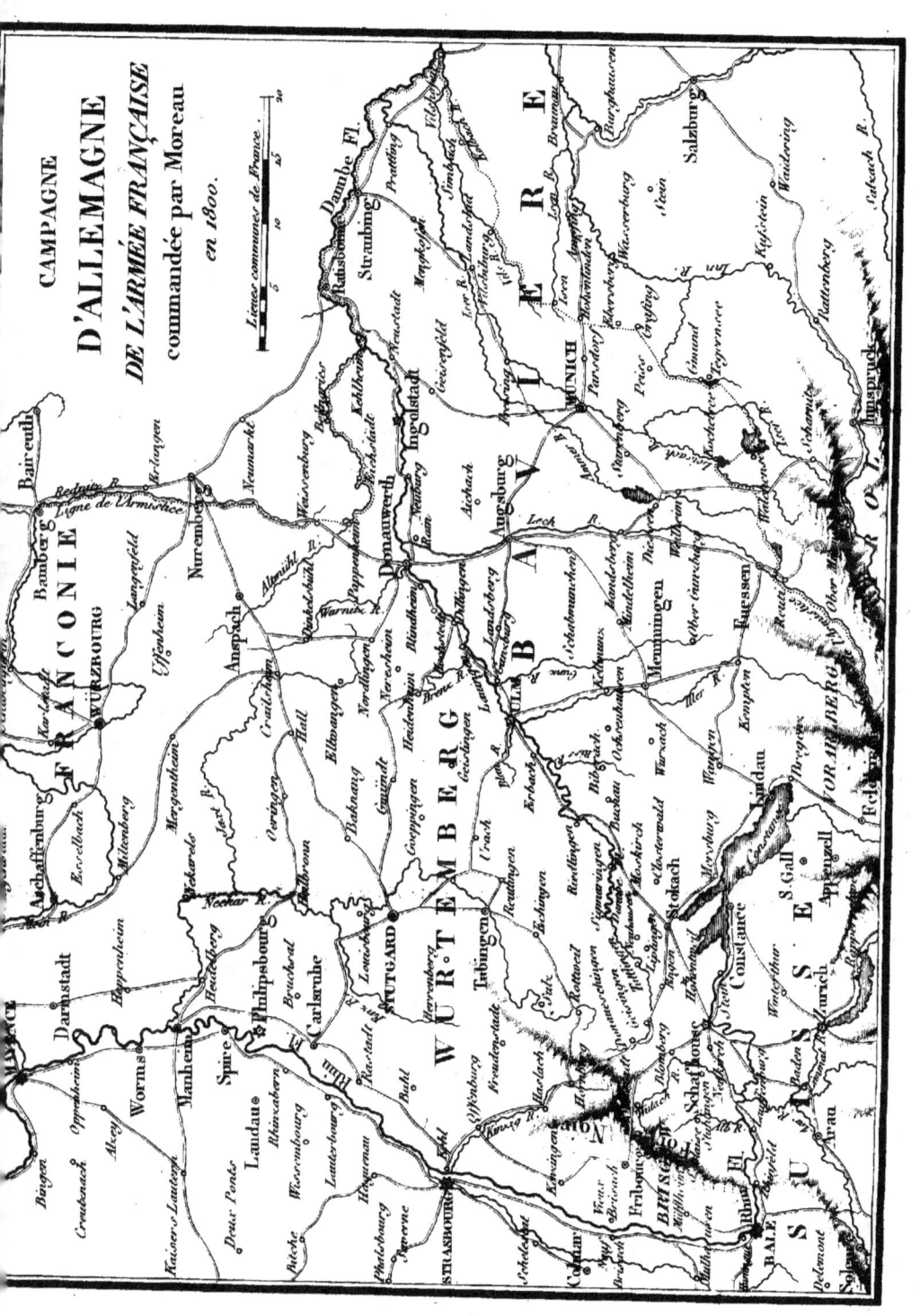

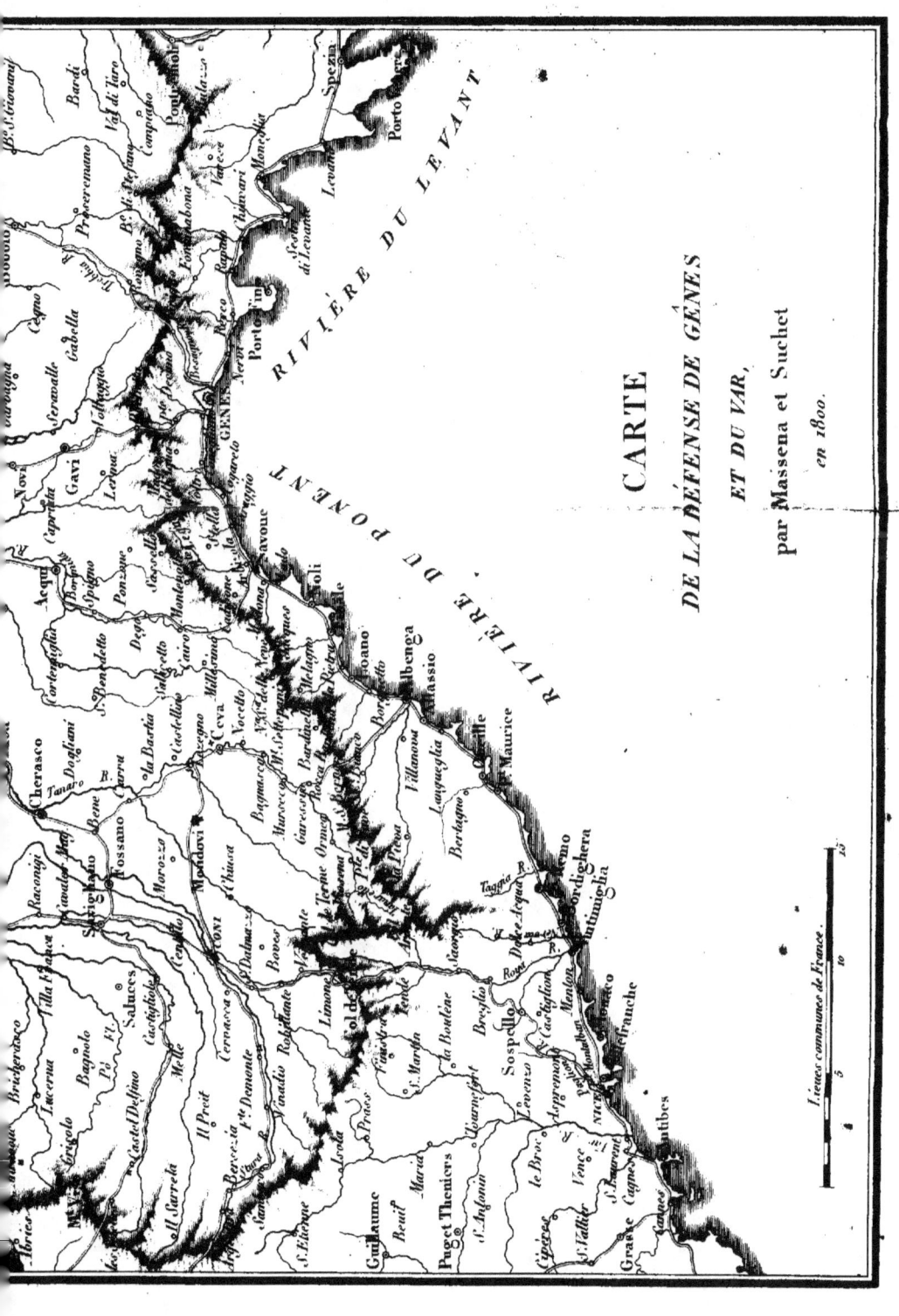

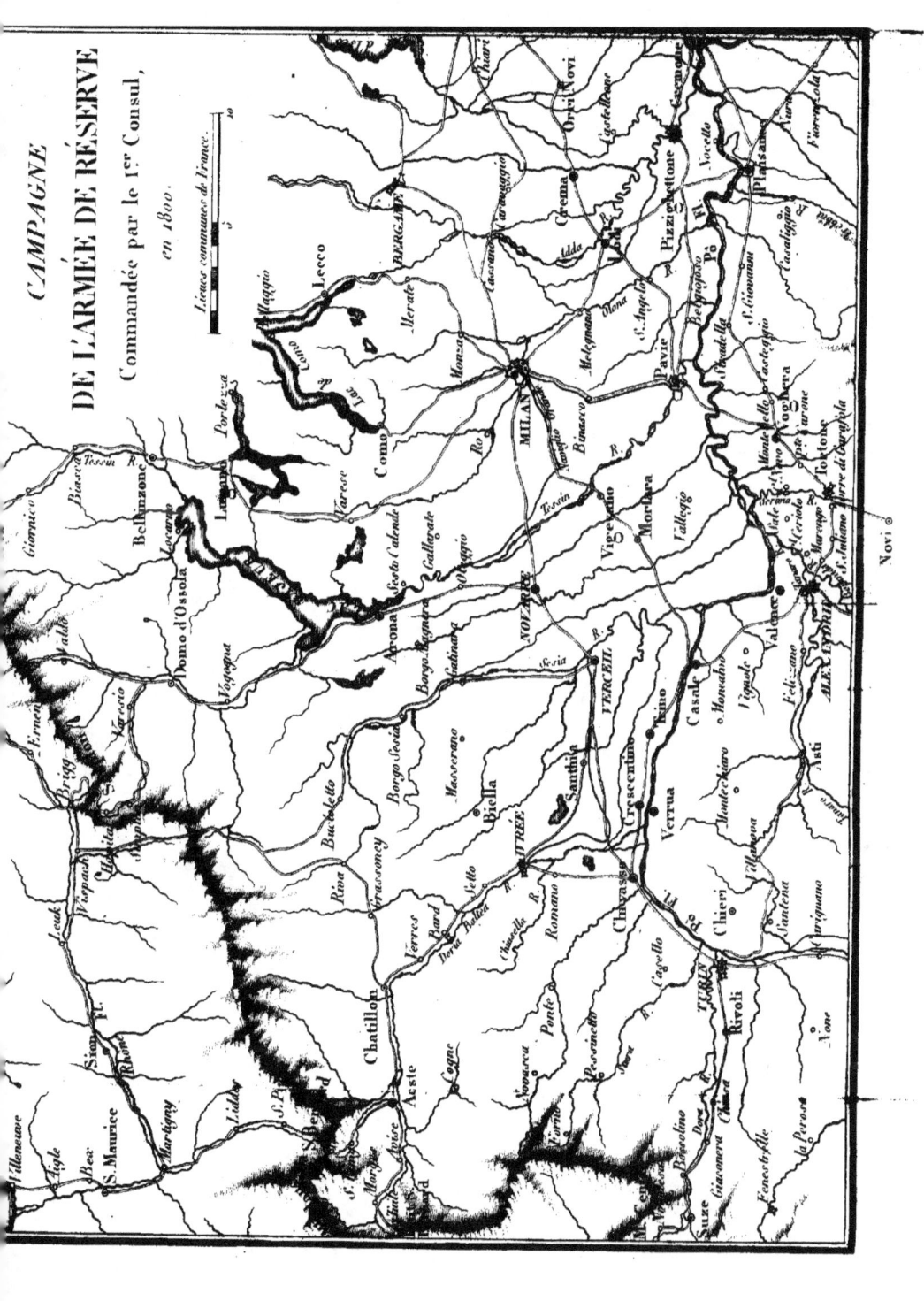

www.ingramcontent.com/pod-product-compliance
Lightning Source LLC
Chambersburg PA
CBHW052138230426
43671CB00009B/1300